Dictionnaire pratique
des organisations
non gouvernementales
(ONG)

Dictionnaire pratique des organisations non gouvernementales
(ONG)

- Relations avec les organisations internationales
- Les grandes ONG mondiales
- Les principales ONG de l'Union européenne
- Les réseaux nationaux et internationaux d'ONG
- Rôle des ONG dans les relations internationales
- Les États et les ONG
- ONG et société civile
- ONG et développement
- ONG et action humanitaire
- ONG du Nord/ONG du Sud

François Rubio

ISBN 2-7298-1490-6

© Ellipses Édition Marketing SA, 2004

32, rue Bargue 75740 Paris cedex 15

www.editions-ellipses.fr

Préambule

Si un seul document devait être cité pour introduire ce dictionnaire pratique des organisations non gouvernementales, c'est naturellement l'article 71 de la Charte des Nations unies, signée à San Francisco (États-Unis) le 26 juin 1945 qui viendrait immédiatement à l'esprit, puisque c'est dans ce texte que pour la première fois apparaissent, de façon explicite, les trois mots qui sont aujourd'hui incontournables quand on parle de la société civile : organisations non gouvernementales.

• ARTICLE 71 •

« Le Conseil économique et social peut prendre toutes dispositions utiles pour consulter les organisations non gouvernementales qui s'occupent de questions relevant de sa compétence. Ces dispositions peuvent s'appliquer à des organisations internationales et, s'il y a lieu, à des organisations nationales après consultation du membre intéressé par l'Organisation. »

Charte des Nations unies
CHAPITRE X : Conseil économique et social

Avertissement

La réalisation de ce dictionnaire a nécessité de faire des choix tant la matière est vaste. La difficulté venait plus de la dispersion d'une matière première abondante mais jamais étudiée dans sa globalité et son unité de phénomène de société que d'une information absente ou inaccessible, même s'il est exact qu'il est parfois très difficile d'avoir accès à des données fiables car les critères de présentation des organisations retenues par les ONG elles-mêmes ne sont pas forcément clairement explicitées ou comparables d'une organisation à l'autre, d'un pays à l'autre.

Le premier choix a consisté à définir ce qu'était une ONG et par conséquent à définir la matière première de cet ouvrage car il n'existe pas de définition juridique, historique ou sociologique universellement acceptée.

En effet, plusieurs notions d'ONG se concurrencent. Dans une conception anglo-saxonne, la notion d'ONG est très vaste et recoupe aussi bien les syndicats professionnels ouvriers et patronaux, les groupements religieux ou politiques, les mutuelles, les sectes, etc.

Dans une conception continentale ou germano-romaine, pour reprendre une terminologie en vigueur, seules les associations et les fondations peuvent intégrer la notion d'ONG. Et une action internationale n'est pas nécessairement requise, comme le précise d'ailleurs la conception « onusienne » de l'ONG.

Toutefois, pour le présent dictionnaire, il a été décidé d'intégrer la notion d'action internationale comme élément déterminant de la notion d'ONG et de se rapprocher ainsi du sens généralement admis en France et qui recoupe d'ailleurs ce que les autorités françaises appellent les ASI/OSI, c'est-à-dire les associations/organisations de solidarité internationale ou ce que le Conseil de l'Europe qualifie d'OING, c'est-à-dire les organisations internationales non gouvernementales.

Pour le présent dictionnaire, une ONG est donc une organisation privée, non lucrative, d'utilité internationale.

C'est pourquoi il a fallu, aux termes de la définition retenue, écarter des associations qui, bien que très importantes nationalement, n'ont pas d'action internationale significative. Ces précisions étaient nécessaires pour que le lecteur ne s'étonne pas de ne pas voir figurer certaines associations de premier plan en France ou dans d'autres pays.

Ce premier choix effectué, d'autres choix s'imposaient encore. En effet, selon l'Union des associations internationales (UIA), les ONG sont aujourd'hui plus de 30 000 à travers le monde sans compter les plates-formes associatives, que celles-ci soient thématiques, géographiques, confessionnelles, opérationnelles, syndicales, etc. Il était donc impossible dans le cadre de ce dictionnaire, qui n'est pas un annuaire, de les citer toutes ou même un pourcentage significatif d'entre elles.

Si certaines ONG pour des raisons historiques, politiques, médiatiques, financières, scientifiques, s'imposaient d'elles-mêmes, ce ne fut pas le cas pour toutes. D'autres choix auraient pu être faits en fonction de la connaissance de certains secteurs ou de leur importance du moment.

Une autre difficulté est apparue au niveau des réseaux d'ONG.

En effet, aujourd'hui les plus grandes ONG du monde ont soit créé des réseaux internationaux en installant des filiales dans des pays étrangers, soit de grandes ONG dans des pays se sont regroupées dans des fédérations internationales.

Dans certains cas, il aurait fallu citer plusieurs fois des ONG nationales comme Médecins sans frontières France, Médecins sans frontières Belgique, Médecins sans frontières Hollande, qui sont chacune des entités « significatives » dans leur pays mais cela aurait beaucoup alourdi certaines entrées du dictionnaire sans intérêt réel car la philosophie ou l'objet politique de ces associations est en réalité identique d'un pays à l'autre. Dans ce cas, la plus ancienne des ONG du groupe ou le leader de celui-ci est cité avec mention du réseau international et indication de l'existence des principales d'entre elles. Si cette ONG a une antenne, un bureau, une structure permanente en France ce sont les coordonnées françaises qui sont communiquées pour plus de facilité d'approche.

Par contre, en ce qui concerne les Fédérations, un choix différent a été effectué lorsque les entités qui composaient cette fédération avaient une origine très spécifique et une forte identité. Il en est notamment ainsi pour les ONG du réseau CIDSE c'est-à-dire les ONG catholiques : Comité français contre la faim et pour le développement (France) Misereor (Allemagne) Manosunidos (Espagne) ce sont les principales entités qui sont décrites avec mention de leur appartenance à la fédération ou confédération selon les cas.

Enfin, cet ouvrage étant destiné à un public francophone et en particulier français, les ONG françaises et l'environnement desdites ONG ont été privilégiés.

Ce dictionnaire est aussi un « dictionnaire pratique » ce qui signifie que le lecteur pourra y trouver, à chaque fois que cela a été possible, toutes les informations utiles sur les ONG ou les Institutions internationales dans leurs rapports avec les ONG, informations qui permettront d'approfondir la connaissance des acteurs de cet ouvrage.

Enfin, une mise en garde s'imposait : toutes les informations contenues dans cet ouvrage trouvent leur origine dans les informations communiquées par les ONG ou les Institutions internationales dans différentes publications, sites Internet, ouvrages ou conférences.

Introduction

Cet ouvrage répond à une double constatation : il n'existe aujourd'hui aucun ouvrage en langue française traitant d'une façon synthétique de l'ensemble de la problématique des ONG d'une part et d'autre part il n'existe aucun ouvrage faisant le point sur les plus grandes ONG mondiales.

Si les études académiques ou les monographies sur les ONG sont nombreuses en France, très inférieures toutefois à ce qu'elles sont dans les pays anglo-saxons et notamment aux États-Unis, ces études, d'une grande qualité, sont très factuelles ou très spécialisées.

Celui ou celle qui pour des raisons professionnelles ou simplement par curiosité se trouve confronté(e) à l'univers des ONG ne peut se référer à aucun ouvrage et doit soit chercher tous azimuts pour trouver les informations dont il a besoin, soit compter sur l'expérience de quelques anciens qui trop souvent n'ont qu'une vue très parcellaire, circonscrite à leur emploi ou à leur parcours professionnel. Les acteurs de l'humanitaire auront tendance, surtout s'ils sont français, à ne retenir que les ONG urgencières issues du « sans frontiérisme », ce que l'on nomme les French Doctors.

S'il ne fait pas de doute que le « sans frontiérisme » et les French Doctors ont « révolutionné » l'action humanitaire et lui ont apporté une dimension politique et médiatique qui n'existait pas avant, un tel mouvement a aussi occulté la réalité de mouvements plus anciens : celui des ONG de développement et notamment de ce que l'on appelait les ONG « tiers-mondiste » nées du mouvement de la décolonisation.

De même, les ONG œuvrant dans le domaine de l'environnement ou des Droits de l'homme ont longtemps côtoyé les

ONG de développement ou d'action humanitaire sans jamais les fréquenter et ce n'est que récemment que toutes ces ONG se retrouvent dans des plates-formes communes, chacun ayant pris conscience que les problèmes étudiés par les uns avaient des répercussions sur l'action des autres et que l'interaction à tous les niveaux était une donnée fondamentale du fonctionnement des sociétés tout aussi bien que des ONG qui en sont issues.

Toutes ces analyses surprendraient d'ailleurs l'œil anglo-saxon et spécifiquement l'œil américain car dans leur univers l'action des ONG est déjà très ancienne, et la dichotomie entre urgence et développement est très atténuée du fait que les ONG urgencières sont la plupart du temps issues du monde du développement.

Autre remarque, les ONG françaises les plus connues, Médecins sans frontières, Médecins du monde, Handicap International, Action contre la faim, etc. sont tout à fait atypiques du mouvement général des ONG car la plupart des ONG européennes et américaines sont en lien direct avec des Églises, particulièrement chrétiennes. Là aussi, la laïcité est un phénomène très franco-français.

Quoi qu'il en soit, il existe une histoire des ONG, et celles-ci se meuvent dans un monde structuré aussi bien au niveau national, qu'international. Des règles légales existent et des codes s'élaborent.

Un statut international se dessine et les ONG sont des acteurs majeurs du développement ou de l'urgence humanitaire soit par leurs contributions personnelles soit comme relais des États et des institutions internationales, et concomitamment leur participation aux travaux des institutions internationales se développent.

Dans certains cas, les ONG jouent un rôle déterminant dans la rédaction des traités ou leur conclusion en apportant leur expertise directement ou *via* des coordinations nationales ou internationales thématiques ou générales et en faisant pression sur les États par le biais des opinions publiques de plus en plus préoccupées par ce que l'on appelle « la bonne gouvernance ».

Ce rôle essentiel des ONG dans le monde contemporain, qui agace les uns et conforte les autres, ne va pas sans risques et parfois la voie est étroite entre l'indépendance et la compromission ou le silence équivoque.

Ce dictionnaire pratique, à travers ses diverses rubriques, a l'ambition de retracer toutes ces diversités et de faire le point sur l'état des plus grandes ONG internationales, du contexte dans lequel elles agissent, des règles qui les régissent, des façons dont elles se financent, de l'espace étroit qui existe entre financements privés et financements publics, des intérêts qui les unissent ou des divergences qui les séparent. Ce dictionnaire se veut à la fois un guide pratique pour le lecteur tout en abordant les grands problèmes des organisations non gouvernementales au XXIe siècle.

Méthodologie

Les rubriques concernant directement les ONG sont, dans la mesure où les renseignements étaient disponibles, organisées de la façon suivante.

- **Date de création**
- **Origine**
- **Réseau international/France**
- **Historique et mission sociale**
- **Lieux d'intervention**
- **Ressources humaines**
- **Budget**
- **Principales publications**
- **Contact**

ACAT

(Action des chrétiens pour l'abolition de la torture)

Date de création : 1974.

Origine : France.

Réseau international : création en 1987 de la FIACAT. Présence dans quatre continents d'associations nationales.

Historique et mission sociale : depuis sa création, l'ACAT agit pour tous ceux qui sont torturés, détenus dans une condition inhumaine, condamnés à mort, ou qui ont disparu, quelles que soient leurs origines, opinions politiques ou croyances religieuses. L'ACAT cherche à faire prendre conscience aux Églises et aux chrétiens de la torture et, dans la logique de la foi, de la nécessité d'œuvrer pour son abolition, en particulier en écrivant des lettres aux dirigeants des États où la torture est pratiquée. Travaillant dans une optique chrétienne l'ACAT croit que la prière tient une place centrale dans son action. Ainsi l'ACAT pense que la prière n'est ni une démission, ni un alibi : prier pour ceux qui subissent la torture et pour ceux qui l'infligent, c'est prier pour la libération des victimes et pour la réconcilia-

A

tion de l'Homme avec Dieu. L'ACAT est une organisation indépendante des Églises instituées.

Lieux d'intervention : l'ACAT et la FIACAT par leur réseau en
France et dans le monde entier interviennent dans la plupart
des pays où les violations des Droits de l'homme se produisent.

Budget 2000 : entre 500 000 et 1,5 million d'euros.

Ressources humaines : 15 salariés et 10 000 adhérents.

Contact :

ACAT •France•
7, rue Georges-Lardennois   *Tél.* : 01 40 40 42 43
75019 Paris   *Fax* : 01 40 40 42 44
www.acat.asso.fr   *E-mail* : acat-fr@woldnet.fr

ACF

(Action contre la Faim)

Date de création : 1979.

Origine : France.

Réseau international : États-Unis et Grande-Bretagne (Action
Against Hunger), Espagne (Action contra el Hambre).

Historique et mission sociale : née dans le contexte de la guerre
en Afghanistan et dans la mouvance « sans frontiériste » propre
aux ONG françaises de cette époque et ce à l'initiative de
diverses personnalités dont Françoise Giroud, Bernard-Henri
Lévy, Alfred Kassler, la vocation d'AICF devenue ACF est d'intervenir en urgence, lors de crises, guerres, famines. L'aide
d'urgence se double toujours de programmes de plus long
terme afin de permettre aux populations de retrouver leur
autonomie alimentaire.

A

La charte d'ACF repose sur six principes : indépendance, neutralité, non discrimination, accès libre et direct aux victimes, professionnalisme et transparence.

Lieux d'intervention : Le réseau international d'action contre la Faim intervient dans une quarantaine de pays situés en Afrique, Asie, Amérique latine et Europe de l'Est.

Budget 2002 : 41,7 millions d'euros. Répartition des financements : fonds publics 68 %, fonds privés 25 %, fonds propres 3 % et autres produits 4 %.

Ressources humaines 2002 (France) : 77 salariés en moyenne, une trentaine de bénévoles et stagiaires, 220 volontaires sur le terrain, 2 850 employés locaux.

Principales publications : *Géopolitique de la faim*, *Interventions* (journal d'ACF), *Interventions* (newsletter d'ACF).

Contact :

ACF •France•
4, rue Niepce
75014 Paris
www.actioncontrelafaim.org

Tél. : 01 43 35 88 88
Fax : 01 43 35 88 00
E-mail : acf@acf.imaginet.fr

ADMICAL

Date de création : 1979.

Origine : France.

Historique et mission sociale : Admical, association loi de 1901 reconnue d'utilité publique, est la principale association française dont la mission est de favoriser le mécénat des entreprises, secteur où la France et les entreprises françaises sont particulièrement en retard. Admical regroupe plus d'une centaine d'adhérents qui sont des entreprises. Citons parmi les

A

plus importantes : Groupe Danone, RTL, Saint-Gobain, Crédit agricole, The Walt Disney Company, Coca Cola France, Banque fédérale des banques populaires, etc.

Admical réalise seul ou en partenariat de très nombreuses études sur le mécénat tant en France qu'à l'étranger.

Admical développe depuis quelques années des campagnes de sensibilisation en faveur du mécénat en direction de la solidarité internationale et des ONG qui œuvrent dans ce secteur, qui est le parent « très » pauvre avec les Droits de l'homme des actions de solidarité internationale.

Admical assure aussi des formations et décerne des prix et des oscars récompensant les meilleures initiatives en matière de mécénat d'entreprise : Oscar du mécénat ; le prix du mécénat de proximité...

Les principales missions d'Admical sont :
– Conseiller les entreprises mécènes et les représenter auprès des pouvoirs publics et des relais d'opinion ;
– Informer tous ceux que le mécénat d'entreprise intéresse ;
– Former les entreprises et les porteurs de projet au mécénat.

Principales publications : *Le Répertoire du mécénat d'entreprise, L'Actualité du mécénat d'entreprise, Le Supplément au répertoire d'entreprise, Le Guide juridique du mécénat d'entreprise, Les Études thématiques, Les Actes des assises internationales du mécénat.*

Contact :

ADMICAL •France•
15, rue Girardin   *Tél.* : 01 42 55 20 01
75018 Paris   *Fax* : 01 42 55 71 32
www.admical.asso.fr

A   18

ADRA

(Adventist Development and Relief Agency International)

Date de création : 1984.

Origine : États-Unis.

Réseau international : l'ADRA est présente dans 125 pays.

Historique et mission sociale : l'ADRA est une agence humanitaire indépendante se réclamant des Adventistes du septième jour. Depuis 1997, cette ONG est dotée du statut consultatif auprès du Conseil économique et social des Nations unies. Les missions sociales de l'ADRA s'inscrivent dans le développement communautaire et les secours d'urgence en cas de catastrophe. En 2001, l'ADRA a directement ou indirectement apporté des secours à plus de 16 millions de personnes.

L'ADRA intervient auprès de populations particulièrement vulnérables comme les minorités ethniques, les femmes, les enfants, et les personnes âgées, sans considération politique, religieuse ou ethnique.

Dans ce cadre, l'ADRA développe cinq grandes activités : sécurité alimentaire, développement économique, soins de santé primaire, préparation aux catastrophes naturelles et éducation de base.

Lieux d'intervention 2001 : Azerbaïdjan, Salvador, Éthiopie, Ghana, Haïti, Inde, Mongolie, Pérou, Rwanda, Kirghizistan.

Budget 2001 : 107 millions de dollars US.

Contact : www.adra.org

A

AFD

(Agence française de développement)

Depuis 1998, l'Agence française de développement est l'opérateur principal de l'aide projet de la France dans le domaine de la coopération. Elle exerce son action sous deux formes principales :

Pour son propre compte, l'AFD concourt aux financements de projets créateurs d'emplois *via* des prêts et des subventions dont les caractéristiques peuvent varier. Ces projets se développent dans les secteurs de l'éducation, de la santé, de la finance et des infrastructures.

Pour le compte de l'État, l'AFD assure notamment le secrétariat du Fonds français pour l'Environnement mondial (FFEM) et met en œuvre certaines aides financières pour le compte de différents ministères.

Dans le cadre de leurs modes d'intervention respectifs, l'AFD et les OSI (Organisations de solidarité internationale) ont trouvé et trouvent des formes de partenariat.

Les actions financées par l'AFD mobilisant l'appui des OSI sont essentiellement concentrées dans le domaine du développement participatif : les projets de développement local, d'hydraulique villageoise, de développement urbain et de micro-finance.

Dans le secteur de la micro-finance, l'AFD travaille en étroite collaboration avec les OSI françaises spécialisées en la matière, dans plus de quarante projets en Afrique et en Asie.

Dans le secteur du développement urbain, l'AFD entend, par le financement de projets urbains, faire en sorte que les villes jouent un rôle moteur de développement économique. Pour atteindre cet objectif, les projets consistent, outre d'importants projets d'équipements urbains (eau potable et assainissement,

A

transport, marchés, gares routières, amélioration de la voirie...),
à soutenir les démarches participatives permettant d'aménager
des quartiers et des zones d'extension urbaine. Avec ces projets, l'AFD privilégie les collectivités territoriales et le secteur
privé comme partenaires et cherche également à s'appuyer
dans le cadre de la coopération décentralisée, sur les réalisations et compétences des collectivités territoriales et des OSI
françaises.

En décembre 1999, s'est tenue la première réunion du *Club
des organisations de solidarité internationale*. La création de ce
club s'inscrit dans la ligne stratégique des relations avec la
société civile (entreprises privées, collectivités territoriales,
ONG). Appelé à se réunir deux à trois fois par an, il devrait
permettre, d'une part de faciliter le dialogue avec ces organisations, en les associant à certaines réflexions sectorielles,
d'autre part de préciser à brève échéance des règles du jeu
claires pour les interventions d'intérêt commun AFD/OSI.

Contact :

AFD •France•
5, rue Roland-Barthes
75598 Paris cedex 12
www.afd.fr

Tél. : 01 53 44 31 31
Fax : 01 53 44 99 39
E-mail : tlx@afd.fr

Afrique/ONG

Le continent africain connaît depuis une décennie une véritable explosion du nombre des ONG non seulement par la présence massive des ONG du Nord mais surtout par la « naissance » de centaines d'ONG locales. Faute de critères et de
définition juridique, il est difficile de répertorier les ONG car
celles-ci sont confondues avec les associations. À l'exception
de quelques rares pays qui ont mis en place un régime légal
propre aux ONG, comme le Burkina Faso, les ONG ne sont pas

A

une catégorie juridiquement identifiable. Par ailleurs, aucun texte de la toute nouvelle organisation internationale gouvernementale, l'Union africaine, ne vient préciser ce qu'il convient d'entendre par ONG ou encore quels sont les liens entre les ONG et l'Union africaine.

L'émergence récente des ONG africaines s'explique pour plusieurs raisons : tout d'abord la décolonisation est encore, par rapport au temps de l'histoire, un phénomène relativement récent, et jusqu'à l'indépendance, les ONG sont issues pour la plupart du colonisateur.

L'échec de la transition démocratique dans la majorité des pays du continent africain n'a pas permis l'émergence d'une société civile organisée sous forme d'association et ce d'autant plus que les traditions locales n'étaient pas spécifiquement favorables au développement des structures associatives.

Dans un rapport récent remis au secrétaire général des Nations unies sur le rôle des acteurs non étatiques, ce que les Nations unies nomment les autres organisations de la société civile par opposition sémantique aux ONG, le rapporteur insiste sur la nécessité de prendre en considération, notamment en Afrique, l'existence des structures locales qui très souvent se forment au niveau du village et ne possèdent pas une structure juridique mais par leur action contribuent au développement.

Les événements qui vont favoriser la naissance des ONG africaines sont divers. Selon les analystes africains, il y a d'abord les crises économiques graves et successives que le continent africain a connues et continue de connaître et qui ont obligé les communautés de base à s'organiser pour survivre et pour travailler avec les ONG du Nord. Même si souvent les rapports entre les ONG du Nord et celles du Sud ont été marqués par une grande défiance, principalement quant à la capacité de ces dernières à perdurer ou à être capables d'assurer leurs obligations comptables et financières, et ce alors même que les obligations des ONG du Nord vis-à-vis de leurs bailleurs

A

se renforçaient et qu'elles étaient obligées de reporter sur leurs partenaires ces nouvelles contraintes.

L'autre cause de croissance des ONG africaines a été l'organisation par les Nations unies de grands sommets mondiaux : sommet de Rio sur la terre, sommet du Caire sur la Santé, Vienne sur les problèmes socio-économiques, Pékin sur les droits des femmes, Copenhague sur l'habitat et plus récemment Rome sur la problématique de la sécurité alimentaire. Autant de lieux où les États ont dû s'expliquer et rendre compte aux citoyens, engendrant ainsi une prise de conscience mondiale qui accompagnait la mondialisation.

Un autre événement, africain celui-là, a été la déclinaison de la Déclaration universelle des droits de l'homme en Charte africaine des droits de l'homme et des peuples. Cette Déclaration a donné une impulsion très importante à la création des ONG notamment dans les domaines des droits des femmes, de l'environnement et de la jeunesse.

Autre événement, toujours d'actualité, l'extrême méfiance des bailleurs internationaux vis-à-vis de certains gouvernements qu'ils jugent corrompus. De ce jugement, les grands bailleurs ont tiré la conclusion qu'il valait mieux engager un processus de coopération avec les ONG qui, elles, étaient obligées de présenter des projets, de rendre des comptes, et dont on pouvait plus facilement se séparer en cas de non-respect des engagements contractuels.

Progressivement, les ONG africaines affirment leur existence dans de nombreux domaines même si parfois de nombreuses critiques se font jour à leur encontre, comme le fait que souvent les ONG sont mises en place par d'anciens politiques dans le seul but de créer des structures à leur dévotion ou leur permettant de se procurer les moyens de poursuivre leurs activités.

A

De nombreux réseaux se mettent en place comme EASUN (East African and Southern Unit Network) en Tanzanie, PODDER en Afrique du Sud ou NGORC organisme financé par la fondation Agha Khan, et des coordinations existent par pays AAWORD au Sénégal, AMW au Zimbabwe.

À cet égard, Internet a été un formidable moteur d'accélération des coordinations d'ONG qui peuvent communiquer entre elles très facilement.

Malgré toute l'énergie des acteurs africains des ONG, celles-ci souffrent de finances très faibles qui obèrent largement leurs activités et d'un manque important de compétence professionnelle.

AFTA

(Association française des trésoriers
et administrateurs d'associations)

L'Association française des trésoriers et administrateurs d'associations a été créée en 1985. C'est l'une des premières initiatives du monde associatif pour conduire en commun une réflexion sur les différents aspects de leur gestion, notamment dans les domaines financiers, juridiques, fiscaux, comptables, économiques, sociaux, informatiques, stratégiques...

Par ailleurs, l'AFTA fait connaître les méthodes de contrôle et de gestion observées dans les autres pays européens afin de favoriser les innovations qui pourraient être partagées par l'ensemble du monde associatif.

Enfin, l'AFTA intervient auprès des pouvoirs publics pour faire connaître les difficultés des associations et suggérer des modifications législatives ou réglementaires.

L'AFTA fait partie des structures associatives dont on parle peu dans le grand public, car peu médiatique mais qui regrou-

pe de nombreuses associations ou ONG (plus de 200) parmi lesquelles on peut citer Médecins du monde, CARE France, etc., et
dont l'action s'avère efficace.

Contact :

AFTA •France•
41, av. de l'Opéra   *Tél.* : 01 42 98 02 26
75078 Paris cedex 02   *Fax* : 01 42 98 03 14
www.afta.asso.fr

AFVP

(Association française des volontaires du progrès)

Date de création : 1963.

Origine : France.

Historique et mission sociale : l'AFVP a pour but de permettre à
des jeunes de manifester leur solidarité avec des populations
d'autres pays en s'associant à leurs efforts et en participant, à
leur côté et à titre volontaire, à des actions liant développement
économique et promotion humaine, puis d'en témoigner à leur
retour dans leur pays d'origine. Elle affirme en cela sa vocation
à promouvoir et développer auprès de jeunes les pratiques de
la solidarité. 17 associations et 5 ministères sont membres de
l'AFVP.

Lieux d'intervention : AFVP intervient dans 40 pays, principalement en Afrique.

Ressources humaines : 50 salariés au siège, 50 salariés sur le
terrain, 370 volontaires.

Budget 2001 : 25 millions d'euros de Fonds publics français et
internationaux.

Principale publication : *Volontaires.*

Contact :

AFVP •France•
BP 207   *Tél.* : 01 69 80 58 58
91311 Montlhéry Cedex   *Fax* : 01 69 80 58 00
www.afvp.org   *E-mail* : sri@afvp.org

Agence de notation

Les agences de notation sont des institutions privées dont la vocation est de procéder à des évaluations chiffrées, soit de sociétés commerciales ou d'établissements financiers, soit d'administrations publiques. Les agences de notation décernent des notes en fonction de divers critères. Les agences de notation sont redoutées par les dirigeants des grandes sociétés internationales qui craignent que de mauvaises notes ne remettent en cause la crédibilité de l'entreprise qu'ils dirigent ou ne se traduisent par des répercussions sur la valeur de l'action en bourse.

Les agences de notation existent essentiellement dans le secteur commercial et financier et principalement aux États-Unis.

Depuis quelques années, le phénomène tend à gagner le secteur de la philanthropie et, par voie de conséquence, le secteur des organisations non gouvernementales. Le secteur des ONG et des associations est particulièrement important puisqu'en 2001 le montant des dons faits aux États-Unis a dépassé les 212 milliards de dollars dont près de 161 milliards en provenance des seuls particuliers et dont il convient de retrancher les legs qui représentent 16 milliards de dollars. Ce qui traduisait d'ailleurs un recul de plus de 2 % par rapport à l'année précédente et ce malgré les dons massifs enregistrés lors des événements du 11 septembre 2001 (deux milliards de dollars).

Plusieurs agences existent aux États-Unis dont l'AAFRC Trust for Philanthropy et de très nombreuses institutions, moins

A

importantes, procèdent aussi à des évaluations des ONG. Parmi celles-ci, citons *Navigator.org,* l'une des plus importantes qui se consacre exclusivement à la « notation » des organisations non gouvernementales et des associations.

Cette agence est partie du constat que le consommateur américain, s'il fait des choix rationnels économiquement lorsqu'il consomme ou investit en bourse, occulte toute rationalité dans sa décision de donner à telle association ou ONG plutôt qu'à telle autre.

Le consommateur/donateur choisit en fonction d'une image à la télévision, d'un courrier reçu, d'une cause qui lui est chère. Or, comme pour les sociétés commerciales ou les institutions financières, il y a des associations ou des ONG bien gérées et d'autres qui sont mal gérées ou dont la situation financière est préoccupante.

Il y a des associations qui consacrent une part très importante de leurs ressources à financer des actions sur le terrain et d'autres dont les frais de gestions exorbitants ou les mauvais investissements conduisent à n'affecter que des sommes très réduites à l'action ou à leur objet, de sorte que le donateur qui croit que ses dons sont correctement utilisés et servent à financer les actions mentionnées dans l'objet social est doublement trompé car non seulement les dons ne sont pas correctement utilisés mais au surplus les causes ou populations bénéficiaires se trouvent pénalisées car elles ne reçoivent pas les secours qu'elles pouvaient espérer.

Navigator.org a donc décidé, progressivement, de passer en revue les principales associations et ONG américaines, d'examiner leurs comptes et de les rendre accessibles et publiques sur son site. À ce jour, ce sont plus de 1 700 associations qui ont été répertoriées et dont les principales informations financières sont publiques.

Les associations et les organisations non gouvernementales sont classées par secteur : international, santé etc. et les critères

A

d'évaluation financière sont clairement définis et tiennent compte des spécificités de chaque secteur. En effet, les frais de gestion d'une fondation ou d'une ONG qui collecte des médicaments et les redistribue, ou qui finance des programmes scolaires ou attribue des bourses, ne sont pas identiques à ceux d'une ONG qui œuvre dans le secteur de l'urgence et qui doit acheminer très rapidement une grande quantité de matériel et de volontaires pour faire face aux besoins avec des coûts de logistique par définition élevés.

Ces évaluations donnent lieu à l'attribution de notes et d'étoiles comme dans les guides gastronomiques.

Enfin, le site publie les listes des dix meilleures associations ou ONG en fonction de divers critères mais publie aussi les listes des dix associations les plus inefficaces dans l'utilisation des fonds ou qui se trouvent dans une situation financière préoccupante !

Jusqu'à présent les agences de notation se cantonnent à l'analyse financière mais certaines annoncent déjà qu'elles souhaitent, par grand secteur, évaluer la pertinence ou l'efficience des ONG dans leur domaine d'activité.

En France, depuis peu, une structure s'est mise en place à l'initiative de quelques associations en partenariat avec une société de contrôle technique, le Bureau Veritas, qui est un organisme de contrôle et de certification pour mettre au point un « référentiel » qui permette d'évaluer et de comparer les évaluations faites entre les différentes associations. Pour le moment, cet organisme ne procédera à des études que sur ses membres et facturera le coût desdites études ce qui est un système totalement différent du système américain.

Enfin, la presse américaine n'hésite pas à publier le palmarès des meilleures organisations non gouvernementales et certains périodiques sont attendus et redoutés, comme le numéro spécial annuel du magazine *Fortune* qui apprécie les valeurs respectives des 100 plus grandes ONG américaines.

A

AI

(Amnesty International)

Date de création : 1961.

Origine : Grande-Bretagne.

1977 : Prix Nobel de la paix.

Réseau international : Amnesty International dispose d'un réseau international de 55 délégations ainsi que de très nombreux groupes en France où se retrouvent les adhérents, militants et sympathisants.

Historique et mission sociale : à la suite de la lecture d'un article paru dans la presse anglaise et faisant état de la condamnation de deux étudiants portugais à sept ans d'emprisonnement pour avoir porté un toast à la liberté, l'avocat Peter Benenson lança un appel en leur faveur en publiant un article devenu célèbre et paru dans *The Observer/Weekend Review* du 28 mai 1961 sous le titre *The Forgotten Prisoners* (*Les Prisonniers oubliés*). Très rapidement, des soutiens vont se manifester et aboutir à la création d'une association : Amnesty International.

L'action d'Amnesty International repose sur trois principes : un mouvement mondial, qui agit partout dans le monde ; un mouvement impartial, qui ne porte aucun jugement sur les systèmes politiques ou idéologiques en place, limitant son action à s'opposer aux violations et à réclamer l'application des règles de droit international ; un mouvement indépendant, libre de tout contrôle extérieur. À cette fin, elle ne peut solliciter ni accepter de subventions gouvernementales.

Par ailleurs, pour préserver leur indépendance, les sections nationales d'Amnesty International n'organisent jamais de campagne dans le pays où elles sont installées.

A

Le rapport annuel d'Amnesty International est attendu toujours avec beaucoup d'inquiétude par les régimes autoritaires car il dénonce des situations intolérables et la crédibilité de ce rapport est aujourd'hui reconnue par l'ensemble de la communauté internationale et aucun pays ne souhaite y figurer.

Lieux d'intervention : AI est un mouvement mondial qui a vocation à intervenir dans l'ensemble des pays.

Ressources humaines : 50 salariés en France et 21 000 adhérents ; à Londres, au siège, ce sont plus de 600 salariés et bénévoles qui travaillent.

Budget : le budget du secrétariat international basé à Londres et au financement duquel contribuent les différentes sections nationales dépasse pour l'année 1999 les 70 M€. Le budget d'AI section française dépasse les 10 M€ pour la même période et AI France fait partie des 5 plus gros contributeurs du secrétariat international d'Amnesty International.

Principales publications : *Le rapport annuel sur les atteintes aux droits humains*, *Chroniques* (mensuel).

Contact :

AMNESTY INTERNATIONAL •France•
76, bd de la Villette   *Tél.* : 01 53 38 65 65
75940 Paris cedex 19   *Fax* : 01 53 38 55 00
www.amnesty.asso.fr   *E-mail* : webmestre@amnesty.asso.fr

AIDE ET ACTION

Date de création : 1972, Action In Distress puis à partir de 1980, Action Aid.

Origine : Grande-Bretagne.

A

Réseau international : Espagne (Ayuda en accion, 1980), Irlande (Action Aid, 1983), Italie (Azione Aiuto, 1989), Grèce (Action Aid Hellas, 1998), Suisse (Aide et action, 2002).

Historique et mission sociale : la section française a été créée en 1981 avec 22 marraines et parrains. Six mois plus tard, Aide et Action comptait déjà 1 800 parrains pour plus de 4 000 enfants parrainés. Aide et Action est présente dans 40 pays avec 7 millions de personnes concernées et 600 000 marraines et parrains dans le réseau. L'objet du réseau est de faciliter l'accès à l'éducation pour tous les enfants et principalement l'accès à l'éducation primaire et ce afin que chaque individu puisse vivre librement dans la dignité.

Lieux d'intervention : essentiellement Afrique et Inde.

Ressources humaines : 40 salariés en France, 13 expatriés, 700 bénévoles.

Budget 2000 : 15 millions d'euros dont fonds publics 7,45 %, fonds privés 91,55 %.

Principale publication : *Écoliers du monde.*
Contact :

AIDE ET ACTION •France•
53, bd de Charonne   *Tél.* : 01 55 25 70 00
75545 Paris cedex 11   *Fax* : 01 55 25 70 29
www.aide-et-action.org   *E-mail* : contact@aide-et-action.org

---

Allemagne/ONG

Les ONG allemandes dans leur forme moderne sont apparues à la fin des années 50. Comme en France on note une extrême concentration des ressources puisque les 10 plus grandes ONG allemandes concentrent 70 % des ressources des dons et que 97 % des 5 700 volontaires travaillent dans 10 %

A

des ONG. On note aussi le poids très important des ONG confessionnelles.

On dénombre en Allemagne 1 100 ONG selon la classification administrative française. Sur les 1 100 ONG allemandes, 170 reçoivent un soutien du gouvernement allemand pour leurs actions de solidarité internationale. Les 5 plus grandes ONG allemandes, en 2000, sont par ordre décroissant de ressources budgétaires : Misereor (Caritas) 156,7 M€, E E D (Service des Églises évangéliques en Allemagne pour le développement) 94,1 M€, Deutsche Welthungerhilfe 61,2 M€, Kindernothilfe (KNH) 41,4 M€, World Vision Allemagne 15,7 M€.

(Sources : ministère français des Affaires étrangères)

Amérique latine/ONG

Depuis vingt ans, l'Amérique latine connaît une véritable explosion du nombre des ONG actives. Ce phénomène s'explique par le déclin des régimes autoritaires ou dictatoriaux et l'apparition de régimes démocratiques s'appuyant sur la société civile.

En Amérique latine comme ailleurs, il n'existe aucun statut spécifique des ONG. Par conséquent, on qualifie d'ONG très souvent des associations. Certaines institutions citent le chiffre d'un million d'ONG en Amérique latine. Il s'agit en réalité d'associations plus ou moins importantes qui n'ont souvent qu'une activité réduite au cadre local voire d'un village. Selon des études de la Banque interaméricaine de développement la moitié de ces ONG-associations se consacreraient à des actions humanitaires et sociales. Les principaux problèmes rencontrés par les ONG d'Amérique latine sont juridiques et financiers.

En effet, les cadres juridiques en vigueur sont ceux hérités des anciennes dictatures ou régimes forts. Ces cadres sont peu

A

propices à la mise en place de structures démocratiques et transparentes. En ce qui concerne les financements, les ONG d'Amérique latine comme celles d'Afrique ou d'Asie ont une expérience très réduite du contexte international et des règles exigées par les bailleurs internationaux quant à la surveillance et au contrôle de l'utilisation des fonds, de sorte qu'elles rencontrent de grandes difficultés pour obtenir des financements.

Enfin, très fréquemment pour des raisons historiques les ONG de ce continent ne possèdent aucun statut juridique et ne peuvent dès lors accéder à des financements internationaux ou nationaux. Cet aspect est aujourd'hui prioritaire pour les Nations unies qui s'interrogent sur la possibilité de coopérer avec des communautés n'ayant aucun statut.

AMI

(Aide médicale internationale)

Date de création : 1979.

Origine : France.

Historique et mission sociale : Aide médicale internationale est née en novembre 1979. Elle appartient à la deuxième génération des organisations non gouvernementales, celle des French Doctors apparue à la fin des années 1970, au moment même où l'horreur des conflits du Viêtnam, du Liban et du Biafra faisait clairement apparaître les limites d'un cadre d'intervention initiée par les gouvernements. Née dans le contexte de la crise afghane, à l'initiative de jeunes médecins et infirmières volontaires et bénévoles, dont la plupart avaient en commun des expériences médicales humanitaires antérieures, AMI voit le jour avec peu de moyens et fonde son action, aujourd'hui encore, sur le bénévolat et l'engagement volontaire et bénévole de ses membres.

A

Lieux d'intervention : Birmanie, Colombie, Cambodge, Rouma-
nie, Soudan, Liban, Surinam, Kurdistan irakien, Kurdistan ira-
nien, Honduras, Laos, Timor oriental, Érythrée, Tigrée, Somalie, Thaïlande, Afghanistan, Libéria, Arménie, Albanie, Haïti,
Nicaragua, Salvador, Niger, Mali, Comores.

Budget 2000 : 7 millions d'euros. 94 % de ces ressources vont
directement sur le terrain.

Ressources humaines : 12 salariés, 89 expatriés, 600 employés
locaux.

Principale publication : *La Chronique* AMI (trimestriel).

Contact :

AMI •France•
119, rue des Amandiers   *Tél.* : 01 46 36 04 04
75020 Paris   *Fax* : 01 46 36 66 10
www.amifrance.org   *E-mail* : info@amifrance.org

ANE

(Acteurs non étatiques)

Il s'agit d'une nouvelle notion de partenariat qui trouve en
partie son origine dans le Livre blanc de la Commission européenne sur la gouvernance européenne. Dans un rapport du
7 novembre 2002, la Commission définit ainsi les acteurs non
étatiques :

« Le terme ANE *sert à décrire une catégorie d'organisation
qui rassemble les principales structures, existantes ou nouvelles, de la société en dehors du gouvernement et de l'administration publique. Les* ANE *naissent de la volonté des citoyens,
leur objectif étant de promouvoir une question ou de défendre
un intérêt général ou particulier. Ils sont indépendants de l'État
et prennent la forme d'organisations à but lucratif ou non lucra-*

tif. Il s'agit, par exemple d'organisations non gouvernementales ou de base (ONG/ODB) et de leurs plates-formes représentatives dans différents secteurs, des partenaires sociaux (syndicats, associations d'employeurs), d'associations du secteur privé et d'organisations économiques, d'associations d'Églises et de mouvements confessionnels, d'universités, d'associations culturelles ou de médias. »

Cette notion d'acteurs non étatiques se rapproche de celle actuellement utilisée par le système « onusien » qui parle de plus en plus fréquemment d'organisations non gouvernementales et organisations de la société civile (ONG/OSC).

Cette volonté de dépasser la stricte notion d'ONG en évoquant la société civile et ses composantes est récente et a pris naissance d'abord dans le système onusien. Les notions d'ANE ou de OSC permettent de mieux tenir compte de la réalité des divers acteurs qui contribuent à la construction des programmes de développement et notamment de développement durable.

Récemment, cette notion d'OSC ou ANE a été étendue aux organisations lucratives et dans les forums internationaux organisés sous l'égide des Nations unies au cours des dernières années (sommet de Johannesburg en septembre 2002). Les entreprises commerciales y ont pris une part de plus en plus importante. Cela est la conséquence de la volonté des deux derniers secrétaires généraux des Nations unies qui ont souhaité associer très étroitement le monde marchand à la construction des programmes de développement.

A

Arabe (Monde)/ONG

La situation varie beaucoup d'un pays à l'autre selon le degré de démocratie, voire l'absence totale de démocratie pour certains d'entre eux. En effet, la liberté associative, l'émergence et la réalité d'une société civile dont les ONG sont l'une des manifestations, dépend étroitement de la liberté laissée aux citoyens pour s'organiser.

Malgré la diversité des situations, on constate que les ONG des pays arabes ne peuvent pas être considérées comme des forces collectives véritables en mesure de peser sur le développement et le devenir de leurs sociétés.

Par ailleurs, certaines ONG ne sont que des prolongements de l'action politique des États et n'ont aucune marge de manœuvre.

Les deux grands axes de travail des ONG arabes se situent dans le secteur caritatif et le travail social.

Il s'agit d'apporter une assistance à des populations défavorisées dans les domaines de la santé (construction de dispensaires et d'hôpitaux) de l'éducation (construction d'écoles, soutien scolaire) ; soutien financier à des familles dans le besoin ; soutien à des populations spécifiques : orphelins, handicapés, femmes, etc.

Ces actions se recoupent souvent avec des considérations de type religieux ou communautaire.

Toutefois, à une époque récente, on note l'apparition d'ONG œuvrant dans des domaines nouveaux : le développement, notamment rural, et la défense des droits humains.

(Sources : ONG, gouvernance et développement dans le Monde arabe [Sarah Ben Néfissa])

A   36

ARMÉE DU SALUT

Date de création : 1881.

Origine : Grande-Bretagne.

Réseau international/France : l'Armée du salut est implantée dans 108 pays.

Historique et mission sociale : fondée en 1881 en pleine révolution industrielle par le pasteur William Both et sa femme profondément choqués par la condition ouvrière. L'Armée du salut se veut une Armée de paix et une armée sans frontières. Présente dans 108 pays, l'Armée du salut est une ONG qui regroupe plus de 2,5 millions d'hommes et de femmes. L'originalité de l'Armée du salut est d'être présente à la fois dans les pays développés et dans les pays les moins avancés. L'Armée du salut se réclame de l'Église chrétienne universelle et une part de sa mission est d'annoncer l'Évangile et de soulager en son nom les détresses.

La mission humanitaire et chrétienne de l'Armée du salut s'organise autour de trois thèmes : secourir, accompagner, reconstruire.

Dans les pays les moins avancés, l'Armée du salut développe des programmes de développement agricole, des programmes médicaux ainsi que des programmes scolaires. L'Armée du salut intervient également dans les situations d'urgence et a porté ainsi secours aux victimes du 11 Septembre aux États-Unis, a livré pour faire face à la crise des centaines de tonnes de nourriture, vêtements et médicaments en 2000 en Russie et avant, dans des conditions difficiles, a développé des programmes médicaux dans les camps de réfugiés au Rwanda en 1994.

L'Armée du salut gère à travers le monde 60 hôpitaux et maternités, 292 dispensaires, 52 instituts pour aveugles, sourds-

A

muets, handicapés moteurs, 30 maisons de convalescence. L'Armée du salut gère également 1 500 établissements scolaires et 6 500 centres sociaux. En France, l'Armée du salut existe depuis 1931 et gère 41 établissements.

Budget 2001 (France) : 70 millions d'euros dont 64 % de fonds publics. Les dons et les legs représentent 11 % du total du budget.

Ressources humaines (France) : 1 600 salariés.

Principale publication : *Le Magazine.*

Contact :

ARMÉE DU SALUT •France•
60, rue des Frères-Flavien   *Tél.* : 01 43 62 25 00
75976 Paris cedex 20   *Fax* : 01 43 62 25 56
www.armeedusalut.fr   *E-mail* : info@armeedusalut.fr

ASBL

(Association sans but lucratif)

Une ASBL est une association sans but lucratif. Terminologie utilisée dans certains pays francophones et notamment la Belgique pour désigner les associations et les ONG.

ASIL

(Association de solidarité internationale)

Le sigle ASIL qui signifie association de solidarité internationale est utilisé dans la terminologie officielle du ministère français des Affaires étrangères pour désigner les organisations non gouvernementales. Cette terminologie est aussi utilisée par les associations et les commissions officielles comme le Haut

A

Comité pour la coopération internationale, le Conseil national de la vie associative ou la Commission nationale consultative des droits de l'homme.

Le sigle ASIL est fréquemment accolé et/ou utilisé avec le sigle OSIL (Organisation de solidarité internationale) car les deux termes rendent mieux compte de la dimension internationale de l'action des acteurs non étatiques.

ASOC

(Antartic Southern Ocean Coalition)

Dans le secteur de l'environnement, ASOC est probablement l'une des coalitions les plus actives et les plus efficaces. Créée en 1978, elle regroupe plus de 240 ONG œuvrant afin de protéger la diversité biologique et la région sauvage de l'Antarctique, ses océans et sa vie marine. ASOC regroupe des ONG de plus de 50 pays aussi différents que les États-Unis et les îles Caïman, l'Australie et le Pakistan, l'Équateur et l'Estonie.

Les principales ONG françaises membres de cette coalition sont : Environnement et Santé, Les Amis de la Terre, Greenpeace France, WWF France, Association Belfontaine de protection de la nature, Association nationale des parcs et jardins, Coline, FFSPN.

L'ASOC a participé très activement à toutes les campagnes de protection de ce continent ainsi qu'à toutes les négociations internationales.

Contact : www.asoc.org

Association

En France, les organisations non gouvernementales ont soit le statut d'association soit celui de fondation. La différence essentielle entre une association et une fondation est qu'une association est un regroupement de personnes alors qu'une fondation est l'affectation d'un patrimoine à une cause par une personne physique ou morale.

En France, il existe trois types d'associations : les associations non déclarées, les associations déclarées et les associations reconnues d'utilité publique. Ces trois régimes sont explicitement ou implicitement régis par les dispositions de la loi du 1er juillet 1901.

Les associations non déclarées sont parfaitement légales mais ne disposent pas de la personnalité morale et ne sont qu'un groupement de fait entre plusieurs personnes physiques ou morales. Ces associations ne peuvent donc pas passer de contrats, ni faire valoir leurs droits en justice. Leur patrimoine est la propriété indivise de l'ensemble des membres.

Les associations déclarées sont celles qui ont fait l'objet d'une déclaration auprès de l'autorité administrative, préfecture ou sous-préfecture. Ces associations disposent de la personnalité morale et peuvent donc contracter, posséder les biens nécessaires à l'accomplissement de leur objet social, vendre, acheter, etc. Ces associations peuvent également se financer par des cotisations, subventions (État, Région et autres collectivités territoriales), dons des entreprises ou des particuliers provenant tout aussi bien de la France que de l'étranger.

Les associations reconnues d'utilité publique, environ 2 000 sur un total de près de 800 000 associations déclarées, obtiennent ce statut après une procédure administrative assez longue qui aboutit à un décret de reconnaissance d'utilité publique,

A

mais la loi du premier juillet 1901 ne prévoit aucun critère particulier fixant les conditions à remplir pour obtenir ce statut.

Le Conseil d'État, juridiction chargée d'instruire les dossiers, a progressivement dégagé certains critères qui sont : avoir un but d'intérêt général s'exerçant dans un périmètre territorial suffisamment important, avoir des ressources financières suffisantes et plus de 200 adhérents.

De plus, les associations doivent avoir au moins trois ans d'existence comme associations déclarées.

Pendant longtemps ce statut de la reconnaissance d'utilité publique conférait à ceux qui l'avaient le privilège de recevoir des libéralités, c'est-à-dire des dons, donations et legs sans avoir à supporter des droits de mutation.

Ce régime dérogatoire s'est progressivement amenuisé car aujourd'hui les associations simplement déclarées mais, exerçant leurs activités exclusivement dans le secteur de la bienfaisance, bénéficient du même traitement fiscal pour les libéralités qu'elles reçoivent.

L'association, quel que soit son régime juridique, se définit selon l'article 1 de la loi du 1er juillet 1901 comme :

« ... La convention par laquelle deux ou plusieurs personnes mettent en commun, d'une façon permanente, leur connaissance ou leur activité dans un but autre que de partager des bénéfices. Elle est régie, quant à sa validité, par les principes généraux du droit applicables aux contrats et obligations. »

Autrement dit, pour créer une association/ONG il faut au moins deux personnes, que ces personnes aient le désir de partager des activités, un savoir-faire ou des compétences et ce dans un but autre que celui de partager les bénéfices qui pourraient résulter de cette activité. Le partage des bénéfices ferait immédiatement perdre à l'association son caractère essentiel qui est la non lucrativité et l'association, tout en conservant son

A

statut juridique, se verrait alors traiter « fiscalement » comme une entreprise commerciale.

En France, la plupart des grandes organisations non gouvernementales ont le statut d'association reconnue d'utilité publique. C'est notamment le cas pour Médecins du monde, Médecins sans frontières, Handicap International, Action contre la faim, le Secours catholique, etc.

Il existe aussi en France, pour des raisons historiques, un régime spécial des associations en Alsace-Moselle.

ATTAC

(Association pour la taxation des transactions)

Date de création : 1998.

Origine : France.

Réseau international/France : de très nombreux groupes en France ainsi qu'un réseau international.

Historique et mission sociale : ATTAC est née en France en 1998 d'une initiative du *Monde diplomatique.*

Elle existe aujourd'hui dans une cinquantaine de pays où se sont constituées des organisations à part entière créées elles aussi selon les réalités locales du mouvement social et de la société. Taxe Tobin, annulation de la dette des pays du Sud et de l'Est, combattre l'existence des paradis fiscaux en Europe et dans le monde et l'emprise des multinationales, la marchandisation de la santé, de l'éducation, de l'ensemble des services publics, le brevetage du vivant, la pensée unique néo-libérale, l'uniformisation de la culture, la financiarisation du monde, etc. sont autant de points sur lesquels, avec d'autres partenaires ATTAC entend intervenir.

A

La première originalité d'ATTAC, à partir d'une proposition du *Monde diplomatique*, c'est précisément d'avoir, d'emblée, mis autour de la même table des composantes d'associations d'éducation populaire, d'organisations du mouvement social et des organisations syndicales, en y adjoignant des organes de presse, autour d'un objectif dans lequel elles pouvaient toutes se reconnaître : reconquérir les espaces.

Contact :

ATTAC •France•
6, rue Pinel   *Tél.* : 01 53 60 92 40
75013 Paris   *Fax :* 01 53 60 40 72
www.france.attac.org   *E-mail* : attacfr@attac.org

Autriche/ONG

On dénombre en Autriche 700 ONG dont 70 sont soutenues par le gouvernement Autrichien pour leurs actions de solidarité internationale. Les trois plus grandes ONG autrichiennes sont : OED 2,3 millions d'euros ; KFS 2,2 millions d'euros ; IIZ 0,9 million d'euros.

(Sources : ministère français des Affaires étrangères)

A

B

Bailleur

Terme qui sert à désigner dans le langage des ONG les organisations, publiques ou privées, qui financent les programmes proposés par les ONG ou que les Institutions proposent aux ONG de réaliser dans le cadre d'accords de partenariats.

Banque mondiale/ONG

La Banque mondiale est une institution internationale qui mérite une attention particulière dans la mesure où cette institution est probablement celle qui, en moins de vingt ans, a fait le plus progresser la coopération avec les organisations non gouvernementales, notamment dans les programmes d'appui au développement.

La Banque mondiale, dont le nom exact est Banque internationale pour la reconstruction et le développement, a été créée en 1944, parallèlement au Fonds monétaire international dont la vocation est de favoriser la coopération monétaire entre les

B

États alors que la Banque, elle, a une vocation d'aide au financement de la reconstruction.

À l'origine, la Banque mondiale avait pour but de favoriser la reconstruction des pays européens ravagés par cinq années de guerre et progressivement, avec le mouvement de décolonisation, la naissance de nouveaux États et la chute du mur de Berlin en 1989, la vocation de la Banque s'est étendue à l'ensemble de la planète. Aujourd'hui, la Banque mondiale compte 181 États-membres. La Banque mondiale est un groupe de trois institutions : la Banque internationale pour la reconstruction et le développement, Association internationale de développement et l'institution financière internationale.

L'objet de la Banque mondiale est d'accorder une aide à long terme aux États-membres afin de faciliter le développement de ceux-ci.

À l'origine, les prêts étaient accordés uniquement aux États et à leurs démembrements, puis, parallèlement à ces prêts, la Banque a financé des programmes d'aide au développement.

Au début des années 1980, la Banque mondiale a décidé de créer un comité de liaison avec les ONG qui peu à peu s'est imposé comme un partenaire incontournable pour toutes les questions relatives à la réduction de la pauvreté, notamment du fait de l'expertise de nombreuses ONG dans ce domaine.

Les chiffres des financements accordés par la Banque mondiale aux ONG démontrent d'eux-mêmes le renforcement progressif de ce partenariat.

Ainsi, de 1973 à 1988, seulement 6 % des programmes de la Banque mondiale concernaient des programmes menés par des ONG. En 1993, ce pourcentage atteignait 30 % et en 1994 il avait bondi à 50 %.

40 % des programmes précités en 1994 se font en coopération avec des associations locales de base.

Dans certains domaines, comme le micro-crédit ou les programmes de soutien au développement durable, la Banque mondiale joue aujourd'hui un rôle de leader.

Contact :

BANQUE MONDIALE •États-Unis•
1818 H Street N.W.
Washington DC 20 433
www.worldbank.org

Tél. : 202 447 12 34
Fax : 202 447 63 91
E-mail : civilsociety@worldbank.org

Belgique/ONG

On dénombre très précisément en Belgique 154 ONG de solidarité internationale, c'est-à-dire des associations bénéficiant d'un agrément. Parmi ces 154 ONG, 130 environ reçoivent un appui de l'État. Les cinq plus grandes ONG belges de solidarité internationale sont : Médecins sans frontières Belgique, DMOS-COMIDE, FOS, SOS Faim, Unicef Belgique.

(Sources : ministère français des Affaires étrangères)

BENENSON Peter

Avocat anglais, spécialiste en droit international, cofondateur avec Sean Mac-Bride et Éric Baker en 1961 de l'association Amnesty International, il a reçu en 1974 le prix Nobel de la paix pour son œuvre et son action en faveur des Droits de l'homme.

B

Bénévole

Le bénévole est une personne qui travaille, sans aucune rétribution, pour une ONG ou une association.

En France, il n'existe aucun statut juridique spécifique du bénévolat et les pouvoirs publics ont récemment rappelé que la mise en place d'un statut du bénévolat n'était pas à l'ordre du jour.

Par contre, les pouvoirs publics pour encourager le bénévolat ont mis en place toute une série de mesures, que ce soit dans le domaine fiscal, dans le secteur de la formation professionnelle ou encore de la valorisation des acquis. C'est que le bénévolat représente une force considérable et, dans bien des secteurs, un appui indispensable particulièrement dans le secteur sanitaire et social, le secteur culturel ou le secteur sportif pour ne citer que les principaux.

En France, on considère généralement que près de 10 millions de personnes ont une activité bénévole dans le secteur associatif.

- **Les principales mesures en faveur du bénévolat sont :**

– Le congé de représentation

Afin de permettre aux salariés ou aux agents de l'État et des collectivités territoriales ou établissements publics de participer pleinement à la vie associative, diverses dispositions législatives ou réglementaires sont venues renforcer les droits à congé des personnes précitées lorsqu'elles représentent auprès de certaines instances, limitativement énumérées, leurs associations. Parfois même, le bénévole qui peut bénéficier dans l'année de neuf jours d'absence peut être indemnisé si l'employeur ne maintient pas le salaire.

B

– La loi sur la réduction du temps de travail

La loi sur la réduction du temps de travail, plus connue sous son nom de loi Aubry ou de loi des 35 heures, a prévu que les accords conclus dans les entreprises pour réduire le temps de travail peuvent prévoir des dispositions spécifiques en faveur des bénévoles qui consacrent une partie de leur temps à des associations ou organisations non gouvernementales. Ces mesures portent essentiellement sur : l'aménagement des délais de prévenance applicables en cas de changements d'horaires de travail ou de jours de repos RTT ; les actions de formation ; la prise de jours de repos.

– La validation des acquis

Il s'agissait d'une importante revendication des bénévoles des organisations non gouvernementales qui demandaient que l'expérience qu'ils avaient acquise dans l'exercice de leur bénévolat soit reconnue et puisse ouvrir la voie à l'exercice d'un métier rémunéré le cas échéant, le temps de bénévolat remplaçant en quelque sorte les diplômes qui pouvaient être requis. Cette validation des acquis qui a d'abord concerné le secteur sportif s'applique désormais à l'ensemble du secteur associatif du fait des dispositions de la loi de juillet 2000 et de la loi de modernisation sociale du 17 janvier 2002. Ce dispositif est connu sous le sigle VAE ce qui signifie « validation des acquis de l'expérience ». Pour pouvoir bénéficier des dispositions relatives à la validation des acquis il faut avoir au moins trois années de bénévolat représentant 2 400 heures d'activité.

– La formation des bénévoles

Indépendamment des formations que les associations dispensent spontanément à leurs bénévoles pour qu'ils puissent exercer leurs fonctions dans les ONG, les bénévoles peuvent bénéficier de plusieurs types de formation : soit en qualité de salarié de leur société et ce dans le cadre du plan de formation de cette entreprise, soit en qualité de bénévole d'une associa-

B

tion dans le cadre du plan de formation de cette association. Dans le premier cas, la loi prévoit que peuvent faire partie du plan de formation les formations qui, entre autres, permettent de mieux exercer des responsabilités associatives. Les salariés peuvent aussi bénéficier de congés de formation. Dans le second cas, le bénévole d'une association peut aussi, sous certaines conditions, bénéficier du plan de formation mis en place pour les salariés.

Par ailleurs, afin d'améliorer la formation des bénévoles et de faciliter l'accès à diverses formations, l'État crée en 1985 le FNDVA (Fonds de développement de la vie associative). Ce fonds qui est administré paritairement par les représentants de l'administration et les représentants du monde associatif est doté d'une enveloppe financière annuelle d'un peu plus de 15 millions d'euros.

L'action du FNDVA porte sur trois points :

1. Financements d'actions de formation de bénévoles ;

2. Financement d'études d'intérêt national susceptibles de contribuer à une meilleure connaissance de la vie associative ;

3. Financement d'expérimentations correspondant aux orientations prioritaires du FNDVA et participant au développement de la vie associative.

– Les concours administratifs. L'accès à l'emploi public.

Depuis plusieurs années, certains concours administratifs étaient ouverts aux personnes qui avaient exercé des responsabilités dans le monde syndical ou associatif. Une loi de janvier 2001 est venue préciser ce dispositif.

– La protection sociale

Les bénévoles bénéficient des protections sociales générales et il n'existe aucun régime spécifique pour eux. Il convient simplement de souligner que certaines associations visées à l'ar-

B

ticle 200 du Code général des impôts peuvent souscrire des assurances « accidents du travail » volontaires en faveur de leurs bénévoles. Comme les salariés, les bénévoles peuvent alors, en cas d'accident du travail, bénéficier des prestations prévues à l'exception des indemnités journalières.

– Assurances

Les bénévoles qui travaillent pour une association sont en principe couverts par les assurances « responsabilité civile » souscrites par l'association. Cette assurance les couvre pour les dommages qu'ils pourraient provoquer ou subir. De plus en plus, les tribunaux considèrent que les associations qui ne souscrivent pas de police d'assurance pour protéger leurs bénévoles commettent à l'encontre de ceux-ci une faute dont elles doivent réparation.

– La valeur économique du travail des bénévoles

Les associations réclament de plus en plus la prise en compte, d'une part de l'apport économique du bénévolat, et d'autre part de l'évaluation des coûts de gestion du bénévolat. En effet, les bénévoles créent une importante richesse qui n'est pas prise en compte par les règles de la comptabilité nationale. Or, si les bénévoles, pour le même travail, étaient rémunérés, ces opérations seraient valorisées dans cette même comptabilité. Mais le plus paradoxal est que les coûts de gestion des bénévoles sont pris en compte et viennent grever les ratios de gestion des associations.

– Le recrutement des bénévoles

Dans certains pays, le recrutement des bénévoles obéit à des critères de sélection très stricts. C'est notamment le cas dans les pays anglo-saxons et particulièrement aux États-Unis, où le recruement des bénévoles s'apparente au recrutement des salariés. Des séances d'information sont organisées pour ceux qui souhaitent faire du bénévolat pour une association. Des « em-

B

plois » sont proposés à la suite d'entretiens de recrutements et des tests sont obligatoires notamment dans les grandes ONG.

Cette organisation très stricte du recrutement des bénévoles s'explique par le fait que le bénévole va accomplir un véritable travail et qu'il doit dans celui-ci présenter les mêmes qualités professionnelles, intellectuelles et humaines que s'il s'agissait d'un salarié. La conception du recrutement des bénévoles est radicalement différente de ce que l'on peut concevoir en France où le bénévole est une « bonne volonté », bien accueillie.

– La rémunération des bénévoles

Par définition, les bénévoles ne perçoivent aucune rémunération. Les bénévoles peuvent se faire rembourser les frais qu'ils exposent pour le compte d'une association et, s'ils ne demandent pas le remboursement, ils peuvent dans certaines conditions déduire de leurs impôts les sommes dont ils abandonnent le remboursement à l'association.

Toutefois, pour répondre à une forte demande de certains acteurs associatifs et notamment de ceux du secteur sanitaire et social et du secteur sportif, le gouvernement et les pouvoirs publics ont mis en place une possibilité de rémunération des dirigeants d'association dans certaines conditions. En effet, les associations et ONG faisaient valoir que la direction d'une grande association impliquait aujourd'hui une présence à plein temps et de très nombreuses responsabilités. En effet, il n'est pas rare de voir des associations gérer des ressources de plusieurs dizaines de millions d'euros et ce dans un cadre légal de plus en plus contraignant. Sauf à considérer que seuls des retraités ou des personnes fortunées pourront exercer pleinement des fonctions de responsabilité dans les ONG et associations, il devenait urgent de proposer un cadre légal à la rémunération des dirigeants pour permettre à des personnes en activité de quitter celle-ci pour occuper une fonction dirigeante à plein temps dans une association. Certaines personnes s'inquiétaient aussi d'une possible migration de grandes associations françaises vers des pays voisins qui autorisent la rémunération des dirigeants du secteur non lucratif.

BETTATI Mario

Mario Bettati est professeur de droit international public à l'université de Paris-I/Panthéon-Sorbonne. Il est l'auteur de nombreux ouvrages dont le *Droit d'ingérence, mutation de l'ordre international*, paru aux éditions Odile Jacob. Mario Bettati a été membre du Cabinet de Bernard Kouchner lorsque celui-ci était Secrétaire d'État à l'action humanitaire. Mario Bettati est le « théoricien » du droit d'ingérence et l'inspirateur des résolutions de l'assemblée générale des Nations unies qui ont posé ce nouveau principe.

BIOFORCE

Date de création : 1983.

Origine : France. Création à Lyon par le docteur Charles Mérieux.

Historique et mission sociale : créé sur l'initiative du docteur Charles Mérieux, Bioforce est un centre de formation, d'orientation et d'expertise axé sur l'humanitaire, la solidarité locale et internationale. Bioforce forme des logisticiens, administrateurs, gestionnaires de programmes. C'est la principale institution de formation œuvrant dans ce domaine spécifique.

Lieux d'intervention : les stagiaires de Bioforce sont recrutés en France, Espagne, Afrique de l'Ouest, Haïti, Asie du Sud-Est, Afghanistan. Bioforce forme 120 stagiaires par an.

B

Budget 2000 : 2,5 millions d'euros. Fonds publics 90 %, fonds privés 10 %.

Ressources humaines : 35 salariés.

Principale publication : *Bioflash.*

Contact :

BIOFORCE •France•
44, bd Lénine
69694 Vénissieux cedex
www.bioforce.asso.fr

Tél. : 04 72 89 31 41
Fax : 04 78 70 27 12
E-mail : info@bioforce.asso.fr

BRAUMANN Rony

Rony Braumann a été président de Médecins sans frontières de 1982 à 1994. Rony Braumann a joué un rôle clé dans l'évolution de Médecins sans frontières et dans la réflexion sur l'action humanitaire. Rony Braumann est enseignant et chercheur à la fondation Médecins sans frontières. Il est l'auteur de très nombreux articles et ouvrages ainsi que de divers documentaires télévisés. Il est l'auteur notamment de *L'action humanitaire* et *Humanitaire : le dilemme.*

CAFOD

(Catholic Fund Overseas Development)

Date de création : 1962.

Origine : Grande-Bretagne.

Réseau international : CIDSE.

Historique et mission sociale : CAFOD (Fonds catholique pour le développement d'outre mer) est l'agence officielle d'aide et de développement de l'Église catholique en Angleterre et au pays de Galles. Le CAFOD met l'accent sur le développement durable et l'aide d'urgence. Il est membre de la CIDSE, Réseau européen des agences catholiques de financement.

Lieux d'intervention :
- *Afrique* : Burkina Faso, Érythrée, Éthiopie, Kenya, Mozambique, Ouganda, Rwanda, Sierra Leone, Afrique du Sud, Soudan, Tanzanie, Zambie, Zimbabwe ;
- *Asie* : Bangladesh, Birmanie, Cambodge, Philippines, Sri Lanka, Timor oriental ;
- *Amérique latine* : Bolivie, Brésil, Chili, Colombie, Salvador, Guatemala, Mexique, Nicaragua, Pérou, Haïti.

C

Budget 2000 : 40 millions d'euros.

Contact :

CAFOD •Grande-Bretagne•
2, Romero Close – Stockwell   *Tél.* : 44 171 73 37 900
GB – Londres SW9 9TY   *Fax* : 44 171 27 49 630
www.cafod.org.uk   *E-mail* : ihqcafod@cafod.org.uk

CARE
INTERNATIONAL

Date de création 1945.

Origine : États-Unis.

Réseau international/France : CARE est un réseau international de 11 organisations : CARE Allemagne, CARE Angleterre, CARE Autriche, CARE Australie, CARE Canada, CARE Danemark, CARE France, CARE Pays-Bas, CARE Japon, CARE États-Unis, CARE Norvège.

Historique et mission sociale : CARE a été créé aux États-Unis à la fin de la Seconde Guerre mondiale par des Européens émigrés dans ce pays et des Américains dans le but de venir en aide aux populations européennes en leur fournissant notamment des colis de nourriture. À l'origine le sigle CARE signifie *Coopérative for American Relief in Europe*.

Progressivement, CARE va s'imposer comme l'une des principales organisations américaines et mondiales d'aide au développement puis d'action humanitaire d'urgence. Les principes de CARE sont : construire, transformer, responsabiliser et rendre autonomes les plus démunis, tout en protégeant leurs droits économiques et sociaux. CARE s'est engagé dans le programme coordonné de réduction de la pauvreté d'ici 2015.

C

Le réseau de CARE international assure aujourd'hui une présence opérationnelle dans 65 pays, en Afrique, Asie, Amérique latine et Europe de l'Est. CARE international développe en 2000, 700 projets dans 65 pays. Au total ce sont chaque année 25 millions de personnes dans le monde qui sont bénéficiaires des actions du réseau CARE et 4 millions de personnes bénéficient des actions d'urgence.

Ressources humaines 10 000 collaborateurs dont 95 % sur le terrain (CARE France 14 collaborateurs).

Budget 2000 : 500 millions d'euros (Budget CARE France 2001 : 6 millions d'euros).

Contact :

CARE INTERNATIONAL – Cap 19 •France•
13, rue Georges-Auric   *Tél.* : 01 53 19 89 89
75019 Paris   *Fax* : 01 53 19 89 90
www.carefrance.org   *E-mail* : info-care@carefrance.org

CARITAS INTERNATIONALIS

Caritas internationalis est l'exemple même d'une confédération internationale d'ONG d'origine confessionnelle.

En effet, Caritas Internationalis regroupe plus de 154 organisations non gouvernementales toutes issues de la mouvance catholique. Aujourd'hui il s'agit du plus grand réseau mondial privé de secours d'urgence et de développement. Les membres de Caritas internationalis agissent aussi bien dans leur pays d'origine que dans des actions internationales.

La mission de Caritas internationalis est de faire rayonner la solidarité et la justice dans le monde entier. Caritas s'inspire dans sa philosophie et son action des Écritures et de la tradi-

C

tion de l'enseignement de l'Église, ainsi que des expériences vécues.

Les membres de Caritas œuvrent pour créer un monde où la dignité de la condition humaine est suprême, et où il n'y a plus ni exclusion, ni discrimination, ni violence, ni intolérance, ni pauvreté déshumanisante.

Le siège de Caritas internationalis se trouve à la Cité du Vatican. Caritas sert ses membres en établissant un forum de dialogue et d'échange entre les organisations membres qui pourront aussi partager leurs idées, apprendre les unes des autres et s'appuyer réciproquement ; en renforçant la capacité des organisations membres à servir efficacement les pauvres et les marginaux ; en étant une voix ou un défenseur de la cause des pauvres et en donnant aux pauvres la possibilité de plaider leur propre cause ; en facilitant la coopération à l'intérieur et à l'extérieur de la Confédération.

Contact :

CARITAS INTERNATIONALIS •Vatican•
Palazzo San Calisto   *Tél.* : (39) 06 698 797 99
00120 Cité du Vatican   *Fax* : (39) 06 698 87 237
www.caritas.org   *E-mail* :
caritas.internationalis@caritas.va

CCFD

(Comité catholique contre la faim et pour le développement)

Date de création : 1961.

Origine : initiative des évêques français à la suite d'un appel lancé par le Pape et par la FAO pour lutter contre la faim dans le monde.

C

Réseau international France/International : 18 organisations internationales *via* le CIDSE.

Historique et mission sociale : CCFD intervient dans les secteurs de l'économie solidaire, de la citoyenneté et développement local, de la Paix et des Droits de l'homme, de la sécurité alimentaire, de la promotion féminine en soutenant l'action d'organisations locales de préférence à l'action directe de terrain.

Lieux d'intervention : 70 pays.

Budget 2000 : 25 millions d'euros dont fonds publics 9 %, fonds privés 91 %.

Ressources humaines : 170 salariés dont 110 au siège et 15 000 bénévoles.

Principale publication : *Faim développement magazine.*

Contact :

CCFD •France•
4, rue Jean-Lantier
75001 Paris.
www.ccfd.asso.fr

Tél. : 01 44 82 80 00
Fax : 01 44 82 81 41
E-mail : ccfd@ccfd.asso.fr

CHRISTIAN AID

(Grande–Bretagne)

Date de création : 1945.

Origine : Grande-Bretagne.

Réseau international/France : 16 bureaux à l'étranger.

Historique et mission sociale : Christian Aid est la troisième association en Grande-Bretagne par le volume de son budget. Christian Aid fait partie des associations liées à la mouvance religieuse chrétienne. Christian Aid intervient là où les besoins sont les plus importants sans aucune considération d'appartenance religieuse. La philosophie de Christian Aid est d'apporter son aide à des organisations locales plutôt que d'agir directement. Christian Aid œuvre pour la transformation du monde en un monde meilleur.

Budget 2000 : 76,2 millions d'euros.

Contact :

CHRISTIAN AID ·Grande-Bretagne·
PO BOX 100
35, Lower Marsh – Waterloo   *Tél.* : (44) 20 7620 4444
London SE1 7RT   *Fax* : (44) 20 7620 0719
www.christian-aid.org.uk   *E-mail* : info@christian-aid.org

CIDSE

(Coopération internationale pour le développement et la solidarité)

Date de création : 1967.

Réseau international : 18 organisations.

Historique et mission sociale : la devise du CIDSE est : « en travaillant ensemble, nous œuvrons pour le changement dans les communautés pauvres du Sud. »

Le CIDSE est une alliance internationale de 18 organisations non gouvernementales catholiques ayant décidé d'œuvrer dans le développement en direction des pays du Sud. Les principales ONG membres du CIDSE sont : Broederlijk Delen (Belgique), Catholic Agency for Overseas Development CAFOD (Grande-Bretagne), Comité Catholique contre la faim et pour le développement (France), CORDAID (Pays-Bas), Entraide et Fraternité (Belgique), Fastennopfer der Schweizer Katholiken (Suisse), Koordinierungsstelle (Autriche), Manos unidas (Espagne), Misereor (Allemagne), Organisation canadienne pour le développement et la paix (Canada), Scottish Catholic

C   60

International Aid Fund (Écosse), Trocaire (Irlande), Volontary Nel Mondo-FOCSIV (Italie).

Cette coopération entre ONG catholiques de développement est apparue à la fin des années 1960 et au début des années 1970.

Les organisations membres du réseau se réclament de la doctrine sociale de l'Église et en particulier des deux encycliques relatives au développement : *Populorum Progressio* et *Sollicitudo Rei Socialis*.

Les sept ONG fondatrices étaient à l'origine des associations patronnées par leur épiscopat national.

La CIDSE s'inscrit en marge du réseau Caritas internationalis et la différence entre ces deux entités catholiques se situe à l'origine entre la solidarité pour les uns et l'action caritative pour les autres.

Contact :

CIDSE •Belgique•
Rue Stévin 16 – B-1000
Bruxelles
www.cidse.org

Tél. : (32) 2 230 7722
Fax : (32) 2 230 7082
E-mail : postmaster@cidse.org

CIMADE

(Service œcuménique d'entraide)

Date de création : 1939.

Origine : France.

Réseau international : 60 groupes en France.

Historique et mission sociale : la CIMADE est une association œcuménique qui a été créée juste avant la Seconde Guerre

C

mondiale pour venir en aide aux personnes déplacées et regroupées dans des camps au sud de la France.

Les membres statutaires de la CIMADE sont d'une part des églises et institutions : Église réformée de France, Église réformée d'Alsace et Lorraine, Église de la confession d'Augsbourg, Église orthodoxe de France, Fédération des Églises évangélistes Baptistes de France, Fédération protestante de France, Mission populaire, et d'autre part des mouvements ou associations : Action des chrétiens pour l'abolition de la torture et le DEFAP, service protestant de mission outre-mer.

Pendant la guerre, la CIMADE s'est engagée dans la résistance et a participé au sauvetage des juifs persécutés. Après la guerre, la CIMADE a œuvré pour la réconciliation France-Allemagne et pour l'indépendance et le développement des anciennes colonies.

Aujourd'hui, la CIMADE travaille avec d'autres organisations au service des réfugiés, des étrangers en France, ainsi qu'au développement solidaire de pays de l'Est et du Sud.

Lieux d'intervention : France, Afrique, Amérique latine, Moyen-Orient.

Ressources humaines : 80 salariés, 800 adhérents.

Budget : inférieur à 8 millions d'euros.

Principale publication : *Causes communes* (bimestriel).

Contact :

CIMADE •France•
178, rue de Grenelle   *Tél.* : 01 44 18 60 50
75007 Paris   *Fax* : 01 45 56 08 59
www.cimade.org   *E-mail* : cimade@globenet.org

Classification
des ONG

Il n'existe aucune classification officielle des ONG que ce soit sur le plan international ou national.

Dans les différents statuts qui sont accordés aux ONG par les différentes organisations internationales, Nations unies et programmes ou agences qui en dépendent ou organisations régionales comme le Conseil de l'Europe, les ONG sont classées en fonction de critères propres à chacune de ces organisations.

Plusieurs classifications sont possibles :

- **On peut classer les ONG selon un critère fonctionnel :**

ONG médicales humanitaires d'urgence (Médecins du monde, Médecins sans frontières, Aide médicale internationale...), ONG de développement (Frères des hommes, Terre des hommes), ONG de défense des droits humains (Amnesty International, Fédération internationale des droits de l'homme, Juristes sans frontières, Avocats sans frontières, Human Rights Watch...), ONG techniques (GRET, Tulipe, Ingénieurs sans frontières), ONG « diplomatiques » (Communauté de San Egidio, International Crisis Group), ONG généralistes (CARE, OXFAM, NOVIB...), ONG financières (Planet Finances...), ONG de défense de l'environnement (Greenpeace, Friends of the Earth, WWF...).

- **On peut classer aussi les ONG en fonction de l'inspiration ou du fondement de leur mission sociale**

ONG confessionnelles, ONG laïques. Parmi les ONG confessionnelles, citons les ONG d'obédience catholique romaine comme le Secours catholique en France, CORDAID au Pays-Bas ou encore le Comité catholique contre la faim et pour le développement, les ONG interobédiencielles comme ACAT (Associations des chrétiens pour l'abolition de la torture), d'autres ONG

C

sont issues des Églises protestantes ou de l'Église universelle comme l'Armée du salut.

Plus récemment, sont apparues des ONG de la mouvance religieuse islamique (Secours islamique en France ou Islamic Relief en Grande-Bretagne). Il existe aussi un réseau d'ONG juives.

Les ONG laïques sont celles qui ne se réfèrent à aucune religion ou se réclament de la laïcité : *Solidarité en France.*

- **Il est aussi possible de classer les ONG en fonction de leurs actions nationales ou internationales**

Par exemple, le Conseil économique et social des Nations unies fait cette distinction. Les ONG dont l'action n'est que nationale ne peuvent prétendre au statut consultatif qu'avec l'accord du pays de leur siège. La convention européenne sur la reconnaissance de la personnalité juridique des organisations internationales non gouvernementales établit également une distinction entre ONG nationales et ONG internationales en attribuant à ces dernières le sigle OING (organisations internationales non gouvernementales) mais surtout en les faisant, seules, bénéficier des dispositions de la convention.

En France, la classification administrative tend à assimiler ONG (Organisations non gouvernementales) et OSI (Organisations de solidarité internationale) c'est-à-dire à considérer que seules les OSI sont des ONG au sens où les Nations unies l'entendent.

D'autres classifications sont possibles, notamment des classements géographiques entre ONG du nord et ONG du sud, ONG latines et ONG anglo-saxonnes.

Toutes ces classifications recouvrent des réalités sociologiques, historiques et politiques.

C

CLONG
VOLONTARIAT

Date de création : 1979.

Origine : France.

Historique et mission sociale : créé en 1979, le CLONG Volontariat regroupe des ONG envoyant des volontaires sur le terrain afin de permettre un échange d'expériences et d'engager un dialogue fructueux avec les pouvoirs publics. Il s'attache à la réalisation de deux grands objectifs :

– Sur le plan éthique et philosophique, réflexion prospective sur le volontariat comme expression de citoyenneté (rôle, utilité des volontaires...) ;

– Sur le plan juridique et statutaire, mise en cohérence des relations contractuelles entre les associations et leurs volontaires d'une part, et la reconnaissance par la loi d'un statut du volontaire de solidarité internationale d'autre part.

Ces travaux ont permis des avancées fondamentales dans la reconnaissance officielle du volontariat de solidarité internationale :

– L'adoption du décret de mars 1986, remplacé par celui de janvier 1995, qui réglemente la protection sociale des volontaires et les soutiens apportés par l'État ;

– L'adoption de mesures par les partenaires sociaux, dans le cadre de l'UNEDIC, en matière d'assurance chômage des volontaires.

Le CLONG Volontariat est le regroupement de douze organisations non gouvernementales françaises qui emploient des volontaires au sens juridique du statut du volontariat.

Le CLONG Volontariat a pour vocation d'assurer la promotion du volontariat, pilier du fonctionnement des organisations non gouvernementales. Par ailleurs, le CLONG Volontariat en-

C

gage des réflexions sur le statut social du volontaire, la problématique de sa réinsertion lors de son retour, la protection sociale du volontaire, etc.

Les associations membres du CLONG Volontariat sont : AFVP, CEFODE, DCC, DEFAP, ESF, ERM, FIDESCO, GREF, Handicap International, IFAID Aquitaine, Les Amis de Sœur Emmanuelle, SCD.

- **Services aux ONG membres**
- Conseil et réalisation d'outils pour les membres : le CLONG Volontariat joue un rôle de conseil auprès de ses membres concernant l'actualité du volontariat et les questions statutaires et réalise à cet effet des outils pratiques.
- Mise en réseau et capitalisation d'information.
- La permanence du CLONG Volontariat joue auprès de ses membres le rôle d'un centre d'information sur les activités concernant les manifestations en lien avec leurs activités.
- Ateliers thématiques/groupes de réflexion, représentation/ médiation.

Principales publications : *Pour un volontariat d'avenir-Regards croisés sur le volontariat de solidarité internationale.* La Documentation française, juin 2001. *Guide du volontariat. Guide du retour du volontaire.*

Contact :

CLONG VOLONTARIAT •France•
14, passage Dubail   *Tél.* : 0142 05 63 00
75010 Paris   *Fax* : 01 44 72 93 73
                           E-mail : clong@coordinationsud.org

CLONGUE

(Comité de liaison des organisations non gouvernementales)

Le Comité de liaison des Organisations non gouvernementales de l'Union européenne qui siégeait à Bruxelles et regroupait les ONG œuvrant dans le domaine du développement a connu une grave crise interne ainsi que dans ses rapports avec les autorités de la Commission Européenne et principalement avec le Commissaire européen chargé de l'action humanitaire. Ce comité a donc été dissous dans le courant de l'année 2001. Aujourd'hui, une phase de reconstruction est en cours et en avril 2003 les ONG ont créé une nouvelle structure permanente : CONCORD.

CNAJEP

(Comité pour les relations nationales et internationales des associations de jeunesse et d'éducation populaire)

Date de création : 1968.

Origine : France.

Historique et mission sociale : le CNAJEP regroupe 74 associations, ONG et fédérations nationales d'associations. La création du CNAJEP s'inscrit dans la volonté de donner, entre autres, une dimension de solidarité internationale aux associations et fédérations d'associations qui la composent.

Sont membres du CNAJEP des associations comme ATD-quart monde, Familles rurales, FCPE, Comité inter-ONG pour les jeunes de la rue, JOC/JOCF (Jeunesse ouvrière chrétienne).

Le CNAJEP n'est pas un opérateur direct mais un lieu de réflexion, d'échanges pour ses membres et de représentation auprès des pouvoirs tant en France qu'à l'étranger. Les pistes actuelles de réflexion du CNAJEP au plan international sont :

– Valorisation du travail de réflexion sur la démarche d'éducation populaire au niveau international et dont une première approche est contenue dans *Réinventer l'international* ;

– Engagement de coopération avec des partenaires du Bassin Méditerranéen et projet de création d'un centre de ressources inter-associatif en Cisjordanie, projet franco-libanais autour des politiques de jeunesse, rencontres inter-associatives franco-algériennes.

Principales publications : *Réinventer l'international, Les bulletins d'information* (CNAJEP en brèves).

Budget 2001 : 305 000 €.

Salariés : 4 employés.

Contact :

CNAJEP •France•
15, passage de la Main-d'Or
75011 Paris
www.educ-pop.org

Tél. : 01 40 21 14 21
Fax : 01 40 21 07 06
E-mail : cnajep@cnajep.asso.fr

CNCDH

(Commission nationale consultative des droits de l'homme)

La Commission nationale consultative des droits de l'homme, qui a été créée en 1947 sur l'initiative de René Cassin, fait partie des instances consultatives entre les pouvoirs publics et la société civile et constitue un lieu de dialogue entre les ONG, la société civile et les pouvoirs publics.

Cette Commission est rattachée administrativement au Premier ministre.

C

D'abord chargée d'assister le gouvernement sur les thématiques relatives aux Droits de l'homme, son mandat a été progressivement élargi à l'action humanitaire et au droit international humanitaire. La Commission rend des avis publics qu'elle communique au gouvernement. Elle peut être saisie à l'initiative du gouvernement de tout problème relatif aux Droits de l'homme et à l'action humanitaire.

La Commission est à l'origine de la création d'un réseau international d'institutions similaires.

Son statut est aujourd'hui prévu par le décret n° 84-72 du 30 janvier 1984, modifié à plusieurs reprises.

La composition de la Commission tend à un double objectif :
– Assurer l'information réciproque de l'État et de la société civile dans le domaine des Droits de l'homme ;
– Garantir le pluralisme des convictions et opinions dans le même domaine.

La participation de l'État est assurée, en ce qui concerne le pouvoir exécutif, par les représentants du Premier ministre et des ministres principalement concernés.

La présence d'un député désigné par le président de l'Assemblée nationale et d'un sénateur désigné par le président du Sénat permet la liaison avec le pouvoir législatif.

Celle de membres du Conseil d'État et de magistrats de l'Ordre judiciaire facilite le contact avec le pouvoir juridictionnel.

Enfin, le médiateur de la République apporte l'expérience de cette institution dans les rapports des particuliers avec les diverses administrations nationales et locales.

Le pluralisme des convictions et opinions est garanti par le choix des divers représentants de la société civile.

On note ainsi la présence de représentants de :
– 29 ONG et associations nationales ayant pour objet la promotion et la protection des Droits de l'homme dans leurs diffé-

C

rents aspects, des représentants des six confédérations syndicales ;

- 42 personnalités (notamment représentant les religions catholiques, musulmane, protestante et juive ; membres de l'université, du corps diplomatique, du barreau, sociologues) ;
- Et 5 experts français siégeant pour leur capacité personnelle dans les instances internationales des Droits de l'homme (Comité des Nations unies contre la torture, Comité pour l'élimination de la discrimination raciale, Sous-commission de lutte contre les mesures discriminatoires, Groupe d'experts chargé d'étudier l'application du pacte international relatif aux droits économiques, sociaux et culturels, Comité européen pour la prévention de la torture).

La CNCDH est un point de rencontre privilégié entre le monde des ONG et les pouvoirs publics pour toutes les questions relatives aux droits humains.

Contact :

CNCDH •France•
35, rue Saint-Dominique   *Tél.* : 01 42 75 79 09
75007 Paris   *Fax* : 01 4275 77 13
www.commission-droits-homme.fr
E-mail : g.fellous@cncdh.pm.gouv.fr

CNVA

(Conseil national de la vie associative)

Le Conseil national de la vie associative, créé en 1983, est un organisme de consultation et de concertation entre les pouvoirs publics et les représentants du monde associatif construit sur le même modèle que la Commission nationale consultative des droits de l'homme.

Parmi les associations présentes, de nombreuses ONG sont représentées.

C   70

Le CNVA a trois missions principales :
- Étudier et suivre l'ensemble des questions intéressant la vie associative ;
- Donner son avis sur les projets de textes législatifs ou réglementaires qui lui sont soumis ;
- Proposer des mesures utiles au développement de la vie associative.

Il est composé de soixante-dix membres et d'autant de suppléants désignés par le Premier ministre après consultation des principales associations et des ministères. Six personnalités qualifiées, désignées également par le Premier ministre, siègent au CNVA ainsi que les ministères concernés par la vie associative.

L'activité du CNVA est dirigée par un bureau composé de quinze membres élus par l'assemblée plénière, dont un président et deux vices-présidents.

Le mandat des membres du conseil national de la vie associative est de trois ans.

Après chaque mandature le CNVA établit un rapport de ses activités. Une réforme du CNVA est à l'étude.

Contact :

CNVA •France•
35, rue Saint-Dominique   *Tél.* : 01 42 75 87 00
75007 Paris   *Fax* : 01 47 53 70 79
E-mail : icnva@cnva.pm.gouv.fr

C

Coalition pour la Cour pénale internationale

La Coalition pour la Cour pénale internationale est l'une des plus importantes coalitions d'Organisations non gouvernementales qui ait jamais existé.

Elle regroupe plus de 1 000 ONG. Son rôle dans l'aboutissement du traité de Rome et la mise en place effective d'une juridiction pénale internationale permanente est incontestable et reconnu.

L'idée d'une juridiction pénale internationale pour juger les auteurs des crimes les plus horribles sur le plan international n'est pas une idée nouvelle.

Depuis plusieurs décennies, de nombreux États et des associations œuvrent en ce sens. Le traité de Versailles, chargé de régler les conséquences du premier conflit mondial, avait déjà envisagé la possibilité de la mise en place d'une juridiction pour juger le Kaiser Guillaume II.

Entre les deux guerres, plusieurs projets virent le jour mais aucun ne fut ratifié par les États.

Pendant la Seconde Guerre mondiale, les alliés (France, Grande-Bretagne, Russie, États-Unis) décidèrent de créer des juridictions pour juger les principaux criminels de guerre allemands et japonais. C'est ainsi que naquirent les tribunaux de Nuremberg et de Tokyo.

Ces deux juridictions fonctionnèrent effectivement et prononcèrent des condamnations contre les principaux responsables de l'Allemagne nazie et ceux du Japon impérial. Ces deux juridictions furent critiquées, non pas sur le plan de leur légitimité, mais sur celui de leur légalité et aussi d'un point de

C

vue politique car elles étaient considérées comme la juridiction des vainqueurs sur les vaincus.

Après la Seconde Guerre mondiale, plusieurs initiatives furent prises pour mettre en place une juridiction criminelle internationale et c'est ainsi, notamment, que la convention relative au génocide du 9 décembre 1948 prévoit l'établissement d'une telle juridiction.

En 1993 et 1994, par deux résolutions du Conseil de sécurité des Nations unies (résolutions 808 et 827), furent créés deux tribunaux *ad hoc* : le Tribunal pénal international pour l'ex-Yougoslavie et le Tribunal international pour le Rwanda, ces deux juridictions étant chargées de juger les responsables des crimes commis d'une part en ex-Yougoslavie et d'autre part au Rwanda. La compétence de ces juridictions est limitée dans l'espace et/ou le temps, et d'autre part il ne s'agit pas de juridictions conventionnelles, c'est-à-dire établies par un traité entre États, mais de juridictions résultant d'une décision d'un organe politique des Nations unies, contrôlé par les cinq membres permanents, ce qui suscite des critiques.

C'est pourquoi, sur une initiative d'un micro-État Trinidad et Tobago, l'assemblée générale des Nations unies s'est saisie du problème et a chargé la commission du droit international des Nations unies d'élaborer un projet.

Après plusieurs réunions officielles tenues à New York et de très nombreuses réunions parallèles officieuses sur l'initiative des ONG, un projet de traité a été soumis à l'accord des États en 1998.

Le traité établissant la Cour pénale internationale a été signé à Rome (Italie) le 17 juillet 1998 par 122 États après plus de trois années de négociations. Cette Cour pénale internationale est entrée en vigueur en juillet 2002 lors de la ratification du traité par plus de 60 États, ce qui était le nombre exigé par le traité pour que celui-ci entre en vigueur.

C

Cette Cour permanente sera chargée de juger les personnes physiques qui se seront rendues coupables de l'un des quatre crimes prévus par le statut : crime de guerre, crime de génocide, crime contre l'humanité, et crime d'agression. La compétence de la Cour est subsidiaire, c'est-à-dire qu'elle ne pourra juger que les affaires que les États n'auront pas pu ou pas voulu juger.

Depuis l'avènement du traité de Rome, la coalition œuvre dans quatre directions essentielles :

– Promouvoir la connaissance et la compréhension de la Cour pénale internationale et du Statut de Rome au niveau national, régional et mondial ;

– Faciliter la participation active de la société civile, des ONG, et en particulier des représentants des pays du Sud, aux négociations de la Commission préparatoire sur la Cour pénale internationale ;

– Étendre et renforcer le réseau mondial des organisations qui œuvrent en faveur de la Cour pénale internationale ;

– Promouvoir l'acceptation universelle de la ratification du Statut de Rome ainsi que l'adoption d'une législation interne nécessaire à l'entière coopération de la Cour.

La coalition pour la Cour pénale internationale est dirigée par un comité de pilotage qui siège à New York et qui est composé de : Amnesty international, Asociacion pro derechos humanos, Fédération internationale des ligues des droits de l'homme, Human Rights Watch, Rights and Democracy, European Law Students Association, International Commission of Jurists, Lawyers Committee for Human Rights, No peace Without Justice, Parliamentarians for Global Action, Union interafricaine pour les Droits de l'homme, Women's Caucus For Gender Justice, World Federalist Movement.

Contact :

COALITION POUR LA COUR PÉNALE INTERNATIONALE
C/O WFM, 777 UN Plaza   *Tél.* : 1 212 687 2176
12th Floor – New York   *Fax* : 1 212 687 8089
NY 10017 USA   www.iccnow.org

La coalition dispose aussi de trois bureaux de liaison dans le monde et de deux coordinateurs en Afrique.

Bureau pour l'Amérique latine et les Caraïbes

COALITION POUR LA COUR PÉNALE INTERNATIONALE
Aprodeh   *Tél.* : 51 1 424 8372
jr Pachacutec 980,   *Fax* : 51 1 431 0477
Lima 11 Péru

Bureau pour l'Europe

COALITION POUR LA COUR PÉNALE INTERNATIONALE
6, rue Montoyer   *Tél.* : 32 2 502 62 15
1000 Bruxelles   *Fax* : 32 2 502 62 38
Belgique   *E-mail* : cicceurope1@iccnow.org

Bureau pour l'Asie

COALITION POUR LA COUR PÉNALE INTERNATIONALE
109, Suthisarnwinichai Rd   *Tél.* : 66 2 27 69 846
Samsennok – Huaykwang,   *Fax* : 66 2 69 31 132
Bangkok – Thaïlande   *E-mail* : cicceurope1@iccnow.org

COCODEV

(Commission coopération développement)

La Commission coopération développement est une structure publique originale qui associe les organisations non gouvernementales ayant leur siège en France à la politique française de coopération internationale.

Créée en octobre 1984, il s'agit d'une commission consultative interministérielle paritaire qui rassemble les représentants des pouvoirs publics et les représentants des organisations non gouvernementales. La CCD est l'instance spécifique de concertation entre les associations de solidarité internationale et les pouvoirs publics.

La Commission est présidée par le ministre délégué à la coopération et à la francophonie.

Les attributions de cette commission sont :

- D'informer les organisations de solidarité internationale de la politique des pouvoirs publics français en matière d'aide au développement ;

- De faire connaître aux institutions et autorités responsables de la politique française les préoccupations des associations de solidarité internationale en matière de coopération et de développement ;

- De réunir toute information pertinente dans le domaine de la coopération au développement et de la solidarité internationale et d'en faciliter la diffusion ;

- D'assurer l'information réciproque de ses membres sur les actions de coopération au développement ; les actions d'urgence, les actions d'éducation au développement et les actions de coopération décentralisée ;

- De suggérer aux ministres concernés et aux différentes instances compétentes les dispositions et les actions concrètes qui lui paraissent de nature à améliorer la participation des citoyens à la solidarité internationale et à la coopération au développement.

La Commission est composée de deux collèges :

- Le premier collège réunit dix personnalités du monde associatif, dont huit proposées par Coordination Sud ;

- Le second collège réunit dix représentants des administrations concernées par l'aide au développement et l'aide

C

humanitaire, dont trois représentants du ministère des Affaires étrangères.

La Commission se réunit en assemblée plénière deux fois par an sous la présidence du ministre.

La Commission dispose d'un secrétariat général permanent auprès duquel peut être demandée toute information dans son domaine de compétence.

Un Comité paritaire d'orientation et de programmation (CPOP) permet un dialogue continu sur les procédures et les montants des dotations budgétaires allouées chaque année aux ONG par les pouvoirs publics.

La Commission anime des groupes de travail portant sur des thématiques majeures de l'aide au développement et de la solidarité internationale publique associative ou privée.

Ses groupes de travail, en 2000, sont les suivants : allégements/annulations de dette et développement ; éducation et formation ; jeunesse, révision des procédures générales de cofinancement ; organisations issues de l'émigration et développement ; volontariat.

La Commission coopération développement publie tous les ans le répertoire des associations de solidarité internationale ainsi que des plaquettes d'information générale concernant le monde associatif engagé dans l'aide au développement et la solidarité internationale.

Contact :

COCODEV •France•
19, avenue Kléber   *Tél.* : 01 43 17 78 50
75775 Paris cedex 16   *Fax* : 01 43 17 79 32
commission.cooperation.developpement@dial.oleane.com
E-mail : jean-hatton@diplomatie.fr

C

Code de conduite
des ONG

À partir des années 1970, la multiplication des organisations non gouvernementales œuvrant dans le champ de l'action humanitaire a posé de nombreux problèmes de coordination, non seulement aux organisations elles-mêmes, mais également aux organisations internationales gouvernementales et aux gouvernements.

En ex-Yougoslavie, ce sont parfois dans un certain désordre plus de 250 ONG qui intervenaient au même moment. À la fin de l'année 1994 à Kigali (Rwanda), après le génocide, plus de 120 ONG intervenaient.

Au-delà des problèmes de coordination, que les Nations unies, avec des institutions comme OCHA, s'efforceront de régler, se posaient également des problèmes éthiques sur la nature des interventions des différents acteurs humanitaires.

C'est pourquoi à l'aube des années 1990 un groupe d'organisations non gouvernementales a décidé d'élaborer un code de conduite qui a abouti durant l'été 1994 à un texte. Celui-ci a été approuvé par huit organisations : Caritas Internationalis, Catholic Relief Services, le Comité international de la Croix-Rouge, Fédération internationale des Sociétés de la Croix-Rouge et du Croissant-Rouge, l'Alliance Save The Children, la Fédération luthérienne mondiale, OXFAM, le Conseil œcuménique des Églises.

Ce code est plus une déclaration de principe qu'un texte contraignant, dans la mesure où il n'existe aucun organe susceptible de sanctionner les manquements, et en tout état de cause ce code n'est applicable qu'aux organisations qui décident d'y adhérer.

Ce code comprend des définitions et pose des principes éthiques et des principes d'action.

C

À ce jour, ce sont plus de trois cents organisations non gouvernementales du secteur de l'action humanitaire qui ont adhéré au texte. L'importance de ce document dans le « paysage » des ONG du fait du nombre très important des signataires mérite une analyse approfondie car il préfigure, probablement, l'instauration de règles contraignantes dans un avenir plus ou moins proche.

Il apparaît important de citer les passages les plus essentiels pour montrer combien les préoccupations de neutralité, d'indépendance, d'impartialité des ONG sont essentiels notamment dans le cadre de l'action humanitaire et ce alors que de plus en plus d'ONG confessionnelles partisanes font leur apparition et ont tendance à privilégier certaines victimes au détriment d'autres.

Ce code qui s'intitule *Code de conduite pour le mouvement international de la Croix-Rouge et du Croissant-Rouge* et pour les ONG lors des opérations de secours en cas de catastrophes, a pour objet de préserver les principes de comportement des ONG.

Il n'aborde pas les questions opérationnelles de détail. Il vise en revanche à sauvegarder les critères élevés d'indépendance et d'efficacité auxquels aspirent les ONG fournissant des secours en cas de catastrophe et le Mouvement international de la Croix-Rouge et du Croissant-Rouge.

Il s'agit d'un code volontaire, dont l'application repose sur la détermination de chacune des organisations qui y adhère de respecter les normes qu'il définit.

Il est prévu qu'en cas de conflit armé le Code de conduite sera interprété et appliqué conformément au droit international humanitaire.

Le texte du code décrit le cadre de travail que les signataires voudraient voir mis en place par les gouvernements hôtes, les gouvernements donateurs et les organisations intergouverne-

C

mentales, afin de faciliter une organisation efficace de l'assistance humanitaire.

En premier lieu le code donne des définitions :

– ONG : on entend par ONG (organisation non gouvernementale) des organisations – nationales ou internationales – qui sont indépendantes du gouvernement du pays où elles sont fondées.

– IHNG : l'expression « Institution humanitaire non gouvernementale » a été spécialement conçue pour désigner, aux fins du présent document, les composantes du Mouvement international de la Croix-Rouge et du Croissant-Rouge, la Fédération internationale des Sociétés de la Croix-Rouge et du Croissant-Rouge et ses Sociétés nationales membres et les ONG, telles que définies ci-dessus. Le présent Code se réfère spécifiquement aux IHNG qui fournissent des secours en cas de catastrophe.

– OIG : on entend ici par OIG (organisation intergouvernementale) des organisations constituées par plusieurs gouvernements. Ce terme comprend donc l'ensemble des institutions des Nations unies, ainsi que des organisations régionales telles que l'Organisation de l'unité africaine, la Commission européenne ou l'Organisation des États américains.

– *Catastrophe* : le terme « catastrophe » désigne une calamité qui provoque des morts, de graves souffrances humaines et une détresse aiguë, ainsi que des dégâts matériels de grande ampleur.

– *Code de conduite* : principes de comportement pour le Mouvement international de la Croix-Rouge et du Croissant-Rouge et pour les ONG dans l'exécution de programmes de secours en cas de catastrophe.

Ensuite le code place au centre des exigences l'impératif humanitaire pour les ONG :

C

« Le droit de recevoir et d'offrir une assistance humanitaire est un principe humanitaire fondamental dont devraient bénéficier tous les citoyens de tous les pays. Membres de la communauté internationale, nous reconnaissons l'obligation qui nous incombe d'apporter une assistance humanitaire partout où le besoin s'en fait sentir. Il en découle que l'accès sans restrictions aux populations sinistrées revêt une importance fondamentale pour l'exercice de cette responsabilité. La raison primordiale de nos interventions en cas de catastrophe est de soulager les souffrances des victimes les moins aptes à en supporter les conséquences. En fournissant une aide humanitaire, nous accomplissons un acte qui n'est ni partisan, ni politique, et qui ne doit en aucun cas être considéré comme tel. »

« L'aide est apportée sans aucune considération de race, de croyance ou de nationalité du bénéficiaire, et sans discrimination d'aucune sorte. Les priorités en matière d'assistance sont déterminées en fonction des seuls besoins. »

« Nous nous engageons dans toute la mesure du possible, à fonder l'apport des secours sur une évaluation approfondie des besoins des sinistrés et des capacités locales existantes pour y pourvoir. Nous tiendrons compte, dans chaque composante de nos programmes, du principe de la proportionnalité. Les souffrances humaines doivent être soulagées où qu'elles se manifestent ; la vie est également précieuse en tout lieu. Nous apporterons donc nos secours en fonction de l'ampleur des souffrances qu'ils visent à soulager. Nous sommes pleinement conscients, en appliquant ce principe du rôle crucial qu'assument les femmes dans les communautés exposées aux catastrophes, et nous veillerons à ce que nos programmes d'aide, loin d'affaiblir ce rôle, le renforcent. La mise en œuvre d'une telle politique, universelle, impartiale et indépendante, requiert la possibilité, pour nous-mêmes et pour nos partenaires, d'avoir accès aux ressources nécessaires pour apporter de tels secours de façon

C

équitable, ainsi que la possibilité d'accéder à toutes les victimes des catastrophes sans distinctions. »

« *L'aide ne saurait être utilisée au service de convictions politiques ou religieuses, quelles qu'elles soient.* »

« *L'aide ne saurait être utilisée au service de convictions politiques ou religieuses.* »

« *L'aide humanitaire est fournie en fonction des besoins des particuliers, des familles et des communautés. Si toute IHNG peut légitimement professer des convictions politiques ou religieuses, nous déclarons qu'en aucun cas l'assistance ne saurait dépendre de l'adhésion des bénéficiaires à ces opinions. En aucun cas nous ne lierons la promesse, la fourniture ou la distribution de l'assistance à l'adhésion à des convictions politiques ou religieuses déterminées.* »

« *Nous nous efforcerons de ne pas servir d'instrument à la politique étrangère des gouvernements.* »

« *Les IHNG sont des institutions qui agissent indépendamment des gouvernements. Nous définissons donc nos propres lignes de conduite et nos stratégies d'application, et nous nous abstenons d'appliquer la politique de quelque gouvernement que ce soit, sauf dans la mesure où elle coïncide avec notre propre politique, formulée en toute indépendance.* »

« *Ni sciemment, ni par négligence, nous ne permettrons que nos institutions, ou le personnel que nous employons, soient utilisés pour réunir, à l'intention de gouvernements ou d'autres instances, des informations délicates de portée politique, militaire ou économique qui pourraient être utilisées à des fins autres que strictement humanitaires ; de même, nous ne servirons pas d'instrument à la politique étrangère des gouvernements donateurs.* »

« *Nous utiliserons l'assistance qui nous sera remise pour répondre aux besoins ; cette assistance ne saurait être guidée par la nécessité pour les donateurs de se débarrasser de leurs*

C

excédents, ni par les intérêts politiques de tel ou tel donateur. Nous apprécions et encourageons les dons volontaires en services et en espèces offerts par des particuliers soucieux d'appuyer nos activités, et nous reconnaissons l'indépendance d'une action fondée sur cette motivation. »

« Afin de sauvegarder notre indépendance, nous tenterons de ne pas dépendre d'une seule source de financement. »

« Nous prenons l'engagement de renforcer les capacités locales chaque fois que cela sera possible, en recrutant du personnel local, en achetant des matériaux disponibles sur place et en traitant avec des entreprises locales. »

« L'assistance en cas de catastrophe ne doit jamais être imposée aux bénéficiaires. »

« Pour garantir l'efficacité des secours et une reconstruction durable, les bénéficiaires potentiels doivent être associés à la conception, à la gestion et à l'exécution du programme d'assistance. Nous chercherons à assurer la pleine participation de la communauté à nos programmes de secours et de reconstruction. »

« Les secours doivent autant viser à limiter les vulnérabilités futures qu'à satisfaire les besoins essentiels. »

« Toutes les opérations de secours exercent un effet — positif ou négatif — sur les perspectives de développement à long terme. Nous chercherons donc à mettre en œuvre des programmes de secours qui limitent la vulnérabilité des bénéficiaires à l'égard de catastrophes futures et qui les aident à subvenir à leurs besoins. »

« Nous accorderons une attention particulière aux préoccupations relatives à l'environnement dans la conception et la gestion des programmes de secours. »

« Nous faisons souvent fonction d'intermédiaire entre ceux qui souhaitent offrir une assistance et les victimes de catastrophes qui ont besoin d'aide. Nous nous considérons par

C

conséquent investis d'une responsabilité envers ces deux groupes. Tous nos rapports avec les donateurs et les bénéficiaires seront marqués par une attitude de franchise et de transparence. Nous reconnaissons pleinement la nécessité de rendre compte de nos activités, tant sur le plan financier que sur celui de l'efficacité. Nous reconnaissons l'obligation de contrôler strictement les distributions de secours et d'en évaluer régulièrement les effets. Nous chercherons en outre à rendre compte ouvertement de l'impact de nos activités et des facteurs qui limitent ou qui favorisent cet impact. »

« Dans nos activités d'information, de promotion et de publicité, nous présenterons les victimes de catastrophes comme des êtres humains dignes de respect, et non comme des objets de commisération. »

« Les victimes d'une catastrophe méritent en tout temps le respect et doivent être considérées dans nos activités comme des partenaires à traiter sur un pied d'égalité. Dans nos campagnes d'information du public, nous donnerons une image objective de la catastrophe en mettant en valeur, non seulement les vulnérabilités et les craintes des victimes, mais encore leurs capacités et leurs aspirations. Tout en coopérant avec les médias afin de sensibiliser au mieux le public, nous ne permettrons pas que des demandes externes ou internes de publicité prennent le pas sur l'objectif de développer au maximum les secours. Nous éviterons toute compétition avec d'autres organisations de secours pour gagner l'attention des médias au cas où cette publicité risquerait de porter atteinte aux services fournis aux bénéficiaires, à la sécurité de notre personnel ou à celle des bénéficiaires. »

C

Comité de la charte

Le Comité de la charte est une initiative privée d'associations ou d'ONG qui font appel à la générosité du public et qui ont souhaité établir entre elles des normes.

Le Comité de la charte de déontologie des organisations sociales et humanitaires faisant appel à la générosité du public est une association française créée en 1981 qui regroupe des associations, fondations et organisations non gouvernementales dans le but d'établir des règles éthiques et de transparence afin de permettre une parfaite information du donateur.

Le Comité de la charte a établi quatre principes fondamentaux qui doivent être respectés par les associations et ONG qui en sont membres. Le respect de ces principes a pour objectif de permettre au donateur « de donner en confiance » pour reprendre le slogan du comité.

Ces quatre principes sont :

• **La transparence financière**

« *Les organisations membres établissent des documents comptables annuels certifiés par un commissaire aux comptes. Elles élaborent aussi un compte d'emploi et de ressources selon un modèle préconisé par le Comité accompagné d'un commentaire clair. Celui-ci est rendu accessible par sa diffusion obligatoire auprès des donateurs.* » L'obligation de comptes certifiés par un commissaire aux comptes est une garantie car le commissaire aux comptes qui appartient à une profession réglementée est susceptible d'engager sa responsabilité financière s'il ne vérifie pas avec suffisamment de sérieux les comptes de l'association qu'il est chargé de contrôler.

• **La qualité des actions et des messages**

« *Dans leurs appels à la générosité les organisations membres disent clairement ce qu'elles sont et ce qu'elles font. Elles*

C

s'engagent à ne pas divulguer d'informations ni de messages contenant des allégations fausses. Elles doivent respecter la dignité humaine. » Le but d'une telle disposition est d'éviter que les associations ne se livrent une concurrence abusive en utilisant des termes ou des images incorrectes ou choquantes ou trop éloignées de la réalité et ce pour influencer les choix du donateur.

- **La rigueur des modes de recherche de fonds**

« Les organisations membres respectent la protection des données personnelles dans l'utilisation de leurs fichiers informatiques, ainsi que la réglementation des appels à la générosité. Elles entretiennent avec leurs prestataires de service des relations compatibles avec une gestion désintéressée, énoncées dans des contrats clairs. » Le but, au moins partiel, de cette disposition est de mettre un terme aux contrats « despotiques » des agences de communication qui reposaient sur des rémunérations au pourcentage par rapport aux montants collectés, mode de rémunération qui risquait d'entraîner des dérives éthiques dans le but de faire toujours croître la collecte sans se préoccuper des méthodes utilisées.

- **Le contrôle interne du respect des engagements**

« Les organisations membres prévoient des modes de fonctionnement clairs, faisant apparaître les responsabilités de chaque entité, ainsi que les conditions dans lesquelles sont désignés leurs dirigeants ou représentants et l'organe collégial chargé de contrôler leurs actes. Ces dirigeants doivent, eux aussi, respecter scrupuleusement le caractère désintéressé de la gestion de l'organisme. » Cette disposition a pour objectif de renforcer le processus d'administration démocratique des associations et de détermination des responsabilités. Cette préoccupation rejoint une préoccupation générale de renforcement de la démocratie par le renforcement de la société civile et

C

notamment de la principale composante de cette dernière : les associations et les organisations non gouvernementales.

Afin d'assurer le respect des engagements souscrits par les organisations membres du comité de la Charte ce dernier s'est doté d'organes de contrôle selon des modalités originales.

Le système de contrôle mis en place repose sur trois piliers. Le conseil d'administration, la commission de surveillance et les censeurs.

Le conseil d'administration est le premier niveau de contrôle car il agit un peu comme un filtre en examinant avec minutie les candidatures qui lui sont adressées et en accordant annuellement un agrément aux organisations membres. Les décisions du conseil d'administration doivent être validées par l'assemblée générale des membres du comité.

La commission de surveillance est un organe indépendant composé d'une vingtaine de personnalités toutes bénévoles. Ce comité est chargé d'examiner les candidatures ainsi que le renouvellement des agréments des associations membres du comité de la Charte. Il formule ses propositions au conseil d'administration.

Les censeurs. Ce sont des personnalités indépendantes chargées de contrôler les associations membres du comité de la Charte. Chaque association se voit attribuer un censeur qui non seulement examine les comptes mais s'assure du respect des principes adoptés par le comité de la Charte. Le censeur est probablement l'organe le plus original de ce système de contrôle.

Le Comité de la Charte, conscient de la dimension internationale de la collecte de fonds (en effet, de plus en plus d'associations ou d'organisations non gouvernementales vont collecter dans d'autres pays que celui où elles ont leur siège social et font « remonter » le produit de cette collecte faite à l'étranger dans leur pays) et aussi de la nécessité d'établir des règles

C

communes notamment en Europe pour les associations qui font appel à la générosité du public, est membre du réseau ICVO (International Committee on Fundraising Organizations).

Contact :

COMITÉ DE LA CHARTE •France•
133, rue Saint-Maur   *Tél.* : 01 53 36 35 02
75011 Paris   *Fax* : 01 47 00 84 52
www.comitecharte.org   *E-mail* : ccharte@comitecharte.org

Comptabilité des ONG

Jusqu'à une époque récente les ONG n'avaient pas d'obligations comptables spécifiques et elles devaient, pour présenter et organiser leur comptabilité, se référer aux obligations du plan comptable général des entreprises.

Cette situation posait de très nombreux problèmes d'imputations des opérations car le plan comptable des entreprises n'était pas adapté à la problématique associative notamment en ce qui concerne les subventions ou encore les dons et legs affectés c'est-à-dire ceux pour lesquels le donateur ou le testateur avait indiqué un emploi précis.

Ces obligations comptables nouvelles des associations prévues par un arrêté du 8 avril 1999 ne se confondent et ne se substituent pas aux obligations de présentation des comptes des ONG faisant appel publiquement à la générosité du public et qui sont fixées par un arrêté ministériel de 1993 : le compte d'emploi des ressources.

Le plan comptable associatif est entré en vigueur le 1er janvier 2000 et désormais toutes les associations et fondations et donc les ONG sont tenues de respecter le plan comptable qui est annexé à cet arrêté.

C

Comptes d'emploi annuel des ressources des ONG

En France, les ONG qui collectent des fonds par des campagnes d'appel à la générosité du public doivent présenter, indépendamment des obligations comptables qui leur incombent en application des lois et règlement en vigueur, un compte d'emploi annuel des ressources.

Cette obligation est prévue par l'arrêté du 30 juillet 1993. L'objectif de ces dispositions est à la fois de permettre un contrôle homogène et comparable des comptes des ONG par la Cour des Comptes, une transparence financière, et une information du public en général et des donateurs en particulier ainsi que des bailleurs publics français et internationaux.

Cet arrêté ministériel prévoit que les ressources provenant de la générosité du public et l'emploi desdits fonds doivent être obligatoirement présentés selon les modalités suivantes :

• Ressources

– Dons manuels (espèces, chèques, virements) ;
– Legs, autres libéralités (comptabilisés à la valeur portée dans l'acte de libéralité) ;
– Produits de la vente des dons en nature ;
– Produits financiers ;
– Autres produits liés à l'appel à la générosité publique ;
– Report des ressources non utilisées des campagnes antérieures.

• Emplois

– Dépenses opérationnelles ou missions sociales ;
– Ventilation par type d'action ou par pays ;

C

- Ventilation entre achats de biens et services, distribution directe de secours et subventions...
- Coûts directs d'appel à la générosité du public (publicité, publications, frais postaux...), y compris les frais de traitement des dons ;
- Frais de fonctionnement de l'organisme, y compris les frais financiers ;
- Ressources restant à affecter.

À ces informations, l'ONG doit obligatoirement joindre des annexes concernant le bénévolat, les immobilisations, les stocks, etc.

L'objectif visé par ce décret est de permettre une mesure aussi exacte que possible des fonds qui sont directement affectés par l'ONG à sa mission sociale en faisant ressortir clairement les coûts d'appel à la générosité du public c'est-à-dire les frais d'affranchissement du courrier, de publicité et les dépenses de fonctionnement.

CONCORD

(Confédération européenne des ONG d'urgence et de développement)

CONCORD est la nouvelle structure de coordination européenne des ONG mise en place en janvier 2003 après plus d'une année de tractations entre les différents acteurs. CONCORD succède au CLONGUE qui avait disparu il y a deux ans à la suite de la grave crise intervenue entre les membres et aussi entre le CLONGUE et la Commission européenne qui était son principal bailleur de fonds (75 %).

L'originalité de la nouvelle organisation est de regrouper à la fois les plates-formes nationales des ONG, les réseaux théma-

C

tiques européens comme Eurodad, EuronAid, Action Aid Alliance et les grandes familles d'ONG.

Les objectifs de CONCORD sont de :

– Renforcer la coordination et la collaboration entre les ONG européennes ;
– Défendre les intérêts des ONG en tant que partenaires stratégiques des institutions de l'Union européenne ;
– Améliorer la qualité générale du travail des ONG.

Pour atteindre ses objectifs CONCORD s'est divisé en six groupes de travail :

1. Le Cotonou Monitoring Groupe (chef de file : EUROSTEP).

2. Commerce (chef de file : CIDSE).

3. Financement du développement (chef de file : EURODAD).

4. Élargissement (chef de file : TRIALOG).

5. Sécurité alimentaire (chef de file : EURONAID).

6. Aide humanitaire (chef de file : VOICE).

Enfin CONCORD entend réduire progressivement les financements qu'il reçoit de la Commission européenne en passant ceux-ci de 75 % en 2003 à 65 % à l'horizon 2005.

Contact :

CONCORD •Belgique•
Square Ambiorix 10
B-1040 Bruxelles

Tél. : 0032 2 743 8760
Fax : 0032 2 732 1934

C

Congé
de représentation

Afin de faciliter la participation des salariés aux activités des ONG, diverses dispositions législatives existent et notamment le congé de représentation qui se trouve organisé par l'article L. 225-8 du Code du travail.

Ces dispositions législatives prévoient qu'un salarié membre d'une association déclarée en application de la loi du 1er juillet 1901 relative au contrat d'association ou inscrite au registre des associations en application de la loi du 19 avril 1908 applicable au contrat d'association dans les départements du Bas-Rhin, Haut-Rhin et de la Moselle ou d'une mutuelle au sens du code de la mutualité, est désigné comme représentant de cette association ou de cette mutuelle pour siéger dans une instance consultative ou non, instituée par une disposition législative ou réglementaire auprès d'une autorité de l'État à l'échelon national, régional ou départemental. L'employeur est tenu de lui accorder le temps nécessaire pour participer aux réunions de cette instance.

La loi prévoit aussi que si, à l'occasion de cette représentation, le salarié subit une diminution de rémunération, il reçoit de l'État une indemnité compensant en totalité ou partiellement et, le cas échéant, sous forme forfaitaire, la diminution de rémunération.

En ce qui concerne la durée du congé, celui-ci ne peut dépasser neuf jours ouvrables par an. Elle peut être fractionnée en demi-journées. Elle est assimilée à une période de travail effectif pour la détermination de la durée des congés payés ainsi que pour l'ensemble des autres droits résultant pour l'intéressé de son contrat et ne peut être imputée sur la durée du congé payé annuel.

En ce qui concerne les modalités, il ressort que l'autorisation d'absence ne peut être refusée par l'employeur que dans le cas où il estime, après avis — s'ils existent — du comité d'entreprise, ou, à défaut, des délégués du personnel, que cette absence aurait des conséquences préjudiciables à la production et à la bonne marche de l'entreprise.

Le refus doit être motivé à peine de nullité. Il peut être directement contesté devant le bureau de jugement du conseil de prud'hommes qui est saisi et statue en dernier ressort.

Congé de solidarité internationale

Pour faciliter la participation des salariés à l'activité des organisations non gouvernementales et dans le même esprit que le congé de représentation, les pouvoirs publics ont instauré un congé dit de « de solidarité internationale ».

Afin de permettre cette participation des salariés des entreprises à des actions menées par des associations de solidarité internationale, le Code du travail prévoit, par une loi du 4 février 1995, la possibilité pour ceux-ci de solliciter auprès de leur employeur un congé de solidarité internationale.

Ce congé est prévu et réglementé par les articles 225-9 et suivants du Code du travail qui prévoit que :

« Le salarié a droit sous réserve qu'il justifie d'une ancienneté dans l'entreprise d'au moins douze mois, consécutifs ou non, à un congé de solidarité internationale pour participer à une mission hors de France pour le compte d'une association à objet humanitaire déclarée en application de la loi du 1er juillet 1901 relative au contrat d'association ou inscrite au registre des associations en application de la loi du 19 avril 1908 applicable au contrat d'association dans les départements du Bas-

C

Rhin, du Haut-Rhin et de la Moselle, ou pour le compte d'une organisation internationale dont la France est membre. »

En ce qui concerne la durée du congé de solidarité internationale, pendant lequel le contrat de travail est suspendu, la durée cumulée de plusieurs congés de solidarité internationale pris de façon continue ne peut excéder six mois.

Un arrêté ministériel fixe la liste des associations qui peuvent bénéficier des congés de solidarité internationale.

Pour bénéficier de ce congé, le salarié doit informer son employeur, par lettre recommandée avec demande d'avis de réception au moins un mois à l'avance, de la date de départ en congé et de la durée de l'absence envisagée, en précisant le nom de l'association pour le compte de laquelle la mission est effectuée.

Le congé peut être refusé par l'employeur s'il estime qu'il aura des conséquences préjudiciables à la production et à la marche de l'entreprise. Ce refus, qui doit être motivé, est notifié au salarié par lettre recommandée avec accusé de réception, dans un délai de quinze jours après réception de la demande. Il peut être directement contesté devant le bureau de jugement du conseil de prud'hommes.

À défaut de réponse de l'employeur dans un délai de quinze jours, son accord est réputé acquis.

En cas d'urgence, le salarié peut solliciter un congé d'une durée maximale de six semaines, sous préavis de quarante-huit heures. L'employeur lui fait connaître sa réponse dans un délai de vingt-quatre heures. Il n'est pas, dans ce cas, tenu de motiver son refus et son silence ne vaut pas accord.

Le salarié remet à l'employeur, à l'issue du congé, une attestation constatant l'accomplissement de la mission et délivrée par l'association ou l'organisation concernée.

Le chef d'entreprise communique semestriellement au comité d'entreprise ou, à défaut, aux délégués du personnel la

C

liste des demandes de congé avec l'indication de la suite qui y a été donnée, ainsi que les motifs de refus de demande de congé de solidarité internationale.

La durée du congé ne peut être, sauf d'un commun accord, imputée sur celle du congé annuel.

Elle est assimilée à une période de travail effectif pour la détermination des avantages légaux et conventionnels liés à l'ancienneté.

À l'issue du congé ou à l'occasion de son interruption pour un motif de force majeure, le salarié retrouve son précédent emploi ou un emploi similaire assorti d'une rémunération au moins équivalente.

Les dispositions de la présente section sont applicables aux salariés définis à l'article 1144 du Code rural (1° à 7° et 10°).

Le bénéfice du congé de solidarité internationale peut être refusé par l'employeur s'il établit que le nombre de salariés bénéficiant déjà du congé à la date de départ envisagée par le salarié demandeur atteint la proportion ci-après :

• **Établissement occupant**
– moins de 50 salariés : un bénéficiaire ;
– de 50 à 99 salariés : deux bénéficiaires ;
– de 100 à 199 salariés : trois bénéficiaires ;
– de 200 à 499 salariés : quatre bénéficiaires ;
– de 500 à 999 salariés : cinq bénéficiaires ;
– de 1 000 à 1 999 salariés : six bénéficiaires ;
– à partir de 2 000 salariés un bénéficiaire de plus par tranche supplémentaire de 1 000 salariés.

C

CONGO

(Conference of Non–Governmental Organizations in Consultative Relationship With the United Nations)

Le CONGO est la conférence des organisations non gouvernementales disposant d'un statut consultatif auprès du système des Nations unies. Le CONGO a été créé en 1948, peu après la création des Nations unies, par les 48 premières ONG ayant obtenu le statut consultatif auprès du Conseil économique et social qui décidèrent de s'organiser en association pour défendre leurs intérêts.

Depuis 1948, le CONGO a facilité la participation de la société civile aux délibérations internationales.

Les associations, qui aujourd'hui sont membres du CONGO, représentent tous les secteurs de la société civile : droits humains, paix et désarmement, justice sociale, gouvernance, environnement, développement durable. Ces ONG peuvent être internationales, nationales, voire régionales.

En 1968, le CONGO a pris une importante initiative en organisant une réunion parallèle des ONG à Paris, lorsque celles-ci se sont vues refuser la participation à Téhéran à la Commission des droits de l'homme. Cette initiative est à l'origine indirectement de l'organisation des forums parallèles lors de tous les grands sommets des Nations unies, avant que ceux-ci ne soient intégrés directement dans le fonctionnement du système onusien. C'est ainsi qu'au début des années 1970 le CONGO a organisé des forums parallèles sur la condition de la femme, le droit d'asile, les Droits de l'homme, etc.

Les trois formules qui président au fonctionnement du CONGO depuis l'origine sont :

– Indépendance des Nations unies ;

– Engagement avec les Nations unies ;

C

– Soutien aux Nations unies.

Enfin, CONGO ne prend pas de position concernant des questions substantielles.

Tous les trois ans, le CONGO se réunit en assemblée générale : une fois à Genève, une fois à New York, une fois à Vienne (Autriche).

Contact :

CONGO •États-Unis•
777 United Nations Plaza
8th Floor
NY 10017 USA
E-mail : congony@ngocongo.org

Tél. : 212 986 8557
Fax : 212 986 0821
www.ngocongo.org

Conseil de l'Europe/ONG

Le Conseil de l'Europe est une organisation internationale créée en 1949 dont le siège se trouve à Strasbourg. Il s'agit de la plus ancienne des organisations internationales européennes et celle aussi qui aujourd'hui regroupe le plus grand nombre d'États européens. L'objectif du Conseil de l'Europe à l'origine était de regrouper les États européens animés d'un idéal de paix de liberté et de coopération. Plus de quarante États européens sont membres du Conseil de l'Europe. Aujourd'hui, les buts du Conseil de l'Europe sont : réaliser une union plus étroite entre ses membres afin de sauvegarder et de promouvoir des idéaux et les principes qui sont leur patrimoine commun et de favoriser leur progrès économique et social. Ce but sera poursuivi au moyen des organes du Conseil, par l'examen des questions d'intérêt commun, par la conclusion d'accords et par l'adoption d'une action commune dans les domaines économiques, social, culturel, scientifique, juridique et administratif, ainsi que par la sauvegarde et le développement des Droits de l'homme et des libertés fondamentales.

• Coopération avec les ONG

Depuis sa création, le Conseil de l'Europe a instauré des relations de travail avec des Organisations non gouvernementales qui représentent directement le grand public, constituent des relais pour une communication efficace, peuvent conseiller et agir. Dans la plupart des domaines, le Conseil de l'Europe œuvre en étroite collaboration avec les organisations non gouvernementales qu'il considère comme une composante essentielle du renforcement du processus démocratique.

Le Conseil de l'Europe n'est pas un bailleur de fonds pour les ONG pour la réalisation de programmes.

Le statut consultatif des ONG a été officiellement créé en 1952, c'est-à-dire 4 ans après celui des Nations unies. À ce jour, ce sont 400 ONG qui disposent du statut consultatif.

Le statut consultatif des ONG est aujourd'hui organisé par la résolution (93) 38 du comité des ministres en date du 18 octobre 1993.

Ce statut prévoit notamment que les ONG dotées du statut consultatif peuvent adresser des mémoires au secrétaire général en vue de leur présentation aux comités et/ou commissions du Conseil de l'Europe.

Les ONG sont aussi invitées :
– Aux séances publiques du Congrès des pouvoirs locaux et régionaux de l'Europe ;
– À la réunion d'information générale organisée annuellement par le secrétaire général ;
– Aux réunions sectorielles organisées par le secrétaire général.

Si le statut consultatif donne des droits aux ONG, il implique aussi des devoirs.

C

C'est ainsi que les ONG s'engagent :

- À fournir les informations, la documentation ou les avis que le secrétaire général peut être amené à leur demander dans les domaines de leurs compétences ;
- À donner le maximum de publicité aux initiatives ou réalisations du Conseil de l'Europe dans les domaines de leurs compétences.

Tous les deux ans, les ONG doivent soumettre au secrétaire général un rapport dans lequel elles doivent indiquer :

- Leur participation aux travaux des différents organes du Conseil de l'Europe (comités d'experts, commissions parlementaires, etc.) ;
- Leur participation aux manifestations organisées par le secrétaire général (réunion d'information générale, réunions sectorielles) ;
- Leur participation aux réunions des regroupements d'ONG par secteurs d'intérêt qui entretiennent des relations avec les secteurs correspondants du Secrétariat général ;
- Les réunions qu'elles ont organisées et auxquelles le Conseil de l'Europe a été invité à participer ;
- Les actions qu'elles ont entreprises en vue de la diffusion des travaux du Conseil de l'Europe.

Pour améliorer les relations de coopération avec le Conseil de l'Europe, une Commission de liaison des ONG dotées du statut consultatif auprès du Conseil de l'Europe a été créée en 1976.

Elle est placée sous la responsabilité des organisations non gouvernementales elles-mêmes, mais travaille en coopération étroite avec la division des relations extérieures de la direction des affaires politiques.

La Commission de liaison des ONG compte actuellement vingt-cinq membres qui, en règle générale, se réunissent quatre fois par an. Ses principales fonctions sont les suivantes :

C

- Assurer la liaison avec les services du Secrétariat général du Conseil de l'Europe ;
- Suivre les réunions sectorielles des ONG dans divers domaines spécialisés ;
- Préparer la conférence plénière et le programme d'activités annuel ;
- Inciter les ONG à coopérer avec le Conseil de l'Europe et diffuser ses travaux.

Une conférence plénière, à laquelle sont invitées à participer toutes les ONG dotées du statut consultatif auprès du Conseil de l'Europe, a également été instaurée en 1977. Elle définit des lignes directrices visant à améliorer le régime de statut consultatif et fixe les objectifs de la commission de liaison en conséquence.

Le coût du statut consultatif est faible, ceci afin de permettre la participation d'un grand nombre d'ONG aux travaux. Il est inférieur à 200 euros par an.

Au 1er janvier 2001, on dénombrait 423 OING dotées du statut consultatif auprès du Conseil de l'Europe.

Le statut consultatif d'une ONG peut lui être retiré si elle ne remplit pas ses obligations ou développe des thèses contraires aux objectifs de liberté de paix et de démocratie qui sont ceux du Conseil de l'Europe.

Contact :

CONSEIL DE L'EUROPE •France•
Avenue de l'Europe   *Tél.* : 00 33 03 88 41 2000
67075 Strasbourg cedex   *E-mail* : NGO-UNIT@coe.int
www.coe.int

Conseil œcuménique des Églises

Date de création : 1948.

Origine : internationale.

Réseau international : présence dans 120 pays.

Historique et mission sociale : le Conseil œcuménique des Églises dont les premières tentatives de création remontent à 1920 regroupe 340 Églises et 400 millions de fidèles. Le COE se définit comme une communauté internationale d'Églises chrétiennes, fondée sur la rencontre, le dialogue et la collaboration. Sa philosophie repose sur l'Évangile et la prière. La vocation du COE est de promouvoir l'avènement d'une seule famille humaine dans la justice et dans la paix.

Le COE soutient de nombreux programmes à travers le monde ainsi que de nombreuses ONG, notamment dans le domaine du respect des droits humains et de la lutte contre le racisme.

Ressources humaines : 200 salariés.

Budget 2001 : 50 millions de francs suisses.

Principale publication : *Ecumenical News International*.

Contact :

COE •Suisse•
150, route de Ferney
BP 2100 – 1211 Genève
www.wcc-coe.org

Tél. : 41 22 791 6111
Fax : 41 22 791 0361
E-mail : infowcc@wcc-coe.org

C

Contrôle des ONG

En France, les organisations non gouvernementales, n'ayant aucun statut spécifique, relèvent soit de la loi du 1ᵉʳ juillet 1901 (avec ou sans reconnaissance d'utilité publique), soit du statut de fondation et des contrôles applicables à ces différents statuts ou communs aux trois statuts pour des raisons législatives ou économiques.

Les associations se sont aussi dotées d'organes internes de contrôle ou d'organisations inter-associatives dont l'objet est l'autodiscipline et la recherche de critères éthiques communs, comme c'est le cas pour le Comité de la Charte.

Contrairement à une idée reçue, les contrôles sur les associations et fondations sont très nombreux, tant du fait de textes spécifiques que de textes généraux.

Parmi les principaux textes organisant le contrôle des ONG, citons la loi du 1ᵉʳ mars 1984 et son décret d'application du 1ᵉʳ mars 1985 qui fait obligation aux associations qui ont une activité économique et qui cumulent deux des trois critères suivants : plus de 20 millions de FF de ressources, 10 millions de FF pour le total du bilan et plus de cinquante salariés, d'avoir un commissaire aux comptes et un suppléant, c'est-à-dire un professionnel ayant autorité de par la loi pour certifier les comptes et dénoncer au procureur de la République, le cas échéant, les infractions dont il a connaissance à l'occasion de sa mission.

Parallèlement, depuis une loi du 10 août 1991, les ONG qui font appel à la générosité du public sur le plan national ont l'obligation d'en faire la déclaration préalable à la préfecture du département où se trouve leur siège social et d'établir un compte annuel d'emploi des ressources qui peut être contrôlé par la Cour des comptes.

C

De même que la Cour des comptes dispose du pouvoir de contrôler dans les conditions précitées les comptes des organisations, l'Inspection générale des affaires sociales, depuis une loi du 28 mai 1996, a aussi la possibilité de contrôler les comptes des associations relevant de son secteur. Un pouvoir identique, depuis une loi de 2000, a été accordé au ministère de la jeunesse et des sports.

Par un arrêté du 8 avril 1999, entré en vigueur le 1er janvier 2000, les associations ont l'obligation de respecter les normes d'un plan comptable spécifique.

Le droit de recevoir des libéralités, c'est-à-dire des legs et des donations par acte authentique, doit être autorisé par l'autorité préfectorale, voire dans certains cas par décret en conseil des ministres pris après consultation du Conseil d'État.

Par ailleurs, les associations qui reçoivent des subventions de la part de l'État, des collectivités territoriales (communes, départements, régions) ou des établissements publics, peuvent faire l'objet de contrôles sur l'emploi desdites subventions par différents corps d'inspection et aussi, naturellement, par les bailleurs qui sont les principaux intéressés. Une loi de 2001 oblige également les associations qui reçoivent un certain montant de subventions à en faire une déclaration à la préfecture du siège social.

Les associations sont comme toutes les entreprises soumises aux obligations fiscales (dont certaines leur sont spécifiques) et sociales et peuvent à ce titre être contrôlées et faire l'objet de contentieux, voire de poursuites pénales pour les dirigeants en cas d'infraction grave.

Récemment, de nouvelles dispositions législatives ont renforcé les possibilités de contrôle interne en soumettant les dirigeants de certaines associations à l'obligation de déclarer les conventions qui pourraient lier l'association qu'ils dirigent à

C

des sociétés dans lesquelles ils auraient des intérêts, et ce afin de mettre en place une meilleure transparence.

De même, au niveau européen, les associations peuvent faire l'objet de contrôles et d'investigations sur les subventions reçues en provenance des divers bailleurs relevant de l'Union européenne.

Généralement, toutes les coopérations internationales se réservent dans les contrats de financement des possibilités de contrôle qui sont effectifs et souvent sévères.

À ces multiples contrôles externes s'ajoutent les contrôles internes, le premier d'entre eux étant la faculté généralement accordée à l'assemblée générale des adhérents de contrôler les comptes de l'association et de refuser le cas échéant de les approuver ou la faculté donnée à tout adhérent de saisir la justice en cas de dysfonctionnement grave pour obtenir des éclaircissements.

Il y a également les contrôles relevant des règles communes que les associations se sont imposées comme celles relevant du comité de la Charte en France. De tels contrôles ne sont possibles que vis-à-vis des associations qui ont adhéré à ce comité.

Convention européenne sur la reconnaissance de la personnalité juridique des OING

(Traité STE 124) voir également Conseil de l'Europe.

La Convention européenne sur la reconnaissance de la personnalité juridique des organisations internationales non gouvernementales, codifiée sous le numéro STE 124 par les services du Conseil de l'Europe, est un texte très important car il est le seul instrument normatif mondial relatif aux organisations non gouvernementales.

Ce traité a été élaboré en partant de la constatation qu'il n'existait aucun traité international relatif à la personnalité juridique des ONG et que cela posait de graves problèmes aux ONG qui rencontraient les plus grandes difficultés pour se voir octroyer un statut juridique ou une reconnaissance de leur statut national dès qu'elles devaient avoir des actions internationales.

En effet, le statut juridique des ONG varie d'un pays à l'autre. Ainsi, une ONG en France a le statut soit d'association soit de fondation. En Grande-Bretagne le statut d'une ONG est proche de celui d'une société commerciale. Dans un pays comme le Japon, jusqu'à une époque très récente, il n'existait pas de statut juridique pour les associations et les associations n'existaient qu'à travers une personne physique. Dans certains pays, il existe une loi pour les associations et un statut spécifique des ONG.

Une telle diversité de statuts, voire une absence de statut, est un obstacle important à l'activité des ONG qui éprouvent parfois les plus grandes difficultés à se faire reconnaître une personnalité juridique pour se faire enregistrer dans le pays où elles souhaitent agir.

Les conséquences d'une absence de statut peuvent aboutir à l'impossibilité pour une ONG d'agir : impossibilité d'exporter du matériel ou d'en réceptionner, impossibilité d'obtenir une autorisation administrative d'embaucher du personnel, etc.

Pour apporter des solutions à ces problèmes, le Conseil de l'Europe a, dans les années 1980, élaboré une convention qui est entrée en vigueur le 1er janvier 1991.

Cette convention a été signée à ce jour par 11 pays : Autriche, Belgique, Chypre, France, Grèce, Pays-Bas, Portugal,

C

Slovénie, Suisse, ex-République yougoslave de Macédoine, Royaume-Uni et deux ne l'ont pas encore ratifiée : la Chypre et les Pays-Bas.

Cette convention commence par une déclaration de principe :

« Les États-membres du Conseil de l'Europe, signataires de la présente Convention, considérant que le but du Conseil de l'Europe est de réaliser une union plus étroite entre ses membres, afin notamment de sauvegarder et de promouvoir les idéaux et les principes qui sont leur patrimoine commun ; »

« Reconnaissant que les organisations internationales non gouvernementales exercent une activité utile à la communauté internationale notamment dans les domaines scientifiques, culturels, charitable, philanthropique, de la santé et de l'éducation et contribuent à la réalisation des buts et principes de la Charte des Nations unies et du Statut du Conseil de l'Europe ; »

« Désirant établir dans leurs relations mutuelles les règles fixant les conditions de la reconnaissance de la personnalité juridique de ces organisations afin de faciliter leur fonctionnement au niveau européen. »

Cette convention prévoit que sont concernées : les associations, fondations et autres institutions privées (ci-après dénommées ONG) qui remplissent les quatre conditions suivantes :

– Avoir un but non lucratif d'utilité internationale ;
– Avoir été créées par un acte relevant du droit interne d'un État Partie ;
– Exercer une activité effective dans au moins deux États ;
– Avoir leur siège statutaire sur le territoire d'un État Partie et leur siège réel sur le territoire de cette État Partie ou d'une autre Partie.

Ensuite, cette convention précise ce qu'elle entend par reconnaissance de la personnalité juridique :

C 106

La *personnalité et la capacité juridiques d'une* ONG, *telles qu'elles sont acquises dans la Partie dans laquelle elle a son siège statutaire, sont reconnues de plein droit dans les autres Parties. La convention n'interdit pas aux États certaines restrictions à la reconnaissance de cette personnalité mais il faut que celles-ci soient dictées par un intérêt public essentiel.*

La Convention précise aussi les modalités de preuve de l'acquisition de la personnalité et de la capacité juridiques : elle est fournie par la présentation des statuts ou d'autres actes constitutifs de l'ONG. Les actes doivent être accompagnés des pièces établissant l'autorisation administrative, l'enregistrement ou toute autre forme de publicité dans la Partie qui a accordé la personnalité et la capacité.

Dans une Partie qui ne connaît pas de procédure de publicité, l'acte constitutif de l'ONG sera dûment certifié par une autorité compétente.

Lorsque les États ratifient la Convention, ils doivent indiquer quelle est l'autorité compétente pour certifier, et ce afin d'éviter toute confusion.

Par ailleurs, comme toute convention internationale, le traité STE 124 prévoit certaines exceptions à son application, exceptions qui sont très strictement définies et qui s'appliquent à une OING qui :

– Contrevient à la sécurité nationale, à la sûreté publique, à la défense de l'ordre et à la prévention du crime, à la protection de la santé ou de la morale, à la protection des droits et libertés d'autrui ;
– Compromet les relations avec un autre État ou le maintien de la paix et de la sécurité internationale.

Le traité sur la reconnaissance de la personnalité juridique des organisations internationales non gouvernementales, qui a connu un démarrage difficile dans sa ratification par les États

C

mais qui peu à peu s'impose comme un modèle, a le mérite de la simplicité et de l'efficacité.

Rappelons que, dans l'attente de l'hypothétique traité de l'Europe des 15 sur l'association européenne, en panne depuis bientôt 20 ans, cette convention du Conseil de l'Europe est encore à ce jour le seul texte européen relatif aux associations et ONG.

Coopération décentralisée

La coopération décentralisée est l'une des formes nouvelles, en France, de la coopération avec les pays en développement. Cette forme de coopération est aussi très proche des citoyens et des ONG car elle les implique directement au niveau local.

La France, en consacrant 0,39 % de son PNB soit 34,7 milliards de francs (chiffres de 1999) à l'aide au développement sous toutes ses formes au profit des pays les moins favorisés, reste loin des objectifs qu'elle s'était fixés : 0,7 %. Néanmoins, elle reste le pays le plus « généreux » parmi le groupe composant le G7 c'est-à-dire les pays les plus industrialisés de la planète.

Parmi toutes les formes juridiques ou économiques que peut prendre la coopération, la plus récente et probablement la plus méconnue est la coopération décentralisée qui pourtant, dans la loi de finances 2000, connaît le plus fort accroissement des crédits publics : plus 12 %.

Dans un rapport publié en mars 2001, le Conseil économique et social soulignait à propos de la coopération décentralisée : « cette coopération prend de plus en plus d'importance, par la variété et le nombre de ses acteurs, son attractivité et sa capacité à mobiliser les populations, sa dimension citoyenne, son efficacité liée à sa proximité du terrain par sa démarche de partenariat de développement local entre acteurs enracinés dans le tissu économique et social, son impact direct sur les réalités de la vie quotidienne des populations. »

Récemment le gouvernement français a réaffirmé son désir de voir croître l'aide au développement qui avait beaucoup régressé de 1994 à 1998 et a manifesté, en particulier, le souhait de voir s'affirmer cette nouvelle forme de coopération qui implique la participation de la société civile *via* les ONG.

À ce propos, un ministre, Charles Josselin, déclarait : « *La coopération décentralisée, en obligeant à l'émergence de nouveaux responsables locaux, apporte là aussi beaucoup de démocratie. Je ne crois pas qu'il y ait de démocratie consolidée s'il n'y a pas de démocratie locale à la base. La coopération décentralisée en ayant des liens de terrain proches, permet mieux que la coopération d'État à État, de mettre en mouvement la société, de mobiliser les acteurs économiques, syndicaux, sociaux, culturels, éducatifs, associatifs.* »

Cette préoccupation semble partagée par l'ensemble des Français puisque, selon un sondage récent réalisé par l'institut BVA, publié par le journal *La Croix* au mois de mars 2001, 54 % des Français sont favorables à un accroissement de l'aide au développement.

Qui sont les acteurs de la coopération décentralisée ? Que représente réellement la coopération décentralisée ? Dans quel cadre juridique s'inscrit-elle ? Quel rôle pour les ONG ?

• Le cadre juridique

Longtemps, la coopération décentralisée a évolué dans un cadre juridique flou, pour ne pas dire inexistant. Une circulaire de 1983 cernait plus ou moins la problématique, mais il faudra attendre la loi d'orientation du 6 février 1992, et notamment ses articles 131 à 135, pour qu'un cadre précis et rigoureux se dessine.

C

Peu après, la circulaire commune Affaires étrangères-Intérieur du 26 mai 1994 établira les grandes lignes du contrôle de légalité de la coopération décentralisée.

Parallèlement, au niveau international, la France a ratifié le 23 décembre 1983 la convention de Madrid du 21 mai 1980 élaborée sous l'égide du Conseil de l'Europe qui trace le cadre juridique de la coopération transfrontalière et s'applique aux relations de coopération entre collectivités situées de part et d'autre d'une frontière commune à deux États adhérents à la convention précitée.

Enfin, l'intégration dans la loi de 1995 d'orientation pour le développement et l'aménagement du territoire de dispositions fixant le régime d'adhésions des collectivités françaises à des groupements ou personnes de droit moral étranger, et édictant ou rappelant le principe fondamental selon lequel : « aucune convention, de quelque nature que ce soit ne peut être passée entre une collectivité territoriale ou un groupement et un État étranger. »

Pour résumer, les collectivités territoriales peuvent désormais conclure des accords de coopération décentralisée avec des collectivités territoriales étrangères ou des institutions internationales comme les communautés européennes, mais en aucun cas avec un État étranger ; et le champ de cette coopération est limitée aux compétences dévolues par la loi aux collectivités territoriales en France. Les conventions de coopération décentralisées doivent être écrites, approuvées par l'organe délibérant de la collectivité et visées par l'autorité préfectorale avant leur entrée en vigueur.

• **Les acteurs de la coopération décentralisée**

Les acteurs concernés sont : les communes, les départements, les régions, les collectivités territoriales des départements d'outre mer ; les établissements publics de coopération intercommunale : communautés urbaines, districts, syndicats

C

de communes, communautés de communes, communautés d'agglomérations ainsi que les ententes départementales ou régionales dotées de la personnalité morale et les syndicats mixtes.

C'est dans ce cadre que les ONG peuvent intervenir comme opérateur de la réalisation d'un programme initié par les collectivités visées ci-dessus.

La coopération décentralisée représente, selon un rapport récent remis par le gouvernement français à l'OCDE, environ 1,2 milliard de francs. Selon une autre source, cette somme oscillerait aux alentours de 1,5 milliard de francs dont 500 millions de co-financement de l'État.

Les ONG œuvrant dans le champ de la solidarité internationale contribueraient pour une somme de 3 306 millions de francs, dernier chiffre connu qui recouvre l'année 1997. Comme nous pouvons le constater, même si en valeur absolue ces sommes restent faibles par rapport à l'ensemble des sommes consacrées par la France à la coopération, elles commencent à être significatives et surtout, comme cela a déjà mentionné, elles sont en constante progression.

Sur le plan des actions, le rapport du conseil économique et social souligne que le nombre de projets est en pleine expansion et écrit en s'appuyant notamment sur les chiffres émanant des régions : « On recense plus de 2 600 collectivités territoriales engagées dans des actions de ce type et ce nombre progresse régulièrement. La Commission nationale de la coopération décentralisée recensait, dans ses chiffres de 1999, 5 225 opérations réparties sur 114 pays. Sur la même année, la seule région île-de-France a, pour sa part, recensé 203 collectivités engagées dans 623 actions (assises régionales de la coopération décentralisée, nov. 1999, la région elle-même ayant signé pas moins de 23 accords de coopération). »

C

Sur le plan géographique, la répartition de cette aide est très inégale. L'Afrique absorbait 50 % du montant de la coopération décentralisée et 57 % des projets co-financés. Sur le total 35 % étaient destinés à trois pays : le Mali, le Sénégal et le Burkina Faso. Certaines zones sont totalement absentes comme l'Afrique anglophone ou l'Inde.

• **Les principaux secteurs concernés sont :**

- L'augmentation des compétences et des capacités des élus, des collectivités locales et de leurs acteurs : formation des fonctionnaires territoriaux, citoyenneté locale, gestion communale, assainissement, etc ;
- L'aide humanitaire en direction des populations en situation de pauvreté, aides d'urgence en cas de catastrophes ;
- La coopération économique par la mobilisation du tissu industriel et agricole et des acteurs professionnels français de la commune, du département ou de la région, dans des programmes de développement socio-économique mettant en œuvre par exemple, le compagnonnage entre PME du nord et du sud, des opérations conjointes, des transferts de technologie, des échanges de savoir-faire ;
- Les échanges éducatifs, sociaux et culturels, en particulier par le soutien aux initiatives des organisations de la société civile, comme atout de la compréhension des aspirations des populations et puissant moyen d'intéressement à la coopération internationale.

Il y a deux grandes sources de financement : les fonds propres, mis à disposition par les collectivités et les fonds mixtes, c'est-à-dire les projets qui font l'objet de cofinancements dont les fonds sont abondés par l'État.

Dans ce dernier cas, les fonds peuvent avoir trois origines différentes : les crédits déconcentrés aux préfets de région qui s'inscrivent dans un programme régional annuel de coopération décentralisée, parfois même dans les contrats de plan État/Région ; les crédits FAC/FSP c'est-à-dire les fonds d'aide et

C

de coopération ou fonds de solidarité prioritaire, et enfin les programmes financés par les CUF c'est-à-dire les Cités unies de France.

Indépendamment des programmes institutionnels gérés directement par les collectivités, ces dernières souhaitent, de plus en plus fréquemment, confier la réalisation matérielle à des ONG.

Toutes les régions, sans aucune exception, souvent avec l'appui du conseil économique et social régional (CESR) et certains départements et villes importantes, ont développé localement des réseaux de coopération décentralisée, chargés d'informer le secteur des ONG ou de coordonner les actions des collectivités et des organisations de solidarité internationale : ainsi, en Bretagne, la CASI (Coordination des associations de solidarité internationale de Bretagne), ou encore RESACOOP en Rhône-Alpes et la commission régionale de la coopération décentralisée en Île-de-France composée de représentants des collectivités territoriales, des ONG des entreprises des organismes consulaires, etc.

Une place importante pourrait être occupée par les ONG issues de l'immigration qui constitueraient des relais privilégiés du fait de leur connaissance des besoins locaux.

La coopération décentralisée est une modalité de coopération beaucoup plus accessible aux petites et moyennes ONG, proche d'elles, qui met en jeu des programmes n'exigeant pas de lourds financements et dont l'évaluation et la lisibilité sont aisées, tant pour les collectivités que les acteurs civils de la société.

C

COORDINATION D'AGEN

Date de création : 1988.

Origine : France.

Historique et mission sociale : la coordination d'Agen, constituée en 1983 sur l'initiative de la Guilde européenne du Raid après le premier forum d'Agen, réunit dix ONG de taille nationale, opératrices de projet ou de missions de volontariat dans le domaine de l'urgence et du développement.

Elle vise à développer l'activité de ses membres, à travailler à la définition d'outils communs et à attirer l'attention sur des causes prioritaires. En outre, la Coordination d'Agen milite pour une meilleure politique française de coopération, la défense du volontariat et l'amélioration de la fiscalité des dons. Plusieurs associations mettent en commun leurs expériences et leurs méthodologies en matière de formation professionnelle dans les pays en développement.

La Coordination d'Agen participe chaque année, au mois d'octobre, au Forum des solidarités Nord-Sud d'Agen.

Membres de la Coordination d'Agen : AGIR, Aide et Action, AMI.

Contact :

COORDINATION D'AGEN •France•
14, passage Dubail
75010 Paris

Tél. : 01 42 05 63 00
Fax : 01 44 72 93 73
E-mail : c.agen@coordinationsud.org

C

COORDINATION SUD

Date de création 1994.

Origine : France.

Historique et mission sociale : Coordination Sud occupe une place centrale dans le monde des organisations non gouvernementales françaises, puisque ce collectif regroupe la quasi totalité des associations de solidarité internationale, ASI, terme qui est préféré en France à celui d'ONG. Au total, en 2002, ce sont plus de 100 ASI (107) qui directement ou indirectement sont membres de Coordination Sud.

Coordination Sud est un collectif qui, à l'origine, regroupait trois collectifs puis plus récemment cinq collectifs. Ces cinq collectifs sont :

- CLONG Volontariat,
- CRID,
- Coordination d'Agen,
- Groupe Initiative,
- CNAJEP.

Enfin parmi ses membres, Coordination Sud compte des adhérents directs.

Coordination Sud regroupe les ONG françaises partageant une éthique commune en matière de programmes de développement et d'actions d'urgence pour les populations vulnérables des pays du Sud. Elle s'est dotée d'une charte intitulée *Une éthique partagée*.

Regroupant les principaux acteurs français non gouvernementaux, Coordination Sud représente un secteur d'un budget proche de 600 millions d'euros, qui emploie près d'un millier de salariés en France, 2 500 volontaires en missions et plus de 10 000 employés locaux dans 131 pays.

C

Plusieurs millions de bénévoles et donateurs appuient les actions des ONG françaises.

Sa vocation est double : représenter les ONG françaises en France, en Europe et à l'international, et appuyer les actions des ONG françaises par son rôle d'information, de concertation et de formation.

– Promouvoir et représenter les ONG françaises.

– Assurer le dialogue avec les décideurs et les services de la coopération gouvernementale française : relations avec les pouvoirs publics français, en premier le ministère des Affaires étrangères et son ministère délégué à la Coopération.

Il s'agit aussi de développer des relations avec les parlementaires (députés et sénateurs), à travers des contacts directs ou par le biais de groupes parlementaires chargés des relations avec les ONG.

Coordination Sud assure les relations avec les structures mixtes de dialogue : Commission coopération et développement (instance de dialogue entre les administrations des différents ministères et les ONG), le Haut Conseil pour la coopération internationale (qui donne des avis d'expert de la société civile au gouvernement), les Commissions mixtes (dont le secrétariat technique permet d'instaurer un dialogue de la société civile avec les Commissions mixtes officielles), les agences de l'État français, telles que l'Agence française de développement.

– Développer les relations internationales des ONG françaises : relations avec les organisations internationales (Agences de l'ONU, Banque mondiale, FMI, etc.) et les bailleurs de fonds internationaux. Constitution et animation de groupes de travail sur les échéances et enjeux internationaux. Information des ONG françaises sur le fonctionnement des structures multilatérales ;

– Relations avec les autres ONG internationales et réseaux. Relations avec l'Union européenne et les ONG européennes

C

plate-forme française des ONG auprès de l'Union euro-péenne. Suivi des enjeux européens ;
- Concertation et négociation avec les institutions euro-péennes. Information et mobilisation des ONG ;
- Appuyer les actions des ONG françaises. Organiser les rela-tions inter-ONG pour promouvoir les synergies. Développer les relations avec les collectifs membres et associés et entre les OSI sur la base de projets de terrain (par pays ou secteurs thématiques) ;
- Développer les relations avec la coopération décentralisée et les OSI régionales (travail avec Cités unies de France et les réseaux régionaux et le programme d'appui mené par le CRID). Assurer les relations entre les ONG et le milieu asso-ciatif français (relations avec la CPCA, conférence perma-nente des coordinations associatives) ;
- Former pour renforcer le savoir-faire des ONG françaises. Lancement en 2000 d'un programme d'appui à l'accès aux cofinancements institutionnels (français et européens notamment) ; organisation de formations sur les bailleurs de fonds multilatéraux. Organisation de formations sur la ges-tion des ONG (comptabilité, etc.).

Le site Internet de Coordination Sud est une source pré-cieuse d'informations, à la fois pour les ONG, mais aussi pour tous ceux qui s'intéressent aux ONG et à leur action tant en France qu'à l'étranger.

Principales publications : *Les Nouvelles de Sud* ainsi que de très nombreuses fiches techniques et des guides.

Contact :

COORDINATION SUD •France•
14, passage Dubail
75010 Paris
www.coordinationsud.org

Tél. : 01 44 72 93 72
Fax : 01 44 72 93 73
E-mail : sud@coordinationsud.org

C

CORDAID

(Pays–Bas)

Date de création : 1999.

Origine : Pays-Bas.

Réseau international/France : le réseau international de CORDAID est le réseau Caritas auquel il est rattaché.

Historique et mission sociale : CORDAID est née en 2000 de la fusion de quatre organisations catholiques : Memisa, Mensen in Nood, Vastenaktie et CORDAID.

Avec un budget de plus de 136 millions d'euros, CORDAID est la seconde ONG de solidarité internationale des Pays-Bas, après NOVIB (OXFAM), et avant Foster Plan International. Sa mission est de contribuer à la création d'un monde où les peuples vivraient en paix dans une société démocratique, et dans le respect mutuel des cultures et des religions. Conformément à la doctrine sociale de l'Église, CORDAID s'inscrit pour une société plus juste et égale, et prône l'égalité des droits entre femmes et hommes pour un monde où les différents acteurs : États, entreprises privées et secteur lucratif, combattent ensemble la pauvreté.

CORDAID privilégie le travail avec des organisations locales, considère que la réduction de la pauvreté, la construction de la société civile, la bonne gouvernance et la mise en place de programmes de développement durable sont inséparables et constituent la base d'une société plus juste. Plus d'un demi-million de donateurs supporte l'action de CORDAID aux Pays-Bas. En plus d'actions de développement, CORDAID a mis en place un département d'interventions d'urgence.

Lieux d'intervention : Afrique, Asie et Amérique latine.

Budget 2000 : 136 millions d'euros.

C

Contact :

CORDAID •Pays-Bas•
PO BOX 2500   Tél. : 31 70 31 36 300
BK Den Haag   Fax : 31 70 31 36 301
www.cordaid.nl   E-mail : cordaid@cordaid.nl

Cour des Comptes

En France, depuis 1991, la Cour des Comptes joue un rôle central spécifique vis-à-vis des associations et des organisations non gouvernementales.

En effet, à la suite de divers « scandales » concernant la gestion d'associations importantes et notamment de l'une d'entre elles : l'Association pour la recherche sur le Cancer, les pouvoirs publics ont décidé de confier à la Cour des Comptes (la plus haute juridiction financière française chargée à l'origine du contrôle des comptes publics, c'est-à-dire ceux de l'État, des entreprises publiques et des collectivités territoriales), le contrôle des comptes des ONG faisant appel à la générosité du public sur un plan national.

C'est ainsi que la loi du 7 août 1991, complétée par la loi du 24 juin 1996, donne compétence à la Haute Juridiction financière pour contrôler le « compte d'emploi des ressources collectées par les organismes faisant appel à la générosité publique, dans le cadre de campagnes menées à l'échelon national. »

Par ailleurs, ce texte a pour objet, outre le contrôle, d'aboutir à une meilleure information du public, et particulièrement des donateurs, sur les comptes des ONG et l'emploi des fonds qu'elles collectent auprès du public en France.

Les associations ont l'obligation de présenter leurs comptes conformément aux dispositions du décret du 30 juillet 1993 qui fixe les modalités de présentation du compte d'emploi annuel des ressources collectées auprès du public.

C

Par ailleurs, chaque année, les ONG qui font appel à la générosité du public pour soutenir leurs actions doivent obligatoirement déposer à la préfecture du lieu de leur siège social une déclaration préalable d'appel à la générosité du public.

Les conditions de ce contrôle qui respecte une procédure contradictoire, c'est-à-dire qui met en mesure les responsables des ONG de présenter leurs observations sur les constatations de la Cour, sont organisées par le décret du 17 septembre 1992.

La Cour peut décider de faire publier les rapports établis à la suite de ses contrôles au Journal officiel. Jusqu'à présent les rapports correspondant aux contrôles ont tous été publiés.

Les principales ONG contrôlées jusqu'en 2002 ont été Médecins sans frontières et Médecins du monde. La lecture de ces rapports est particulièrement intéressante car les contrôles portent en général sur une période de 3 à 5 ans et la Cour fait ressortir les faits les plus saillants concernant les comptes d'une ONG, comptes qui sont aussi le reflet des choix politiques et économiques des grandes ONG. Tous les rapports sont accessibles sur l'Internet gratuitement.

Si la Cour constate des irrégularités financières, elle peut transmettre le dossier au procureur de la République lorsque les faits sont susceptibles d'une qualification pénale.

Contact :

LA COUR DES COMPTES •France•

| 13, rue Cambon | *Tél.* : 01 42 98 95 00 |
| 75100 Paris | *Fax* : 01 42 60 01 59 |

www.ccomptes.fr

CRID

(Centre de recherche et d'information pour le développement)

Date de création : 1976, Secours populaire français, Eau Vive, ENDA Tiers-Monde.

Origine : France.

Parmi les plates-formes inter-associatives, l'une d'entre elles mérite une attention particulière par sa diversité et son antériorité : il s'agit du CRID.

Historique et mission sociale : le CRID, à l'origine, avait pour objectif de conduire une réflexion sur le développement et la coopération internationale. Aujourd'hui, cette réflexion est toujours axée sur ce thème mais le CRID a pour ambition de regrouper les ONG qui :

– Partagent une même conception du développement humain, solidaire et durable passant par le renforcement des sociétés civiles ;
– Travaillent en partenariat avec un réseau de 1 500 partenaires, dans les pays du Sud et de l'Europe de l'Est, engagés dans le développement de leur communauté ;
– Mettent en œuvre des actions d'éducation au développement en France et promeuvent des campagnes citoyennes ;
– Participent à la construction d'un mouvement mondial de solidarité internationale et cherchent à le déployer en France.

Les membres du CRID représentent, en France, un réseau de 7 500 groupes locaux rassemblant 180 000 bénévoles. À l'origine, le CRID regroupait huit associations et aujourd'hui compte 45 membres. Le CRID a obtenu le statut consultatif auprès du Conseil économique et social des Nations unies.

Parmi les ONG membres du CRID on relève : le CCFD, la CIMADE, Frères des hommes, Secours catholique, etc.

C

CRID •France•
14, passage Dubail   *Tél.* : 01 44 72 07 71
75010 Paris   *Fax* : 01 44 72 06 84
www.crid.asso.fr   *E-mail* : info@crid.asso.fr

CRS

(Catholic Relief Services)

Date de création : 1943.

Origine : États-Unis.

Réseau international/France : Catholic Relief Services est membre du réseau Caritas Internationalis et par ce biais présent dans plus de 198 pays ou territoires. Catholic Relief Services est directement présent dans 80 pays en 2001.

Historique et mission sociale : Catholic Relief Services est l'équivalent américain du Secours catholique en France.

Catholic Relief Services a été créé par la Conférence des Évêques américains en 1943, pendant la Seconde Guerre mondiale comme plusieurs autres organisations non gouvernementales américaines.

CRS est probablement l'une des premières ONG américaine confessionnelle. CRS s'inspire de la doctrine sociale de l'Église Catholique Romaine et a pour vocation de venir en aide à la fois dans des programmes de développement et aussi dans des missions humanitaires d'urgence, aux populations les plus pauvres. L'autre objectif de CRS est d'éveiller la conscience des citoyens américains à la solidarité internationale avec les pays les plus pauvres dans le monde. CRS agit sans considération de race, de religion ou de conviction. CRS agit en fonction des besoins.

CRS s'inspire dans son action des encycliques *Humanae Vitae* et *Veritatis Splendor* notamment en ce qui concerne ses positions sur le contrôle des naissances, l'avortement et la contraception.

Budget 2000 : 340 millions de dollars US.

Ressources humaines : 2 800 salariés.

Contact :

CRS •États-Unis•
209, West Fayette Street
Baltimore
Maryland 21201-3443

Tél. : 01 53 19 89 89
Fax : 01 53 19 89 90
www.catholicrelief.org

C

D

Danemark/ONG

On recense, au Danemark, 150 ONG. Les six plus grandes ONG danoises de solidarité internationale par ordre décroissant de budget sont : Association danoise pour la coopération internationale 21,1 M€, Danish Church Aid 20,4 M€, Ibis 19 M€, Croix-Rouge danoise 10,2 M€, Care Danemark 6 M€, Trade Union Danemark 5,5 M€.

(Sources : ministère français des Affaires étrangères)

Déclaration annuelle d'appel à la générosité publique

En France, les ONG qui, pour financer leurs actions, font appel à la générosité du public, ont l'obligation, annuellement, de faire une déclaration des campagnes de sollicitations qu'elles vont mener auprès de leurs donateurs. Cette obligation résulte de la loi du 7 août 1991. Dans son dernier rapport public (2002), la Cour des comptes, qui a interrogé l'ensemble

D

des préfectures, note que 100 organisations réalisent des campagnes de sollicitation au niveau national.

Définition des ONG

Il existe plusieurs définitions juridiques des organisations non gouvernementales.

À cet effet, il est intéressant de se référer à la définition donnée par des institutions universelles particulièrement compétentes et légitimes en la matière comme le DPI (Département de l'information des Nations unies) qui a été le premier organe administratif des Nations unies chargé d'organiser la relation avec les ONG qui n'étaient que quelques dizaines à l'époque (1946), ou encore le Conseil économique et social des Nations unies qui, en 1996, a procédé à une nouvelle codification de ses relations avec les ONG.

De même, la définition donnée par le Conseil de l'Europe a-t-elle une particulière pertinence car c'est aujourd'hui la seule organisation internationale qui a élaboré un traité, entré en vigueur il y a quelques années, organisant la reconnaissance de la personnalité juridique des organisations internationales non gouvernementales. Si ces définitions varient, elles ont toutes un « tronc commun » : la non-lucrativité.

Il est intéressant aussi de se référer à la définition donnée par une organisation thématique récente : l'Agence de la Francophonie.

Selon le Département de l'information des Nations unies qui, en application d'une résolution de 1946 de l'Assemblée générale des Nations unies, assure la liaison avec les organisations non gouvernementales, une ONG est : « un groupe de citoyens volontaires, sans but lucratif et organisé à l'échelon local, national ou international. Les organisations non gouvernementales remplissent divers types de services et fonctions :

D   126

humanitaires, d'information aux gouvernements sur les préoccupations de leurs citoyens, de surveillance des politiques des gouvernements et de promotion de la participation politique au niveau communautaire. Elles fournissent des analyses et expertises, servent de mécanisme d'alerte avancée et aident à superviser et mettre en œuvre les accords internationaux. Certaines sont organisées autour de questions spécifiques telles que les Droits de l'homme, l'environnement ou la santé. Leurs relations avec les différents bureaux et agences du système des Nations unies diffèrent selon leur objectif, leur siège et leur mandat. »

Le Conseil économique et social des Nations unies donne une définition « par défaut » des organisations non gouvernementales. Si en effet, l'article 71 de la Charte des Nations unies prévoit des consultations des ONG par le Conseil économique et social, elle ne donne aucune définition juridique d'une ONG. C'est donc à travers les résolutions du Conseil économique et social que l'on peut rechercher cette définition en déterminant quelles sont les ONG que le Conseil entend consulter. La résolution la plus récente, celle du 25 juillet 1996, pose quelques principes, sans pour autant donner une définition au sens juridique du terme de ce que doit être une ONG. Cette résolution prévoit, dans ses paragraphes 8 à 13 qu'une ONG peut être nationale, régionale ou sous-régionale, qu'elle doit être dirigée démocratiquement et que ses financements doivent être d'origine privée mais que rien n'interdit les financements publics si ceux-ci sont clairement identifiables.

Le Conseil de l'Europe, dans le traité sur la reconnaissance de la personnalité juridique des organisations internationales non gouvernementales, définit ainsi une OING : il s'agit d'une institution privée (peu importe la forme juridique, association, fondation ou autre) qui doit avoir une utilité internationale et dont la création doit résulter d'un acte privé et non d'un traité entre États.

D

L'organisation de la francophonie définit une organisation non gouvernementale comme « toute organisation internationale qui n'a pas été créée par voie d'un accord intergouvernemental, et dont les buts et le rôle ont un caractère non gouvernemental. »

Département de l'information des Nations unies

Le Département de l'information des Nations unies, créé en 1946 est une administration « pivot » pour les relations entre les organisations non gouvernementales et le système onusien dans son ensemble. Les activités du Département de l'information et le rôle des ONG, dans ce cadre, ne doivent pas être confondus avec le statut consultatif des organisations non gouvernementales auprès du Conseil économique et social des Nations unies prévu par l'article 71 de la Charte des Nations unies. En effet, les organisations enregistrées auprès du DPI n'ont pas forcément le statut consultatif auprès du Conseil économique et social, et inversement.

Les ONG associées au DPI élisent un comité exécutif pour deux ans qui les représente auprès du DPI. Ce comité prépare les conférences, les programmes de travail, etc.

Parallèlement, le DPI fournit un appui aux ONG dans de très nombreux domaines et notamment en leur diffusant de l'information.

Pour être associées au Département de l'information, les ONG doivent répondre aux critères suivants :
- Partager les idéaux de la Charte de l'Organisation des Nations unies ;
- Opérer seulement sur une base non lucrative ;

- Démontrer un intérêt pour les activités de l'ONU et prouver leur capacité à sensibiliser des audiences larges ou spécialisées telles que les éducateurs, les représentants des médias, les responsables politiques et le monde des affaires ;
- Avoir la volonté et les moyens de conduire des programmes d'information efficaces sur les activités de l'ONU en publiant des lettres d'information, des bulletins et des pamphlets, en organisant des conférences, séminaires et tables rondes, et en s'assurant de la coopération des médias. Plus de 1 500 ONG sont « associées » au Département de l'information.

Chaque année le DPI, en coopération avec les ONG, organise une conférence en septembre, sur un thème déterminé, en général d'actualité, qui fait le point sur une grande question. En 2002, la conférence annuelle était consacrée au rôle des ONG dans la reconstruction des États après un conflit.

Contact :

DÉPARTEMENT DE L'INFORMATION DES NATIONS UNIES
Bureau S-1070L   Tél. : (212) 963-6842
Nations unies – New York   Fax : (212) 963 6914
NY 10017 USA   www.un.org

DEUTSCHE WELTHUNGERHILFE

(Allemagne)

Date de création : 1962.

Origine : Allemagne.

Réseau international : présence dans 50 pays.

Historique et mission sociale : DWHH cherche à améliorer les conditions de vie des populations rurales et des populations urbaines à faible revenu dans les pays en développement en les encourageant à se prendre en charge elles-mêmes. Le groupe-cible comprend des hommes, des femmes et des enfants. Le développement rural, notamment la sécurité alimentaire, constitue le secteur principal des projets. DWHH est également impliqué dans la mise en réseau des ONG en Allemagne, en Europe et au niveau international. DWHH est la troisième ONG allemande par ses ressources financières. DWHH est une ONG non confessionnelle, et la première des ONG non confession-nelle allemande.

Budget : 62 millions d'euros.

Contact :

DWHH
Adenauerallee 134
53113 Bonn – Allemagne
www.welthungerhilfe.de

Tél. : 49 228 2288 0
Fax : 49 228 2207 10
E-mail : dwhh_bonn@compuserve.com

Développement

S'il est un secteur où le rôle des organisations non gouver-nementales s'est imposé, c'est celui du développement. Ainsi, le secrétaire général des Nations unies, dans un rapport de 1998 sur les relations entre le système onusien et les organisa-tions non gouvernementales, rapport qui lui avait été com-mandé par l'assemblée générale des Nations unies, écrivait : « En termes de transferts nets, l'ensemble des organisations non gouvernementales représente la deuxième source d'aide au développement. »

Si l'on prend les chiffres communiqués par le comité d'aide au développement de l'Organisation pour la coopération et le développement (OCDE), comité qui regroupe les 20 pays les plus riches du monde on constate qu'en 1995 les organisations

D

non gouvernementales de ces pays ont transféré environ 6 milliards de dollars en direction des pays en voie de développement dont plus de 2,5 milliards de dollars pour les seules ONG des États-Unis. Selon la Banque mondiale, en 2000, ces transferts se sont situés entre 11 et 12 milliards de dollars.

Les tableaux ci-dessous illustrent la diversité des situations par pays. En effet, si le donateur Suisse se montre très généreux avec un peu plus de 26 dollars par an et par habitant, le donateur italien, finlandais, japonais ou français apparaît comme peu concerné par l'aide au développement, en tout cas par l'aide qu'il apporte, par son don, aux organisations qui travaillent dans le domaine du développement. La moyenne pour l'ensemble des pays s'établit à 7,35 dollars par habitant et par an.

FIGURE 1 : Dons des organismes privés bénévoles des pays du CAD

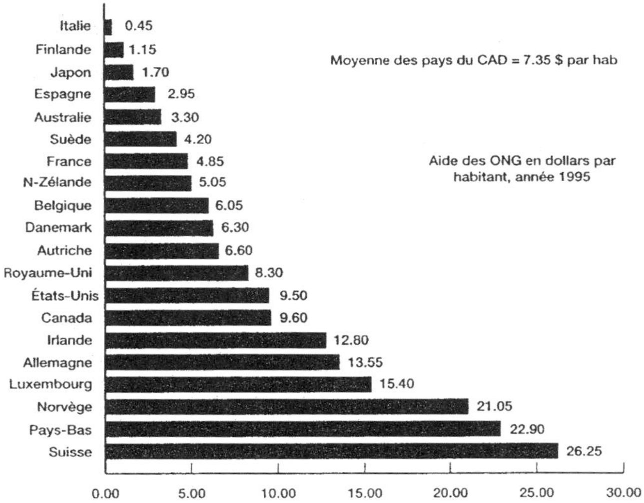

Moyenne des pays du CAD = 7.35 $ par hab

Aide des ONG en dollars par habitant, année 1995

Italie	0.45
Finlande	1.15
Japon	1.70
Espagne	2.95
Australie	3.30
Suède	4.20
France	4.85
N-Zélande	5.05
Belgique	6.05
Danemark	6.30
Autriche	6.60
Royaume-Uni	8.30
États-Unis	9.50
Canada	9.60
Irlande	12.80
Allemagne	13.55
Luxembourg	15.40
Norvège	21.05
Pays-Bas	22.90
Suisse	26.25

Source : Calculé à partir des données publiées par l'OCDE (1997).

D

Si l'on compare ces mêmes données à la richesse de ces pays et que l'on calcule le pourcentage de l'aide privée par rapport à cette richesse, on constate que si l'Italie et le Japon viennent en dernière position, par contre l'Irlande et les Pays-Bas se détachent nettement avec des pourcentages respectivement de 0,085 % et 0,089 %.

Il est aussi intéressant de rapprocher les chiffres concernant les États-Unis et la France, car l'on constate alors que l'aide privée américaine est deux fois plus importante que l'aide privée française. Comme nous le verrons par la suite, ces chiffres seraient différents si l'on prenait l'aide publique en pourcentage du PNB.

FIGURE 2 : Aide privée en % du produit national brut (1995)

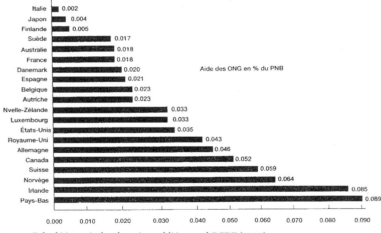

Source : Calculé à partir des données publiées par l'OCDE (1997).

L'examen de l'évolution de l'aide privée des organisations non gouvernementales de l'ensemble des pays du comité d'aide au développement est aussi riche d'enseignements économiques et politiques.

D 132

On constate, depuis 1989, une importante croissance de cette aide privée avec deux années de pointe, 1992 et 1994, où l'aide a atteint plus de 6 milliards de dollars pour redescendre légèrement les deux années suivantes 1993 et 1995. En 2000, cette aide dépasse 11 milliards de dollars.

Ces deux années correspondent à deux crises humanitaires majeures : le conflit en ex-Yougoslavie et le génocide Rwandais. Ces deux événements ont déclenché un élan de solidarité dans les pays riches, élan qui se traduit dans les chiffres de l'aide privée au développement.

FIGURE 3 : Évolution de l'aide privée des ONG de l'ensemble des pays du CAD

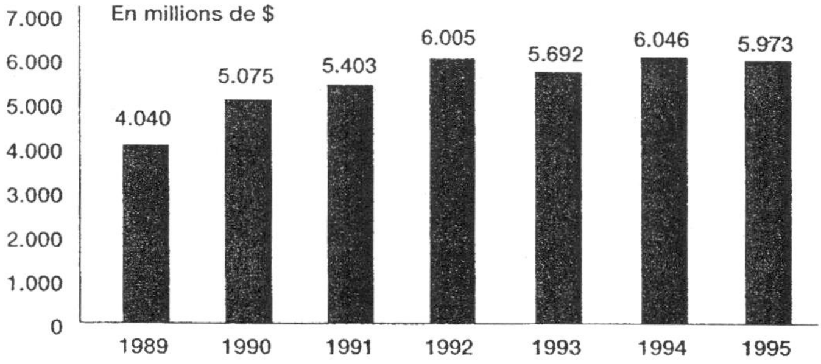

Source : Graphique élaboré à partir des rapports du CAD sur la coopération au développement (OCDE), rapports 1992 à 1995.

Ces chiffres sont aussi à rapprocher du graphique ci-dessous qui illustre l'évolution de l'aide au développement des principaux pays donateurs du comité d'aide au développement (CAD).

D

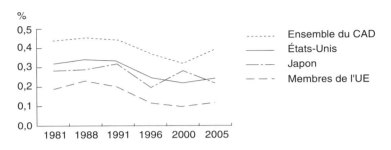

FIGURE 4 : Aide publique au développement des principaux donateurs membres du CAD (en % de leur revenu national brut)

Source : OCDE.

Ce graphique fait ressortir la baisse constante de 1990 à 2000 de l'aide publique au développement en pourcentage par rapport au revenu national brut. En 2000, l'aide publique au développement représentait 54 milliards de dollars.

Lors du sommet qui s'est tenu à Monterrey au Mexique en juin 2002, les États-membres du CAD se sont engagés à accroître leur aide publique au développement en faisant passer celle-ci de 0,22 % à 0,24 % d'ici 2006. Si ces chiffres sont respectés, le montant de l'aide devrait pour cette dernière année connaître une croissance de 13 milliards de dollars par rapport aux 54 milliards précédemment cités.

Il faut espérer que ces engagements seront respectés, mais on peut en douter car jusqu'à présent, sauf pour quelques très rares pays, ils ne l'ont jamais été.

Les relations entre les États et les organisations non gouvernementales, dans le cadre de la politique d'aide au développement, sont aussi très instructives à la fois sur la façon dont les États envisagent leur mode de coopération avec les organisations non gouvernementales et la place de la société civile dans ce débat, mais aussi sur la relation qui s'établit *via* les Organisations non gouvernementales avec les États du Sud ou encore les organisations non gouvernementales du Sud.

Récemment, une importante étude du ministère français des Affaires étrangères a fait le point sur cette question, en Europe. Toutefois, les chiffres sont à prendre en considération avec une certaine prudence quant à leur signification. En effet, tous les États n'établissent pas leurs statistiques de la même façon d'une part, et le concept ou la nature de l'aide peuvent largement varier d'un pays à l'autre, d'autre part.

Ainsi, en Allemagne les Églises jouent un rôle important dans l'aide au développement et sont prises en compte comme des ONG, ce qui n'est pas le cas en France. Ou encore, l'aide au statut de volontaire, qui est une forme d'aide au développement, n'existe pas dans tous les pays et il convient de la réintégrer si l'on veut avoir une vue exhaustive du montant réel de l'aide.

Les deux tableaux suivants, qui présentent l'aide publique au développement des quinze pays membres de l'Union européenne, plus la Norvège et la Suisse, montrent qu'en volume la France et l'Allemagne sont les deux principaux contributeurs de l'aide publique au développement. En effet, les sommes consacrées par ces deux pays représentent plus de 40 % du montant total de l'aide européenne.

Mais ces chiffres peuvent être trompeurs. Si on rapproche le montant total de l'aide et que l'on fait une comparaison avec le produit national brut, on constate alors que la France et l'Allemagne ne se classent plus en première et deuxième position mais en 6e et 11e position respectivement, loin derrière le Danemark, la Norvège ou les Pays-Bas.

D

TABLEAUX 1 et 2 : L'Allemagne et la France, principaux contributeurs européens à l'aide publique au développement (APD)

Classement des pays (1999)	Montant de l'APD (M euros)	Classement des pays (1999)	Montant de l'APD dans le PNB (%)
Allemagne	5176	Danemark	1,01
France	5068	Norvège	0,91
Royaume-Uni	3102	Pays-Bas	0,79
Pays-Bas	2818	Suède	0,70
Italie	1876	Luxembourg	0,66
Danemark	1558	France	0,39
Suède	1466	Suisse	0,35
Norvège	1232	Finlande	0,32
Espagne	1226	Irlande	0,31
Suisse	885	Belgique	0,30
Belgique	684	Allemagne	0,26
Autriche	474	Autriche	0,26
Finlande	374	Portugal	0,26
Portugal	249	Royaume-Uni	0,24
Irlande	221	Espagne	0,23
Grèce	175	Italie	0,15
Luxembourg	107	Grèce	0,15

Source : MAE (ministère des Affaires étrangères).

Ces tableaux, pour être significatifs, doivent être comparés au tableau qui suit lequel présente, d'un côté, le montant des financements accordés aux organisations non gouvernementales, la part des financements des organisations non gouvernementales dans l'aide publique au développement, et la part des financements des organisations non gouvernementales dans l'aide bilatérale.

TABLEAU 3 : La France, dernier pays européen dans le poids relatif accordé aux soutiens financiers aux ONG

Montant des financements accordés aux ONG en M euros (1998)	Part des financements des ONG dans l'APD (1998)	Part des financements des ONG dans l'aide bilatérale (1998)
Allemagne : 403	Luxembourg : 11,7 %	Danemark : 41,4 %
Pays-Bas : 269	Pays-Bas : 9,8 %	Luxembourg : 28 %
Commission européenne : 143	Belgique : 8,2 %	Finlande : 14,5 %
Danemark : 123	Danemark : 8,1 %	Pays-Bas : 14,1 %
Suède : 103	Allemagne : 8 %	Belgique : 13,4 %
Royaume-Uni : 102	Finlande : 7,6 %	Allemagne : 12,7 %
Espagne : 70	Suède : 6,8 %	Suède : 10,3 %
Belgique : 65	Espagne : 5,7 %	Espagne : 9,3 %
Suisse : 40	Suisse : 4,8 %	Suisse : 6,9 %
France : 33	Autriche : 3,9 %	Autriche : 6 %
Finlande : 27	Commission européenne : 3,1 %	Royaume-Uni : 5,6 %
Italie : 19	Royaume-Uni : 3,1 %	Italie : 2,8 %
Autriche : 16	Italie : 0,9 %	France : 0,9 %
Luxembourg : 11,5	France : 0,6 %	

Source : MAE.

La lecture de ce tableau est édifiante. On constate, en effet, que les montants accordés par la France à ses organisations non gouvernementales la situent en dernière position, si cette aide est traduite en pourcentage. Une analyse rapide de ce phénomène montre combien la France est encore marquée par la contribution directe d'État à État de l'aide au développement et le manque de confiance fait aux organisations non gouvernementales, ou encore par la défiance à l'encontre de ce que l'on appelle la société civile.

De même, le tableau ci-dessous illustre parfaitement les rapports entre les organisations non gouvernementales et les États.

D

Pays	Ressources collectées par les ONG par habitant (euros) (données 1998)	Financements nationaux accordés aux ONG par habitant (euros) (données 1998)	Ratio entre financements publics et ressources propres des ONG
Allemagne	11	5	0,5
Belgique	2,2	6,5	3
Espagne	1,2	1,8	1,5
France	5	0,6	0,1
Italie	1,1	0,3	0,3
Pays-Bas	10,7	16,8	1,6
Suisse	16	5,7	0,4

Source : MAE.

La comparaison entre les deux colonnes, c'est-à-dire le ratio entre les ressources collectées par les organisations non gouvernementales et les financements accordés par l'État à ces mêmes organisations non gouvernementales, montre combien la France soutient peu ces dernières dans l'aide au développement, et combien elle « préfère » l'aide publique bilatérale ou multilatérale directe, traduisant ainsi des choix politiques.

DÉVELOPPEMENT ET PAIX

(Canada)

Date de création 1967.

Origine : Canada.

Réseau international : Réseau CIDSE.

D

Historique et mission sociale : Développement et paix a été fondé en 1967 par la Conférence des évêques catholiques du Canada, en réponse à la déclaration du Pape Paul VI tirée de son encyclique *Populorum Progressio*. Le développement est la nouvelle incarnation de la paix. On ne doit pas considérer la paix simplement comme l'absence de guerre. Il faut la bâtir quotidiennement et tendre vers une justice accrue entre les êtres humains (*Populorum Progessio*, 65). Ce principe fondateur reste valide de nos jours.

Lieux d'intervention : Afrique, Asie, Amérique latine.

Contact :

DÉVELOPPEMENT ET PAIX •Canada•
5633, rue Sherbrooke
Est-Montréal
(Québec) Canada H1N 1A3
www.devp.org

Tél. : 514-257-8711
Fax : 514-257-8497
E-mail : info@devp.org

Donateurs

Le donateur est une personne physique ou morale qui donne régulièrement, ou occasionnellement, une partie de son patrimoine sous forme d'argent ou de biens matériels mobiliers ou immobiliers à une association/ONG.

Donations

La donation est un don, mais la différence avec le don dit « don manuel » vient du fait qui est constaté en France par un acte notarié. Fréquemment, une donation représente une importante somme d'argent, mais il peut également s'agir de tout autre patrimoine mobilier ou immobilier appartenant à

D

une personne physique ou morale. Le don d'un patrimoine immobilier est obligatoirement constaté par un acte notarié.

Dons

Les dons constituent une ressource importante de nombreuses ONG. Le don, qui peut être en espèces, en nature, etc., est l'acte par lequel une personne physique ou morale, de son vivant, abandonne définitivement une partie de son patrimoine à une autre personne physique ou morale, en l'occurrence une ONG.

Selon une étude de la Fondation de France (observatoire de la générosité) publiée en novembre 2002, le montant total des dons faits par les personnes imposables sur le revenu en France aux associations, c'est-à-dire l'ensemble du secteur associatif et des fondations, représente la somme globale de 943,8 millions d'euros pour l'année 2000.

Le tableau de la page suivante illustre l'évolution du montant des dons entre 1991 et 2000.

Le graphique montre une lente progression des dons entre 1991 et 1994, progression qui trouve son origine dans les multiples appels à la générosité lancés par les associations à l'occasion des crises en ex-Yougoslavie et du génocide rwandais.

La régression de l'année 1995 s'explique par les grandes grèves de décembre 1995 et le scandale provoqué par les détournements de fonds intervenus dans une grande association : l'ARC qui ébranle durablement la confiance des donateurs, puisqu'en 1996 le montant total des dons est inférieur à ce qu'il était en 1994. Il faudra attendre l'année 1998 pour que l'on assiste à une nouvelle croissance significative des dons.

Afin d'encourager les dons aux ONG, de très nombreux pays ont mis en place une politique de déductibilité fiscale incitative, et ce aussi bien pour les personnes physiques que pour les personnes morales c'est-à-dire essentiellement les entreprises.

En France, le régime spécifique de déductibilité des dons pour les particuliers et les entreprises est prévu par les articles 200 et 238 du Code général des impôts.

Selon les activités de l'association ou de l'ONG, les dons sont déductibles à hauteur de 50 % ou 60 % de leur montant dans la limite de 10 % du revenu imposable. Prochainement, les taux de 50 % et 60 % devraient être unifiés à 60 % et le montant de la déductibilité devrait passer à 20 % pour l'année 2004.

FIGURE 5 : Évolution du montant total des dons* (en millions d'euros)

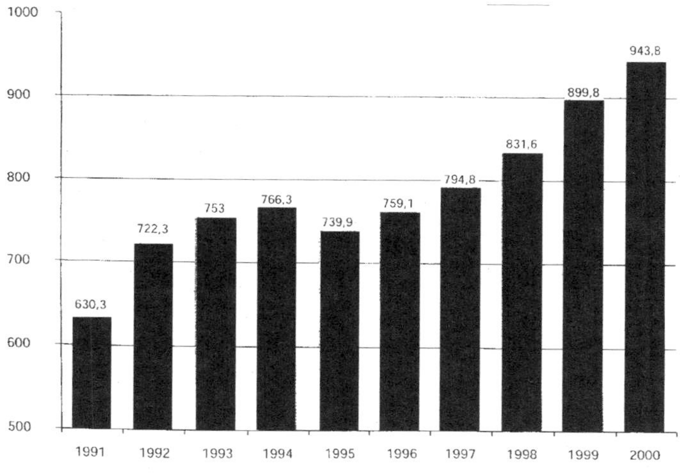

*Hors dons aux partis politiques.
Source : Fondation de France.

Pour les entreprises et selon les mêmes critères que pour les particuliers, les dons sont déductibles à hauteur soit de 2,25 ‰ ou 3,25 ‰ du montant hors taxes du chiffre d'affaires.

D

Il existe de très nombreux régimes spécifiques concernant les œuvres d'art, la rénovation des bâtiments historiques, etc.

Dans la plupart des pays européens, les législations fiscales organisent un système de déductibilité des impôts sur le revenu pour les particuliers comparable à celui qui existe en France. Pour les entreprises, les mêmes mesures existent.

Droit d'ingérence

Le droit d'ingérence illustre à la fois le rôle normatif international des organisations non gouvernementales et l'évolution des relations internationales depuis la chute du mur de Berlin en 1989 qui met fin à l'existence d'un monde bipolaire. Le droit d'ingérence est l'aboutissement de la logique du « sans frontiérisme ». À l'origine, la campagne pour soutenir la notion de droit d'ingérence a trouvé un relais favorable auprès des ONG et notamment de Médecins du monde dont l'un des fondateurs, Bernard Kouchner, alors secrétaire d'État, avait fortement inspiré l'initiative française avec le professeur de droit international Mario Bettati.

La notion de droit d'ingérence humanitaire, ou de devoir d'ingérence humanitaire, ou encore d'assistance humanitaire, est une initiative française auprès de l'Assemblée générale des Nations unies soutenue par un groupe d'États.

On peut « dater » la naissance du « droit d'ingérence » avec la résolution 43/131 du 8 décembre 1988 de l'assemblée générale des Nations unies. Cette résolution, qui n'a aucun caractère contraignant d'un point de vue juridique vis-à-vis des États aux termes de la Charte des Nations unies, pose le principe de l'ingérence humanitaire (seules les résolutions du Conseil de sécurité ont une force obligatoire vis-à-vis des États).

D

Cette résolution, qui s'intitule *Assistance humanitaire aux victimes des catastrophes naturelles et situations d'urgence du même ordre,* se borne à inviter les États à faciliter l'acheminement des secours humanitaires.

Par contre, et pour la première fois dans ce contexte, une résolution de l'assemblée générale des Nations unies « souligne l'importante contribution à l'assistance humanitaire qu'apportent les organisations intergouvernementales et non gouvernementales agissant dans un but strictement humanitaire et invite tous les États qui ont besoin d'une telle assistance à faciliter la mise en œuvre par ces organisations de l'assistance humanitaire ; » puis « lance un appel, en conséquence, à tous les États pour qu'ils apportent leur appui à ces mêmes organisations dans leur action d'assistance, là où elle est nécessaire ; » enfin « demande à toutes les organisations intergouvernementales, gouvernementales et non gouvernementales compétentes dans l'assistance humanitaire de coopérer le plus étroitement possible avec le bureau du coordinateur des Nations unies ; » et « prie le secrétaire général de recueillir les vues des gouvernements et des organisations intergouvernementales, gouvernementales et non gouvernementales sur la possibilité de renforcer l'efficacité des mécanismes internationaux et d'accroître la rapidité des secours dans les meilleures conditions... »

Cette première résolution sera suivie d'une seconde, plus précise, du 14 décembre 1990 sur la création de couloirs humanitaires dans laquelle le rôle des ONG sera tout aussi souligné que dans la résolution citée 43/131.

Par la suite, ce droit d'ingérence humanitaire sera décliné sur plusieurs thèmes. C'est ainsi que l'on évoquera, à la suite d'une campagne de Reporters sans frontières en 1992 et à propos du conflit en ex-Yougoslavie, un « droit d'ingérence médiatique », puis un droit « d'ingérence culturelle » lors de la destruction par les talibans des Bouddhas de la vallée de Bamyian en Afghanistan, un droit « d'ingérence thérapeu-

D

tique » à propos de l'accès aux médicaments des pays du Tiers-Monde, etc.

Cette notion de droit d'ingérence a fait l'objet de très nombreuses critiques de la part non seulement des États, mais aussi des organisations non gouvernementales, et en particulier de la première d'entre elles en ce qui concerne l'assistance humanitaire : le Comité international de la Croix-Rouge.

En effet, pour cette organisation l'invocation d'un hypothétique droit d'ingérence, fondé sur aucun acte contraignant de la Charte des Nations unies, a le grand désavantage d'occulter les textes existants qui eux fondent un véritable devoir de secours aux populations ; les conventions de Genève du 12 août 1949 et leurs protocoles additionnels de 1977, c'est-à-dire les règles essentielles du droit international humanitaire dont la violation peut être sanctionnée par des tribunaux nationaux et internationaux et qui constituent l'un des fondements de la nouvelle Cour pénale internationale.

Au moment de la guerre du Kosovo, les États-membres de l'OTAN invoqueront ce devoir d'ingérence pour combattre les violations graves des Droits de l'homme, qui étaient en cours, de la part des autorités de Belgrade.

Droit international humanitaire

Les organisations non gouvernementales ont joué un rôle déterminant dans l'élaboration du droit international humanitaire et il s'agit là, comme pour d'autres traités, de la démonstration du rôle incontournable des ONG notamment dans le domaine de l'élaboration des normes internationales de droit.

C'est en effet sous l'égide d'une ONG, le Comité international de la Croix-Rouge (CICR), fondé en 1863 par Henry Dunant,

D   144

premier prix Nobel de la paix en 1901, que les premières normes de droit international humanitaire verront le jour en 1864.

Par la suite, plus de 16 traités internationaux seront élaborés qui viendront préciser ce que l'on nomme le droit dans la guerre : en 1925, le « protocole de Genève prohibant, en temps de guerre, l'emploi de gaz asphyxiants, toxiques ou similaires et de moyens bactériologiques », ou encore en 1954, « la Convention de La Haye pour la protection des biens culturels en cas de conflit armé ».

Le droit international humanitaire, qui se trouve aujourd'hui régi par les IV Conventions de Genève du 12 août 1949 et les protocoles additionnels de 1977 notamment, est l'exemple type du rôle normatif international que les organisations non gouvernementales peuvent jouer.

Ce rôle des ONG, dans l'élaboration des traités relatifs au droit international humanitaire, peut être rapproché par exemple, de leur rôle tout aussi fondamental dans le cadre de l'élaboration du traité sur l'élimination des mines antipersonnel.

Le droit international humanitaire est ce que l'on nomme le *jus in bello,* c'est-à-dire le droit dans la guerre, par rapport au *jus contra bellum* recouvrant le droit de guerre qui est un « privilège des États dans le cadre de la Charte des Nations unies qui est aujourd'hui l'instrument conventionnel universel qui régit les rapports entre les États. »

D

DUNANT Henry
(1863–1914)

Fondateur de la Croix-Rouge, premier prix Nobel de la paix. Henry Dunant est né à Genève le 8 mai 1828. Après des études secondaires, Henry Dunant commence une carrière comme employé de banque. Dans le courant de l'année 1853, il décide de partir pour l'Algérie afin d'y créer des affaires notamment dans la région de Sétif. Après divers voyages en Afrique du Nord, il décide de rentrer en Europe. En 1859, alors qu'il part à la rencontre de Napoléon III pour lui proposer divers projets, il assiste à la bataille de Solférino. Le spectacle des blessés agonisant sur le champ de bataille, sans aucun secours le marque profondément. De retour à Genève, il écrit l'ouvrage *Un souvenir de Solférino* et décide de se lancer dans une campagne internationale pour « civiliser la guerre ». Il obtient la réunion d'une conférence internationale qui aboutit à la rédaction des conventions de Genève, fondement du droit international humanitaire. Parallèlement, il fonde un Comité international qui deviendra le Comité international de la Croix-Rouge (CICR). En 1901, il obtient le prix Nobel de la paix.

E

ECHO

(European Community Humanitarian Office)

ECHO mérite une attention particulière car c'est à la fois le plus gros bailleur mondial pour le financement de l'aide humanitaire d'urgence et un axe essentiel de la politique des ONG européennes agissant, même partiellement, dans ce que l'on nomme l'urgence humanitaire.

Dès la création des institutions européennes, à l'aube des années 1950, l'Europe s'est préoccupée de coopération avec les pays en voie de développement.

En effet, dans son célèbre discours du 9 mai 1950, Robert Schuman déclarait : « L'Europe pourra, avec des moyens accrus, poursuivre la réalisation de l'une de ses tâches essentielles : le développement du continent africain. »

Par la suite, dans le cadre du traité de Rome de 1957 et des traités successifs qui seront élaborés en fonction de l'évolution politique et historique, un corpus juridique de la politique de coopération se mettra en place. *1963* : Convention de Yaoundé, *1975* : Conventions successives de Lomé (I, II, III, IV). Depuis le 23 juin 2000 et la signature à Cotonou du nouvel accord de

E

partenariat ACP-CE, ce sont 15 pays européens et 77 pays d'Afrique, du Pacifique et des Caraïbes qui sont concernés par ces accords.

Toutefois, dès la fin des années 1980, la nécessité de distinguer, d'un point de vue administratif et financier, entre actions d'aide d'urgence, actions d'aide humanitaire et actions d'aide au développement, s'est fait sentir, et ce à cause de la particularité de l'aide humanitaire tant politiquement que matériellement : mise en place de moyens matériels importants dans des délais très brefs, problématique du respect des clauses Droits de l'homme.

Cette spécificité impliquait la création de circuits atypiques dans le cadre des institutions de Bruxelles.

C'est dans ces conditions qu'au début des années 1990, la Commission européenne va réfléchir à la mise en place d'une structure *ad hoc*, l'Office humanitaire de la Communauté européenne, plus connu sous son acronyme anglais ECHO (European Community Humanitarian Office).

Le 11 juin 1991, sur l'initiative des commissaires Marin, Andriessen et Matutes, la Commission européenne décide de créer l'Office européen d'aide humanitaire d'urgence, décision qui a pris effet le 1er mars 1992.

L'objectif était de rendre plus efficace et plus visible l'action de la Communauté en matière d'aide humanitaire.

En effet, les promoteurs du projet partaient de la constatation que, malgré l'importance des sommes consacrées à la politique d'aide humanitaire (plus de 800 millions d'écus en 1990), la dispersion de celle-ci entre différents services de la Commission et la variation des bases juridiques (les aides d'urgence aux réfugiés et aux rapatriés étaient gérées dans le cadre de la Convention de Lomé, l'aide alimentaire d'urgence et l'aide d'urgence dans le cadre de la restructuration économique des pays d'Europe centrale et orientale, etc.) faisaient que l'Europe

E

apparaissait plus comme un simple relais financier que comme un véritable décideur politique.

L'objectif était quadruple :

- Concentrer sous une même responsabilité administrative, assurant ainsi l'unité de gestion, l'expertise nécessaire pour faire face aux situations d'urgence et mettre en place les procédures appropriées ;
- Accroître la présence de la Communauté sur le terrain à travers le développement d'une capacité d'intervention directe à différents stades : repérage des besoins, mobilisation d'équipes et de matériel d'intervention, suivi et contrôle, évaluation ex-post ;
- Améliorer la coordination avec les États-membres, les autres donateurs, les ONG et les agences internationales spécialisées en favorisant notamment, d'une part les opérations combinées, d'autre part, l'établissement de contrats cadres ;
- Faciliter la mobilisation des ressources budgétaires nécessaires en cas de crise de grande ampleur.

Dans les limites ainsi définies, cinq fonctions seront assignées à l'Office :

- Aide humanitaire d'urgence aux populations des pays tiers ;
- Aide alimentaire d'urgence aux pays tiers ;
- Mobilisation des secours et équipes d'intervention ;
- Prévention et *disaster preparedness* (état de mise en alerte contre les catastrophes) ;
- Coordination, information, finances, et affaires juridiques.

Le premier commissaire européen à l'action humanitaire sera l'un des promoteurs du projet : Manuel Marin.

Deux autres commissaires lui succéderont : en 1995, Emma Bonino qui cumulera les fonctions de commissaire à l'action humanitaire, à la pêche et à la protection des consommateurs ; puis après la démission de la commission Santer, Poul Nielson, d'origine danoise, ancien ministre de la coopération et du

E

développement du gouvernement danois, qui pour la première fois cumulera les fonctions de commissaire au développement et à l'aide humanitaire, ce qui est peut-être aussi une façon de préparer la création d'une grande agence européenne de coopération.

Dès sa création, ECHO va s'attacher à formaliser son réseau de partenariat dans quatre directions principales :

– Les organisations internationales ;
– Les organisations non gouvernementales ;
– La formation des agents humanitaires par des partenariats avec le monde universitaire ;
– La coordination avec l'assistance des États-membres.

• Les organisations internationales : les Nations unies partenaire privilégié

Principe de réalité oblige, c'est avec le système des Nations unies qu'ECHO va tisser ses principaux liens politiques. En effet, les Nations unies sont la seule organisation internationale à vocation universelle, et ses différentes agences couvrent les grandes problématiques du monde. C'est ainsi que des accords ont été conclus avec le Haut Commissariat des Nations unies pour les réfugiés (UNHCR), le Programme alimentaire mondial (PAM) ou encore le Fonds des Nations unies pour l'enfance (UNICEF). Depuis la réorganisation du département des affaires humanitaires de l'ONU (UNOCHA), ECHO est devenu un soutien actif de cette organisation dans son mandat de coordination de l'action humanitaire.

Le soutien d'ECHO se manifeste aussi financièrement puisque l'Office est, par exemple, le deuxième donateur du Programme alimentaire mondial.

E

- **Les organisations non gouvernementales (ONG) :
un partenariat original**

Comme cela a été dit, les ONG jouent un rôle clé dans la politique d'aide d'urgence humanitaire de l'Union européenne, et donc dans celle d'ECHO.

Dès sa création, ECHO a souhaité approfondir les liens de coordination durable en formalisant juridiquement ses relations avec les ONG.

ECHO a tout d'abord procédé à l'identification des ONG susceptibles de travailler en partenariat avec lui. À cet effet, ECHO a mis en place un contrat-cadre de partenariat (CCP), signé, à ce jour, par plus de 190 organisations non gouvernementales européennes et non européennes.

La sélection des ONG intervient en fonction des critères suivants :

– Une expérience dans l'action humanitaire ;
– Une capacité d'intervention technique et logistique en relation avec la mission ;
– Des capacités de gestion administrative et financière ;
– Une impartialité dans la mise en œuvre de l'aide humanitaire ;
– Les résultats d'opérations antérieurs et notamment de celles conduites avec le concours de l'Union européenne ;
– L'engagement de participer, en cas de besoin, au système de coordination mis en place pour l'action ;
– La capacité à travailler avec des organisations humanitaires européennes et des pays tiers ;
– Enfin, si possible, une expérience du pays concerné.

Depuis sa création, au moins 60 % des fonds destinés à des programmes d'actions humanitaires d'urgence, programmes qui trouvent leur origine aussi bien dans des catastrophes naturelles que dans des conflits armés, ont transité par des

E

organisations non gouvernementales, et ce chiffre a souvent approché les 70 %.

C'est dire l'importance du rôle des ONG quand on sait qu'ECHO est le principal bailleur de fonds mondial des actions humanitaires d'urgence.

En 2000, sur 100 euros distribués par ECHO, 65 euros l'ont été par des ONG européennes, 4 euros par des ONG non européennes, 10 euros par des organisations internationales, 19 euros par des organisations dépendant du système onusien, 1 euro par ECHO directement et 1 euro en divers.

Le montant total des aides distribuées par ECHO s'est élevé, entre la première année comptable (1993) et l'année 2001, à plus de 5 milliards d'euros.

Cette aide oscilla entre un peu moins de 400 millions d'euros pour l'année la plus basse (1993) à 812 millions d'euros pour l'année 1999 (crise du Kosovo).

Les variations d'une année sur l'autre s'expliquent par l'ampleur des crises humanitaires auxquelles la communauté internationale doit faire face.

C'est ainsi que l'aide s'est élevée à 780 millions d'euros en 1994 (Rwanda), 692 millions d'euros en 1995, 656 millions d'euros en 1996 (Crise des Grands Lacs), 441 millions d'euros en 1997, 517 millions en 1998 et 491 millions d'euros en 2000.

Cette aide s'est répartie régionalement, en 2000, de la façon suivante :

– Afrique, Caraïbes, Pacifique (ACP) : 35 %
– Ex-Yougoslavie : 20 %
– Asie : 16 %
– Amérique latine : 6 %
– Moyen-Orient/Afrique du Nord : 10 %
– Europe de l'Est : 10 %

E

Ces chiffres sont à rapprocher du pourcentage géré par les organisations non gouvernementales pour constater l'importance du rôle joué par celles-ci dans la politique d'aide humanitaire de l'Union européenne.

Toutefois, si effectivement plus de 190 organisations non gouvernementales sont partenaires d'ECHO, seules quelques-unes d'entre elles « captent » significativement les aides d'ECHO.

10 % des ONG européennes et non européennes reçoivent 58 % du montant des fonds distribués par ECHO.

Parmi ces 10 % d'ONG, on note principalement : le Comité international de la Croix-Rouge (ONG européenne mais ressortissante d'un pays non-membre de l'Union européenne), Action contre la faim (section française), OXFAM (section Royaume-Uni), DRC, Médecins sans frontières (section Belge), German Agro Action, Save The Children (section Royaume-Uni), IRC, MPOL, Première Urgence, CES VI, CARE (section Royaume-Uni), PSF (section française), Société nationale de la Croix-Rouge espagnole, COOPI, Solidaridad Internacional.

Cette énumération appelle immédiatement quelques observations. Il y a quelques années, les principaux partenaires étaient des ONG françaises.

Cette prééminence s'expliquait par l'avance que les ONG médicales françaises, nées du « sans frontiérisme », avaient pu acquérir pendant 20 ans.

Aujourd'hui, seules deux grandes ONG françaises figurent dans ce tableau : Action contre la faim et Pharmaciens sans frontières. Toutefois, la France et l'Italie sont les deux pays européens qui, en valeur absolue, ont le plus d'organisations non gouvernementales accréditées auprès d'ECHO.

Pour renforcer les capacités opérationnelles des ONG à l'origine, ECHO a mis en place, en partenariat avec le monde uni-

E

versitaire, un système de formation destiné à ceux qui souhaitent s'engager dans l'action humanitaire.

Ce programme vise essentiellement des étudiants qui se destinent à un travail dans une organisation non gouvernementale. Ce réseau connu sous le nom de NOHA (Network on Humanitarian Assistance) regroupe sept universités européennes : Aix-Marseille III (France), Université catholique de Louvain (Belgique), Oxford (Grande-Bretagne), Bochum (Allemagne), University College Dublin (Irlande), Université de Groningen (Pays-Bas), Université d'Uppsala (Suède), Universidad de Deusto-Bilbao (Espagne).

Le programme de ce diplôme universitaire de troisième cycle comporte l'étude de diverses matières communes aux sept universités directement en relation avec l'assistance humanitaire comme géopolitique et aide humanitaire, anthropologie et aide humanitaire, droit international humanitaire, épidémiologie médecine et aide humanitaire, gestion et aide humanitaire.

E

Figures 6 à 20. Principales données statistiques concernant ECHO et les ONG

FIGURE 6 : Les 20 principaux partenaires d'ECHO (2002)

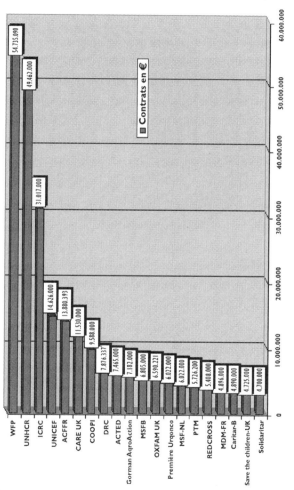

Source : Echo.

E

FIGURE 7 : Assistance humanitaire de la CE par groupes de partenaires (2001)

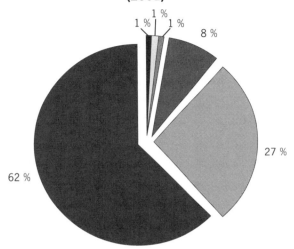

62 % : ONG CE	1 % : ONG hors CE
27 % : Nations unies	1 % : CE direct
8 % : Autres organisations int.	1 % : Autres

Source : ECHO.

E   156

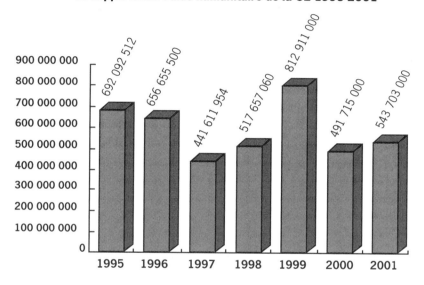

FIGURE 8 : Montant des décisions financières se rapportant à l'aide humanitaire de la CE 1995-2001

Source : rapport ECHO.

E

FIGURE 9 : Comparaison des aides américaine et européenne en 1999

Aide américaine

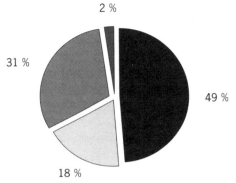

49 % : Europe et PECO*   18 % : Amérique latine
31 % : Afrique   2 % : Asie-Pacifique
*PECO : Pays d'Europe centrale

Aide européenne

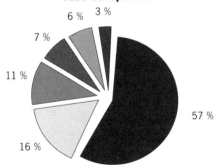

57 % : Ex-Yougoslavie   7 % : Europe de l'Est et CEI
16 % : ACP   6 % : Amérique latine
11 % : Asie   3 % : Afrique du Nord, Moyen-Orient

Sources : Commission européenne, USAID.

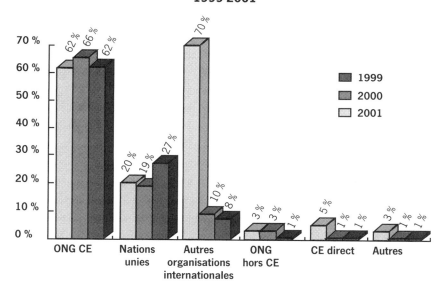

FIGURE 10 : Financement d'ECHO par groupes de partenaires 1999-2001

Contact :

ECHO •Belgique•
Rue de la Loi 200   *Tél.* : 00 32 2 295 4400
B-1049 Bruxelles   *Fax* : 00 32 2 295 45 72
E-mail : echo-info@cee.eu.int
www.europa.eu.int/comm/echo/index_fr.html

159   E

ECOSOC

(Conseil économique et social des Nations unies)

ECOSOC est l'acronyme anglais de Conseil économique et social des Nations unies.

Dans le système des Nations unies, le conseil économique et social occupe, tout comme le Département de l'information (DPI), mais plus spécifiquement encore, une place à part vis-à-vis des ONG, dans la mesure où, c'est à l'occasion de la rédaction du chapitre IX article 71 de la Charte des Nations unies que, pour la première fois, seront écrits dans un traité international fondateur d'une organisation internationale gouvernementale universelle les mots « organisations non gouvernementales ».

En effet, l'article 71 prévoit :

« Le Conseil économique et social peut prendre toutes dispositions utiles pour consulter les organisations non gouvernementales qui s'occupent de questions relevant de sa compétence. Ces dispositions peuvent s'appliquer à des organisations internationales et s'il y a lieu à des organisations nationales après consultation du Membre intéressé de l'Organisation. »

Sans donner une définition des organisations non gouvernementales, cet article précise déjà un point très important : une organisation non gouvernementale n'est pas forcément « internationale » mais peut parfaitement limiter son champ d'action aux frontières nationales d'un État.

Le Conseil économique et social est l'un des six organes principaux des Nations unies, les cinq autres étant : la Cour internationale de justice, l'Assemblée générale, le Conseil de sécurité, le Conseil de tutelle et le Secrétariat général.

Le Conseil économique et social est composé de 54 membres élus parmi les États-membres des Nations unies. Le rôle

E

du Conseil économique et social est défini par l'article 62 de la Charte.

Le Conseil économique et social peut faire ou provoquer des études et des rapports sur des questions internationales dans les domaines économique, social, de la culture intellectuelle et de l'éducation, de la santé publique et autres domaines connexes. Il peut adresser des recommandations sur ces questions à l'Assemblée générale, ainsi qu'aux États-membres des Nations unies et aux institutions spécialisées des Nations unies.

Le Conseil économique et social peut aussi faire des recommandations en vue d'assurer le respect effectif des Droits de l'homme et des libertés fondamentales pour tous.

Dans les domaines ci-dessus, le Conseil économique et social peut proposer des traités et organiser des conférences.

Le Conseil économique et social a créé de très nombreuses institutions spécialisées, ou programmes, et de nombreuses commissions lui sont rattachées, comme le PAM (Programme alimentaire mondial), la FAO, l'Unesco, ou encore la Commission de la condition de la femme, la Commission des droits de l'homme.

Le Conseil économique et social « consomme » environ 70 % du budget des Nations unies.

Très tôt, le Conseil économique et social a organisé les relations avec les organisations non gouvernementales et ces règles ont servi de modèle, non seulement pour l'ensemble des institutions spécialisées membres du système onusien, mais aussi pour les autres institutions internationales gouvernementales spécialisées ou régionales comme le Conseil de l'Europe.

Aujourd'hui, ces relations sont codifiées par une résolution de son assemblée générale en date du 31 juillet 1996 ; et 1503 organisations non gouvernementales avaient le statut consultatif auprès de Conseil économique et social en 1999.

E

Le comité chargé des relations avec les organisations non gouvernementales est composé de 17 États élus parmi les 54 États-membres.

Aujourd'hui, le problème qui se pose pour les organisations non gouvernementales est celui de leur « expression » au sein du système des Nations unies, réduite aux compétences statutaires de l'ECOSOC.

Les organisations non gouvernementales souhaiteraient que leurs voix soient entendues dans les autres instances des Nations unies, notamment au Conseil de sécurité et à l'Assemblée générale des États-membres.

Un rapport du secrétaire général de 1999 fait le point sur cette délicate question. Il ressort de ce rapport que la réticence des États est forte même si, dans de très nombreuses résolutions de l'Assemblée générale, les États recommandent que les ONG soient pleinement associées aux travaux, et même si le Conseil de sécurité dans des *aria formula* a pris l'habitude d'auditionner les principales ONG sur les questions de maintien de la paix ou de protection des populations civiles. Ces dernières relations restent informelles et non statutaires.

EMMANUELLI Xavier

Xavier Emmanuelli, né le 23 août 1938, est médecin anesthésiste réanimateur. Cofondateur de Médecins sans frontières, il en a été le vice-président de 1971 à 1980, puis président en 1980 et de nouveau vice-président de 1981 à 1988. Plusieurs fois secrétaire d'État dans les gouvernements d'Alain Juppé, il est le créateur du SAMU social. Xavier Emmanuelli est l'auteur de plusieurs ouvrages sur l'humanitaire dont *Les prédateurs de l'humanitaire* en 1991 et *Dernier avis sur la fin du monde*.

E

ENDA-TM

(Environnement et développement du Tiers-Monde)

Date de création : 1972.

Origine : Sénégal.

Réseau international/France : Brésil, Colombie, Amérique centrale, Caraïbes, Éthiopie, Inde, France/Europe, océan Indien, Mali, Maghreb, Tunisie, Viêtnam, Zimbabwe, Bénin.

Historique et mission sociale : ENDA est une association qui a été créée en 1972, à Dakar, d'abord comme un programme conjoint au Programme des Nations unies pour l'environnement, à l'Institut africain de développement économique et de planification ainsi qu'à l'Organisation suédoise pour le développement international, puis s'est autonomisée pour devenir, le 27 juin 1978, une organisation internationale à caractère associatif et à but non lucratif, complètement indépendante.

ENDA est une des rares associations nées dans le Tiers-Monde et qui a réussi à s'implanter dans d'autres pays en développement ainsi que sur le continent européen. Prochainement, ENDA devrait ouvrir un bureau au Japon.

La philosophie d'ENDA est de s'investir avec les groupes de base, à partir de leur expérience et en fonction de leurs objectifs, dans la recherche et la mise en œuvre d'un développement alternatif.

Cet engagement auprès des plus pauvres se traduit par : une présence à tous les niveaux d'action, de décision ; l'élaboration de démarches reproductibles, joignant action, recherche, formation et communication ; une implication d'intellectuels et de cadres dans la définition et la mise en œuvre d'un développement au service du plus grand nombre et des plus pauvres ; la lutte contre la pauvreté qui constitue la ligne principale

E

d'ENDA ; une implication dans les débats internationaux pour faire entendre et admettre les positions du Tiers-Monde.

Budget : NC.

Ressources humaines : NC.

Contact :

ENDA •Sénégal•
4-5, rue Kléber   *Tél.* : 221 821 60 27
BP 3370 – Dakar   *Fax* : 221 822 26 95
www.enda.sn   *E-mail* : enda@enda.sn

ENFANCE
ET PARTAGE

Date de création : 1977.

Origine : France.

Réseau international France/International : 28 comités locaux en France.

Historique et mission sociale : aide aux enfants victimes de maltraitance et de défense des droits de l'enfant.

En 1988, Enfance et Partage a mis en place un numéro vert. Mise en place de programmes d'urgence et de développement à l'étranger. Dans le cadre de ses programmes de développement, la politique de cette ONG consiste à faire évoluer les partenaires locaux vers une prise en charge graduelle du projet, par la mise en place d'activités économiques, capables de générer de l'auto-financement, dans le but de réinvestir dans des activités sociales.

L'autre volet est d'aider dans des situations d'urgence pour aboutir dans un délai relativement cours (2 à 3 ans) au développement des populations auprès desquelles l'ONG est venue en aide.

L'ONG est partenaire dans de nombreux programmes relatifs à la Santé, l'éducation, l'alimentation, la formation, et aux activités économiques. Elle soutient dans le monde 10 000 enfants et leur famille.

Dans des situations d'urgence, guerre, épidémie, catastrophes naturelles, Enfance et Partage achemine des secours en nature afin d'apporter une aide de première urgence aux populations sinistrées.

Lieux d'intervention : programmes de développement dans huit pays du monde : le Bénin, le Togo, Madagascar, Les îles Maurice et Rodrigues, la Colombie, les Philippines ainsi que la France.

Budget : 1,1 million d'euro, 100 % privés.

Ressources humaines : 7 salariés et 600 bénévoles.

Principale publication : *Enfance et Partage.*

Contact :

ENFANCE ET PARTAGE
2-4 cité de l'ameublement   *Tél.* : 01 55 25 65 65
75011 Paris   *Fax* : 01 55 25 65 66
www.enfance-et-partage.org   *E-mail* : contacts@enfance-et-partage.org

E

ERM

(Enfants réfugiés du monde)

Date de création : 1981.

Origine : France.

Réseau international France/International : 9 antennes à l'étranger : Algérie, Cambodge, Guatemala, Kosovo, Rwanda, Bosnie, Gaza, Guinée, Liban.

Historique et mission sociale : venir en aide aux enfants réfugiés et déplacés dans le monde en mettant en place des programmes à moyen et long terme pour apporter une réponse globale à leurs problèmes de développement physique et psychologique.

Lieux d'intervention : Afrique, Asie et Proche-Orient.

Budget 2000 : 3 227 654 € dont 58,50 % de fonds publics et 41,50 % de fonds privés.

Ressources humaines : 15 salariés en France, 20 bénévoles et 21 expatriés volontaires.

Contact :

ERM •France•
34, rue Gaston-Lauriau
93512 Montreuil cedex
www.enfantsrefugiesdumonde.org

Tél. : 01 48 59 60 29
Fax : 01 48 59 64 88
E-mail : erm@club-internet.fr

E

Espagne/ONG

Les 10 plus grandes ONG espagnoles, par ordre décroissant de budget, sont : Croix-Rouge espagnole 87 M€, Caritas Espagne 59 M€, Manos Unidos 43,2 M€, Intermon 33,6 M€, Ayuda en Accion 21,7 M€, Médecins sans frontières 20,4 M€, Médicus Mundi 15,7 M€, Anesvad 14,2 M€, MDPL 12,1 M€, Médecins du monde 11,4 M€.

(Sources : ministère français des Affaires étrangères)

EURONAID

Date de création : 1981.

Origine : Europe.

Réseau international : présence dans l'ensemble des pays européens par l'intermédiaire des membres du réseau. 4 bureaux à l'étranger : Éthiopie, Soudan, Guatemala, Angola. Siège social aux Pays-Bas. Un bureau à Bruxelles.

Historique et mission sociale : EuronAid est le regroupement de 32 ONG qui travaillent d'une façon globale dans le secteur de la sécurité alimentaire et 160 ONG sont en relation avec ce réseau. Parmi les principales ONG membres, on note : OXFAM, World Vision, Acted, Caritas Internationalis, Lutherian World Federation (LWF), Tear Fund, Care, Save The Children, etc.

EuronAid est une sorte de centrale d'achat pour les ONG. Grâce à son poids économique important, elle négocie des tarifs particulièrement avantageux pour les produits et le transport pour ses membres et les ONG qui travaillent avec.

Par son réseau performant et son extrême informatisation, cette ONG est en mesure d'organiser des transports tant maritimes que terrestres et de distribuer des stocks vers la quasi-

E

totalité des destinations en Afrique, en Amérique du Sud, en Asie, en Europe centrale et de l'Est.

L'approche d'EuronAid est fondée sur les programmes mis en œuvre par les ONG en respectant les caractéristiques locales et en encourageant l'autosuffisance et le développement durable. Les ONG membres d'EuronAid cherchent à stimuler la production agricole locale et à développer les marchés locaux.

EuronAid cherche à réduire les causes de la famine et de l'insécurité alimentaire et, de ce fait, participe à l'éradication de la pauvreté en soutenant les objectifs internationaux de développement dans son secteur.

Contact :

EURONAID •Pays-Bas•
Houtweg 60   *Tél.* : 00 31 70 3305757
NL-2514 BN The Hague   *Fax* : 00 31 70 3641701
www.euronaid.nl   *E-mail* : euronaid@euronaid.nl

Europe et ONG

Les tableaux suivants, réalisés par le ministère français des Affaires étrangères pour la brochure *Organisations de solidarité internationale et pouvoirs publics en Europe,* montrent l'organisation très structurée des ONG européennes de solidarité internationale.

Les fédérations d'ONG

Pays	Noms des fédérations	Caractéristiques générales	Centres d'intérêt (Groupes de travail)	Année de création	Nombre de membres	Soutien du gouvernement pour leurs activités fédératives (montant en 1999)
Allemagne	Venro (Association des ONG allemandes de développement)	• Résulte de la fusion de 5 anciens collectifs ; • correspondant du CLONGD-UE ; • activité : *advocacy*.	• Cofinancements ; EAD : relations publics-média ; récolte de fonds ; égalité homme-femme ; politique européenne de développement ; FMI et Banque mondiale ; aide d'urgence ; personnel de la coopération au développement et sa formation.	1995	98	Non, mais cofinancements ponctuels pour des actions d'EAD.
	Fédérations régionales	• Intermédiaires entre les ONG et les länders.	-	-	-	Non
Autriche	AGEZ	• Activité : échange d'informations entre les ONG et *advocacy*.	-	1990	30	Non
Belgique	Acodev (fédération des ONG francophones) et Coprogram (fédération des ONG néerlandophones)	• Ce sont les fédérations officielles reconnues comme les intermédiaires entre les ONG et les pouvoirs publics.	• Financement de partenaires ; • éducation (EAD) ; • offre de service ; • envoi de personnes.	Acodev : 1997 Coprogram : 1994	Acodev : 1989 Coprogram : 70	Oui (9 900 euros chacune).
	CNCD (ONG francophones) et NCOS (ONG néerlandophones)	• Ce sont des fédérations d'ONG qui ont des projets de coopération et font de l'*advocacy* ; • correspondants du CLONGD-UE à tour de rôle ; • nées dans les années 60s puis scindées en deux en 1982.	• NCOS et CNCD ont des actions d'EAD ; • NCOS a aussi des projets de coopération sur le terrain ; • lobby auprès des pouvoirs publics belges et européens.	1960s	CNCD:120 NCOS :90	Non, mais cofinancements ponctuels pour leurs actions sur le terrain ou d'EAD.
Danemark		• Collectif de petites ONG.	-	-	130	Oui
Espagne	Coordinadora de ONGD	• Activités : coordonner actions de coopération et d'EAD de ses membres et *advocacy* ; • mène des actions d'EAD ; • correspondant du CLONGD-UE.	• Lobby auprès des pouvoirs publics espagnols et européens.	1986	93	Non, mais des cofinancements ponctuels pour ses actions d'EAD.
	Les Coordinadoras Autonomicas	• Ce sont les collectifs d'ONG au niveau des communautés espagnoles (intermédiaires).	-	-	-	-

E

Pays	Noms des fédérations	Caractéristiques générales	Centres d'intérêt (Groupes de travail)	Année de création	Nombre de membres	Soutien du gouvernement pour leurs activités fédératives (montant en 1999)
France	Coordination SUD (Solidarité Urgence Développement)	• Interlocuteur des pouvoirs publics français, de la Commission européenne via la plate-forme française des ONG auprès de l'UE, des agences onusiennes ; • correspondant du CLONGD-UE ; fédération de collectifs d'ONG et d'ONG individuelles.	• Suivi des procédures de cofinancements, réflexion sur la politique française de coopération, lobbying auprès de l'Union européenne et des instances multilatérales, développement de synergies entre ONG, information et formation des ONG, relations publiques, médias et EAD.	1994	109	Oui, (200 000 euros).
	ACDE, CFSI, CLONG-Volontariat, CNAJEP, CNSL, Coordination d'Agen, CRID, Groupe Initiatives, etc.	• Ce sont des regroupements d'associations dont certains sont spécialisés dans un domaine (volontariat, jeunesse, relations avec la Banque mondiale, etc.), d'autres, comme le CFSI, montent des projets de coopération à plusieurs acteurs non gouvernementaux (ONG, collectivités territoriales, syndicats, organisation socioprofessionnelles, etc.), etc.	• Divers.	-	-	-
Grèce	Save the Children	• Correspondant du CLONGD-UE.	• Lobby.	-	18	
Irlande						
Italie	Fédération nationale des ONG italiennes	• Créée en 1999, elle compte 168 membres et regroupe toutes les principales ONG italiennes ; • interlocuteurs des pouvoirs publics italiens et européens ; • correspondant du CLONGD-UE.	• Lobby : – cofinancements ; EAD avec les ONG françaises, grecques, espagnoles et portugaises ; Sécurité alimentaire ; Aide humanitaire d'urgence : égalité homme-femme ; convention de Lomé ; volontariat et ressources humaines humaines dans la coopération au développement ; élargissement de l'UE ; des groupes de travail géographiques (Palestine, Blakans, Mitch, Cuba et Maroc).	1997	156	Non, mais cofinancements ponctuels pour des actions.
	Trois fédérations nationales FOCSIV, CIPSI, COCIS	• Échange d'informations et lobby.	• Dans leurs domaines respectifs.			

Pays	Noms des fédérations	Caractéristiques générales	Centres d'intérêt (Groupes de travail)	Année de création	Nombre de membres	Soutien du gouvernement pour leurs activités fédératives (montant en 1999)
Luxembourg	Cercle de coopération des ONG de développement	• Interlocuteur des pouvoirs publics luxembourgeois et européens ; • correspondant du CLONGD-UE.	-	1987	55	Oui, (30 000 euros)
Pays-Bas	GOM (organe commun de concertation sur les cofinancements)	• Assure la coordination entre les grandes ONG soutenues par le gouvernement ; • représente ces ONG dans les affaires communes.	• Procédures de cofinancement ; • la mise en place des programmes de coopération.	1968	4 (5 depuis 2000)	Non
Portugal	Plate-forme des ONG portugaises pour la coopération au développement	• Interlocuteur des pouvoirs publics portugais et européens ; • correspondant du CLONG-UE.	• Lobby.	1985	43	Oui
Royaume-Uni	BOND (British Overseas NGOs Development)	• Représentant des ONG auprès des pouvoirs publics britanniques et européens ; • rassemble aussi les 6 grandes ONG membres de BOAG.	• Lobby – cofinancements ; Europe de l'Est ; handicap et développement ; société civile et ONG du Sud ; financement direct du gouvernement à des ONG du Sud, etc.	1993	200	Oui, (75 000 euros)
	BOAG (collectif de 6 grandes ONG) ; BVALG (collectif des ONG de volontariat) ; DEA (collectif des ONG qui font de l'EAD)	• Échange d'information et lobby.	• Domaines respectifs.	-	-	-
Suède	Pas de fédérations d'ONG.					

E

Pays	Noms des fédérations	Caractéristiques générales	Centres d'intérêt (Groupes de travail)	Année de création	Nombre de membres	Soutien du gouvernement pour leurs activités fédératives (montant en 1999)
Suisse	FGC, Fédévaco Fédérations cantonales	• Ce sont des fédérations cantonales ; • elles sont les intermédiaires entre les ONG et les pouvoirs publics du canton ; • de nouvelles fédérations cantonales créées actuellement ; • activité : cherchent des ressources pour leurs projets auprès des pouvoirs publics du canton (EAD) et gestion des ressources entre les membres.	• Cofinancements des pouvoirs publics du canton ; • EAD.	FGC : 1966 Fédévaco : 1989	FGC : 50 Fédévaco : 87	Oui (50 % ou 66 % de leurs récoltes auprès du public et des pouvoirs publics des cantons, soit 2 millions d'euros à la FGC et 19 200 euros à la Fédévaco).
	Communauté de travail	• Fédération de 5 grandes ONG ; activité lobby et EAD auprès des pouvoirs publics suisses.	• La politique suisse de coopération au développement.	1973	5	Non pas du MAE, mais une aide du ministère de l'Économie .

Source : ministère des Affaires étrangères

E

Les outils de soutien aux ONG (Europe des 15 et Suisse)

L'importance relative des cofinancements de projets et des aides au volontariat dans les soutiens des pouvoirs publics aux ONG

Pays	Total des cofinancements										Total des aides au volontariat									
	1996		1997		1998		1999		2000		1996		1997		1998		1999		2000	
	Montant en millions d'euros	% du total	Montant en millions d'euros	% du total	Montant en millions d'euros	% du total	Montant en millions d'euros	% du total	Montant en millions d'euros	% du total	Montant en millions d'euros	% du total	Montant en millions d'euros	% du total	Montant en millions d'euros	% du total	Montant en millions d'euros	% du total	Montant en millions d'euros	% du total
Allemagne	347	83 %	326	82 %	333	83 %	340	83 %	-	-	71	17 %	70	18 %	70,1	17 %	71	17 %	-	-
Autriche	-	-	7,6	68 %	12,5	78 %	2,8	43 %	-	-	-	-	3,5	32 %	3,5	22 %	3,6	57 %	3,5	-
Belgique	-	-	-	-	47	73 %	61	78 %	73	80 %	-	-	-	-	18	27 %	17	22 %	18	20 %
Danemark																				
Espagne	66	100 %	68	100 %	70	100 %	-	100 %	-	100 %	Pas d'aide au volontariat.									
Finlande									34,4											
France	16,3	48 %	15,8	44 %	13,3	40 %	17,3	49 %	-	-	18	56 %	19,7	52 %	19,8	56 %	18,2	60 %	-	51 %
Grèce	Pas encore d'expérience de soutien à des ONG de développement ; le système se met en place en 2000.																			
Irlande																				
Italie	9,7	70 %	19,5	78 %	15,5	76 %	23,2	77 %	41,3	-	4,2	30 %	5,5	22 %	6,8	24 %	6,9	23 %	-	-
Luxembourg	9,53	100 %	10,14	100 %	11,49	100 %	13,17	100 %	17,06	100 %	-	-	-	-	-	-	-	-	-	100 %
Pays-Bas	222,3	100 %	246,4	100 %	268,6	100 %	298,1	100 %	329,2	82 %										
Portugal											Nd (aide au volontariat gérée par le ministère de la Jeunesse ; données non disponibles).									
Royaume-Uni	-	-	-	-	60,6	59 %	64,0	60 %	72,4	63 %	-	-	40,3	-	41,4	41 %	42,5	40 %	42,3	17 %
Suède	Nd (Détail du soutien du gouvernement suédois entre le soutien aux actions sur le terrain et le soutien au volontariat non disponible).										5,2	13,6 %	5,3	13,7 %	5,6	14 %	4,5	12,4 %	4,6	11,6 %
Suisse	33,2	86,4 %	33,5	86,2 %	34,5	86 %	32,7	87,6 %	36	88,4 %										

Source : ministère des Affaires étrangères

E

La comparaison des types de cofinancements (Europe des 15 et Suisse)

Pays	Cofinancements d'actions sur le terrain			Cofinancement d'actions d'EAD
	Cofinancement de programmes		Cofinancement de projets	
	Cofinancement de programmes de plusieurs ONG	Cofinancement de programmes d'une ONG		
Allemagne	-	Oui, avec six ONG.	Oui	Oui
Autriche	-	Oui, avec 7 grandes ONG. Et projets de petites ONG.	Oui, projets cofinancés par la CE.	Oui, projets cofinancés par la CE.
Belgique	Oui, cofinancement d'un programme d'une ONG ou d'un groupement d'ONG, type de cofinancement appelé « financement de partenaires ».		Oui, Fonds de survie et cofinancement pour la prévention des conflits.	Oui, types de cofinancement appelés « éducation » et « offre de service ».
Danemark	-	Oui, accords-cadre avec 5 ONG.	Oui, cofinancements de projets et de mini-projets.	Oui
Espagne	-	Non		Oui
Finlande	-	Oui, avec 6 ONG.	Oui, projets cofinancés par la CE.	Oui
France	Oui. Programmes prioritaires et programmes concertés.	Oui. Conventions d'objectifs, avec 8 ONG.	Oui, cofinancements classiques et dotations au partenariat.	Oui, cofinancements classiques et cofinancements de programmes de groupement d'ONG.
Grèce	-	Oui	Oui	Oui
Irlande	-	-	-	-
Italie	-	Non	Oui	Oui
Luxembourg	-	Oui, accord cadre.	Oui, cofinancement classique et « subside-projet ».	Oui, « subside sensibilisation ».
Pays-Bas	-	Oui, avec 5 ONG.	Oui, NCDO.	Oui
Portugal	-	Non	Oui	Oui
Royaume-Uni	-	Oui, avec 5 ONG.	Oui, Civil Society Challenge fund.	Oui
Suède	-	Oui, avec 13 organisations-cadre.	Oui	Oui
Suisse	-	Oui, avec 12 ONG.	Oui	Non, mais 1 % des cofinancements alloués aux 12 grandes ONG peut soutenir leurs actions d'EAD

Source : ministère des Affaires étrangères

E

Europe et réseaux d'ONG

Depuis de nombreuses années, les ONG se sont regroupées au niveau européen dans des réseaux. En effet, le poids financier de l'Union européenne dans le financement, aussi bien des ONG d'urgence que de celles qui agissent dans le domaine du développement, est tel que, souvent, les ONG ont éprouvé le besoin de s'organiser pour discuter en commun de la défense de leurs intérêts auprès des autorités communautaires. La complexité des mécanismes communautaires a aussi été un facteur de regroupement des ONG.

D'une part, ces regroupements se sont effectués entre organisations appartenant à un même réseau. C'est ainsi que le réseau CARE a installé le siège de CARE international à Bruxelles, que Médecins sans frontières a fait de même en créant Médecins sans frontières international, ou encore Caritas Europa et International Save The Children Alliance (ISCA). Il ne s'agit pas de cas isolés. D'autre part, les ONG se sont regroupées par thématiques et la création de Voice, c'est-à-dire le réseau des ONG œuvrant dans le domaine de l'action humanitaire d'urgence, illustre ce fait.

Les ONG se sont aussi regroupées en fonction de leur métier. Ainsi, les ONG qui œuvrent dans le secteur de la sécurité alimentaire ont créé une véritable « coopérative européenne d'achat » avec EuronAid et les ONG de développement ont mis en place le Clong développement. De même, il existe un réseau des ONG luttant contre la pauvreté : European Anti-Poverty Network. Les ONG appartiennent souvent à plusieurs réseaux européens, et l'on retrouve parfois les mêmes membres participant à Voice et au CLONG. Ces réseaux ont institué une plate-forme d'information sur les réseaux européens des ONG, EUFORIC, qui permet d'accéder à toutes les informations.

Contact : *E-mail* : info@euforic.org   www.euforic.org

E

FAM

(Fédération artisans du monde)

Date de création : première boutique 1974. Fédération 1981.

Origine : France

Réseau international : 100 boutiques en France.

Historique et mission sociale : promouvoir le commerce équitable pour permettre aux producteurs des pays pauvres de vivre dignement de leur travail. Pour réaliser ce but, Artisans du monde, *via* sa centrale d'achat Solidar'monde, achète les produits et les revend dans ses magasins.

Lieux d'intervention : Afrique, Asie et Amérique latine.

Chiffre d'affaires des boutiques : 4 millions d'euros.

Budget 2000 : 730 000 €.

Ressources humaines : 15 salariés et 2 500 bénévoles.

Principale publication : *Équité*.

F

FÉDÉRATION TERRE DES HOMMES

Date de création : 1959.

Origine : Suisse.

Réseau international : la fédération Terre des hommes regroupe aujourd'hui 8 associations à travers le monde : Canada, Danemark, France, Allemagne, Italie, Luxembourg, Suisse et Syrie.

Historique et mission sociale : l'ONG Terre des hommes a été créée en 1959 à Lausanne, où se trouve encore aujourd'hui la fondation Terre des hommes. La fondation Terre des hommes est la plus importante ONG Suisse. Terre des hommes lutte pour le développement, notamment par une aide à l'enfance.

Budget (France) : ressources privées 65 %, subventions 29 % et divers 6 %.

Contact :

FÉDÉRATION TERRE DES HOMMES •France•
4, rue Franklin   *Tél.* : 01 48 09 09 76
93200 Saint-Denis   *Fax* : 01 48 09 15 75
www.terredeshommes.asso.fr   *E-mail* : tdh@globenet.org

FIDH

(Fédération internationale des ligues des Droits de l'homme)

Date de création : 1922.

Origine : France.

Réseau international/France : la FIDH fédère 115 ligues de défense des Droits de l'homme dans 90 États.

Historique et mission sociale : la FIDH est le plus ancien et le plus important réseau mondial de défense des Droits de l'homme. La FIDH existe par et pour ses ligues : elle coordonne et soutient leurs actions et leur apporte un relais sur le plan international.

Chacune d'entre elles se doit, à l'instar de la FIDH, d'être non partisane, non confessionnelle et indépendante de tout gouvernement. Les ONG membres de la FIDH sont généralistes. Elles défendent tous les droits humains, les droits civils et politiques, indivisibles des droits économiques, sociaux et culturels. Elles agissent au quotidien, dans leur pays, afin de lutter contre les violations des libertés et des droits fondamentaux.

Au-delà des actions d'éducation et de sensibilisation, la FIDH cherche à obtenir des améliorations concrètes dans le domaine de la protection des victimes, de la prévention des violations des Droits de l'homme et de la poursuite de leurs auteurs.

La FIDH est la plus ancienne organisation internationale de défense des Droits de l'homme, de tous les Droits de l'homme. Elle est la seule dont le siège est établi en France.

La FIDH s'attache à mobiliser la communauté des États, prévenir les violations, soutenir la société civile, témoigner, alerter, informer, dénoncer, protéger.

La FIDH est la seule organisation d'origine française membre du comité de direction de la Coalition pour la Cour pénale internationale où elle a joué un rôle très important, notamment

F

pour faire valoir le point de vue des juristes de droit germano-romain par rapport aux conceptions de *common law* qui étaient dominantes.

Budget 1999 : 1 637 K€, **2000** : 1 658 K€, **2001** : 2 187 K€.

Ressources humaines : 24 salariés.

Principales publications : *La lettre de la FIDH, Les rapports de mission.*

Contact :

FIDH •France•
17, passage de la Main-d'Or   *Tél.* : 01 43 55 25 18
75011 Paris   *Fax* : 01 43 55 18 80
www.fidh.org   *E-mail* : fidh@fidh.org

Financement des ONG

Les ressources des organisations non gouvernementales se divisent en trois grandes sources :

1. Les ressources privées

2. Les ressources publiques

3. Les fonds propres

1 • Les ressources privées

Dans les ressources privées des organisations non gouvernementales, on trouve essentiellement les postes suivants : dons manuels, dons en nature, donation, legs, mécénat, parrainage, produits des ventes et des manifestations, cotisations, produits financiers.

Chacun de ces postes évolue beaucoup d'une ONG à l'autre et d'un pays à l'autre. En effet, en fonction des législations fiscales, des habitudes de consommation, des régimes sociaux et

F

politiques, de l'histoire des pays, ces postes vont varier dans des propositions considérables.

— Les dons manuels

Il s'agit des fonds qui sont collectés par les ONG auprès du public, soit par des collectes sur la voie publique, soit par des publipostages, plus connus sous le nom anglais de mailings, c'est-à-dire des appels à la générosité publique adressés par voie postale tout au long de l'année.

Les collectes sur la voie publique ne représentent plus aujourd'hui que des sommes très marginales par rapport à la collecte par voie de publipostage. Seule exception, la collecte des dons dans les Églises. Les dons manuels peuvent aussi provenir d'appels ponctuels comme le Téléthon ou le Sidaction, c'est-à-dire des appels aux dons formulés au cours de soirées ou de semaines de la générosité.

En France, le montant global des dons manuels représente en 2000 plus de 900 millions d'euros selon une étude de la Fondation de France.

Dans un pays comme les États-Unis, les dons manuels représentent plus de 200 milliards de dollars. Ces sommes ne sont pas entièrement données par le public pour des actions de solidarité internationale mais se répartissent selon l'ensemble des causes.

En France, les dons manuels représentent l'essentiel des ressources privées des organisations non gouvernementales.

Avec les nouvelles technologies, les dons manuels évoluent et aujourd'hui de plus en plus d'associations essaient de collecter des dons *via* Internet. Cela permet non seulement de toucher de nouvelles catégories de donateurs mais aussi de diminuer considérablement les frais de la collecte. En effet, 70 % des frais générés par un mailing sont absorbés par les coûts d'affranchissement !

F

Les ONG essaient aussi de plus en plus de fidéliser leurs donateurs notamment en les incitant à choisir de faire leur don par prélèvements automatiques sur leurs comptes bancaires, ce qui a pour avantage de réduire considérablement les coûts de collecte et ceux de traitement du don.

Ainsi, une ONG comme Médecins sans frontières annonce-t-elle plus de 200 000 donateurs en prélèvement automatique.

— Les dons en nature

Selon la nature des ONG, les dons en nature peuvent être plus ou moins importants, voire très importants. Ainsi, il existe des ONG qui ne fonctionnent qu'avec des dons en nature comme les dons de médicaments, par exemple.

Toutefois, il est à noter que les dons en nature pour les organisations non gouvernementales tendent à diminuer car les coûts de traitement sont très élevés.

Il existe aussi des dons en nature qui peuvent être convertis en dons manuels : dons de tableaux ou d'œuvres d'arts, dons de vêtements, etc.

— Les legs et les donations

Parmi les autres sources de financement des organisations non gouvernementales, il y a les donations et les legs.

D'un point de vue juridique, la donation est l'acte par lequel une personne se sépare d'une partie de son patrimoine, de son vivant, au profit d'une autre personne qui peut être une organisation non gouvernementale.

La distinction entre le don et la donation est parfois délicate à effectuer car cela dépend du contexte.

À la différence du don manuel, la donation implique en France une autorisation administrative dont le régime est identique à la législation applicable aux legs, à savoir qu'il faut au préalable obtenir une autorisation de l'autorité de tutelle, généralement l'autorité préfectorale.

F

Le legs est un acte par lequel une personne fait don à une organisation non gouvernementale, après sa mort, d'une partie ou de la totalité de son patrimoine.

Les legs méritent un développement spécial car il s'agit d'une source essentielle de financement des organisations non gouvernementales aussi bien en France que dans de nombreux pays étrangers.

En effet, le vieillissement de la population dans les pays du Nord, la présence dans cette population vieillissante de plus en plus de célibataires, c'est-à-dire d'hommes et de femmes sans aucun héritier réservataire, font que de plus en plus de personnes souhaitent léguer tout ou partie de leur patrimoine à des associations par un testament, plutôt que de laisser leur patrimoine à l'État.

Déjà dans certaines associations, les legs représentent une part très importante des financements, voire la majorité du financement, et ce notamment dans les associations dont l'objet social est de lutter contre la maladie ou dans les associations proches des croyances religieuses. Ainsi, une association comme le Secours catholique recueille-t-elle en moyenne près de 20 millions d'euros de legs par an, ce qui représente environ 20 % de ses ressources globales.

— Le mécénat, le parrainage et le sponsoring

Le mécénat, le parrainage, le sponsoring sont aussi d'autres possibilités pour les organisations non gouvernementales d'obtenir des financements pour leurs actions.

On distingue généralement : le mécénat en numéraire, le mécénat en nature, le mécénat technologique, le mécénat de compétence.

Le mécénat en numéraire est une contribution financière d'une entreprise pour le financement d'une action. Le mécénat en nature est la dotation d'une organisation non gouvernementale par une entreprise privée en matériel ou en produits de

F

base, comme les médicaments. Le mécénat technologique consiste dans le transfert d'un savoir-faire ou de brevets, dessins et modèles. Enfin, le mécénat de compétence consiste dans la mise à la disposition de compétences professionnelles de l'entreprise, à savoir de personnel qualifié, à une ONG.

Cette dernière forme de mécénat est de plus en plus appréciée par les entreprises et les salariés, car elle permet une implication directe et très motivée des salariés dans un projet de développement ou d'action humanitaire qui peut être valorisé et interne. Ainsi, des entreprises comme EDF/GDF, Air France, le Club Med, pour ne citer que quelques-unes d'entre elles, pratiquent le mécénat de compétences.

— Les produits des ventes et des manifestations

Autre source de financement dans le cadre de la diversification des revenus des ONG : les produits des ventes et des manifestations.

Si en France, cette source de financement est relativement faible, elle constitue, par contre, dans des pays comme la Grande-Bretagne ou les États-Unis, une source importante de revenus pour les organisations non gouvernementales. Ainsi OXFAM possède-t-elle plus de 400 magasins rien que sur le territoire du Royaume-Uni.

En France, quelques organisations non gouvernementales seulement possèdent un secteur significatif de vente de produits. Citons parmi celles-ci Amnesty International, Handicap International, l'Unicef.

— Les cotisations

Cette ressource est relativement faible pour les organisations non gouvernementales, sauf cas exceptionnel.

En effet, les grandes organisations non gouvernementales françaises, dont la plupart se situent dans le champ de l'action

F

humanitaire, ont très peu d'adhérents, et par voie de conséquence, des cotisations dont le produit global est faible.

Ainsi, des associations comme Médecins du monde ou Médecins sans frontières ont moins de 5 000 adhérents. Il s'agit, de la part de ces ONG, de choix politiques car l'adhésion est pour elles un véritable engagement. À la limite, les ressources encaissées par les organisations non gouvernementales de ce type ne couvrent même pas les frais occasionnés par la gestion des adhérents et l'organisation de diverses manifestations obligatoires ou non, comme l'assemblée générale, les conseils d'administration, etc.

D'autres associations, aux budgets moins conséquents, peuvent tirer l'essentiel de leurs ressources des cotisations des adhérents car l'adhésion ne nécessite pas un engagement physique sur le terrain ou du bénévolat, mais représente plutôt une adhésion intellectuelle.

C'est le cas, par exemple, d'une ONG comme ATTAC qui regroupe aujourd'hui près de 30 000 adhérents. Dans une association comme Amnesty International, les cotisations des adhérents sont importantes pour l'équilibre du budget global. AI annonce ainsi près de 1 000 000 d'adhérents dans le monde et l'Armée du salut 2,5 millions de membres.

— Les produits financiers

Les organisations non gouvernementales peuvent aussi bénéficier de revenus financiers. Il s'agit soit de revenus de placements, lorsque leur trésorerie est excédentaire et qu'elle est placée, soit de revenus d'immeubles, lorsqu'il s'agit d'organisations non gouvernementales qui en France ont le statut de fondation. En effet, celles qui ont le statut d'association n'ont pas le droit de posséder d'immeubles autres que ceux strictement nécessaires à leur fonctionnement et ne peuvent donc pas tirer de revenus de ce type de patrimoine.

F

2 • Les ressources publiques

Il existe deux types de financement public : les financements publics nationaux et les financements publics internationaux.

— Les financements publics nationaux

Il s'agit des financements qui sont accordés par les États à des organisations non gouvernementales.

Ces financements sont destinés, dans la quasi-totalité des cas, à alimenter des programmes. Très rarement, ces financements peuvent être accordés pour équilibrer un budget global ou réaliser des investissements propres à l'association.

Les financements accordés par les États aux organisations non gouvernementales varient considérablement d'un pays à l'autre.

– Les financements publics internationaux

Il y a deux types de financements publics internationaux : les financements publics internationaux multilatéraux et les financements publics par des organisations internationales.

– Les financements publics internationaux multilatéraux

Ces financements sont très importants. En effet, le principal bailleur international de l'aide humanitaire d'urgence est un bailleur multilatéral : il s'agit de l'Union européenne. De même, l'Union européenne est aussi un important bailleur de l'aide au développement, notamment au travers des programmes ACP, c'est-à-dire les accords conclus globalement avec les pays d'Afrique, de la Caraïbe et du Pacifique.

Ils sont d'autant plus importants qu'une proportion considérable de l'aide transite par les organisations non gouvernementales. Selon les années, le pourcentage peut dépasser 75 %.

F

– Les financements publics internationaux par des organisations gouvernementales

Ces financements peuvent être très importants lorsqu'ils viennent d'agences des Nations unies comme le Haut Commissariat aux réfugiés, le Programme alimentaire mondial, ONUSIDA ou la Banque mondiale, cette dernière étant un bailleur aujourd'hui incontournable de l'aide au développement.

En effet, alors que moins de 10 % des programmes concernaient les organisations non gouvernementales il y a vingt ans, ce sont désormais plus de 50 % des programmes de la Banque mondiale qui sont concernés par une coopération avec les ONG.

– Problématique du financement des organisations non gouvernementales

Quel est le bon équilibre entre fonds publics et fonds privés pour les organisations non gouvernementales ? Autrement dit, existe-t-il une proportion qui garantit à la fois la solidité financière d'une organisation non gouvernementale et son indépendance ?

Certaines ONG, par principe et par souci d'indépendance absolue, refusent tout financement public qu'il soit national ou international. Il s'agit généralement d'associations de défense des droits humains comme Amnesty International, la Fédération internationale des droits de l'homme, Human Rights Watch... et ce pour éviter d'être l'objet d'une quelconque pression.

D'autres ONG font un choix politique dans ce sens, choix rare dans le secteur de l'action humanitaire en général et de l'action humanitaire d'urgence en particulier. C'est ainsi que Médecins sans frontières a décidé, depuis quelques années, de renoncer progressivement à tout financement public alors que les fonds publics représentaient encore près de 35 % de ses ressources il y a moins de 5 ans. Un tel choix signifiait une

F

réorientation générale très importante et une préparation méticuleuse de cette évolution.

Médecins sans frontières se positionne, ainsi, comme la première agence privée mondiale humanitaire. D'autres organisations ont fait un choix contraire et « travaillent » essentiellement avec des fonds publics. Une telle orientation peut parfois s'avérer dangereuse si l'association n'anticipe pas d'éventuelles restrictions budgétaires de ses bailleurs ou des changements dans la politique desdits bailleurs.

Ainsi, l'association Équilibre, en France, a été contrainte il y a quelques années, de déposer le bilan avant d'être purement et simplement mise en liquidation judiciaire.

Cette organisation travaillait quasi exclusivement avec des fonds publics, et qui plus est, uniquement avec des fonds en provenance d'un seul bailleur : l'Union européenne. Or, cette organisation, qui avait bénéficié de financement très important pendant toute la période relative au conflit en ex-Yougoslavie, a vu ceux-ci se réduire du fait de la moindre intensité du conflit, et n'a pas été en mesure de gérer de telles restrictions ni de se restructurer.

L'association Équilibre n'est pas une exception dans ses modalités de financement et plusieurs grandes ONG françaises fonctionnent essentiellement avec des fonds publics.

Toutefois, dans ces ONG, la présence d'un minimum de fonds privés, généralement de l'ordre de 20 % (fonds d'ailleurs qu'elles tentent de développer) leur assure d'une part une indépendance vis-à-vis de leur bailleur ; d'autre part leur politique très volontariste de diversification des bailleurs publics est une autre garantie d'indépendance.

3 • Les fonds propres

Généralement, on reconnaît que les ONG françaises ont peu de fonds propres. En tout état de cause, ces fonds sont très largement insuffisants si on les compare à ceux de leurs voisins

F

européens du Nord, ou encore aux associations anglaises ou américaines.

Une telle faiblesse s'explique à la fois par l'histoire française des ONG qui est une histoire récente par rapport à celles des autres ONG que ce soit en Europe ou aux États-Unis, mais aussi par la petite taille des organisations françaises de solidarité internationale.

Ainsi, les budgets cumulés des dix plus grandes ONG françaises ne représentent pas le budget d'OXFAM UK.

Par ailleurs, ces mêmes dix premières ONG françaises représentent 80 % du montant total des ressources de l'ensemble des associations françaises de solidarité internationale, c'est dire l'extrême faiblesse financière des autres ONG.

Financeur

Terme qui, dans le langage des ONG, est équivalent à celui de bailleur. Il s'agit d'une institution publique ou privée qui apporte des fonds pour financer un projet proposé par une organisation non gouvernementale.

Fiscalité des ONG

En France, il n'existe aucune fiscalité spécifique aux ONG. Les ONG étant soit des associations, soit des fondations, la fiscalité applicable aux associations ou aux fondations leur est donc applicable.

Le principe est que les associations et les fondations n'ayant pas de but lucratif ne sont pas soumises aux impôts commerciaux applicables aux sociétés commerciales, à savoir l'impôt sur les sociétés, la taxe sur la valeur ajoutée (TVA) et la taxe professionnelle.

F

Par contre, les associations, comme toute personne physique ou morale, doivent s'acquitter de certains impôts : taxes d'habitation, imposition sur les revenus fonciers ou sur les revenus de valeurs mobilières.

Pour permettre aux associations de développer leurs ressources, le Code général des impôts autorise les associations à développer certaines ressources commerciales en exonération d'impôts commerciaux, si celles-ci sont inférieures à 60 000 euros, ou encore la possibilité d'organiser 6 manifestations annuelles exceptionnelles en exonération des mêmes impôts.

Au-delà, les associations et fondations ne sont pas assujetties aux impôts commerciaux sous certaines conditions : l'association ou la fondation doit avoir une gestion désintéressée, c'est-à-dire que les principaux dirigeants doivent être des bénévoles. Toutefois, depuis 2002, les associations peuvent, sous certaines conditions, rémunérer leurs dirigeants.

Si cette première condition est remplie, les activités commerciales de l'association ne sont pas soumises aux impôts commerciaux à condition que les activités de l'association ne concurrencent pas les sociétés commerciales. Pour apprécier cette concurrence, l'administration a mis au point une grille de lecture dite règle des quatre « P » qui vise : le Produit, le Prix, le Public et la Publicité, quatre critères qui s'apprécient en ordre décroissant.

Si une association vend un produit qui est également fabriqué par des entreprises commerciales, à un prix identique pour un même public, et fait de la publicité pour ce produit, l'administration fiscale considère qu'il y a alors concurrence et l'association doit s'acquitter des impôts commerciaux comme n'importe quelle entreprise du secteur concurrentiel.

En revanche, si l'association, pour financer ses actions, vend un produit à un très bas prix à un public défavorisé et qu'elle ne fait aucune publicité pour ce produit, on pourra alors consi-

F

dérer qu'il n'y a pas de concurrence et l'association ne sera pas taxable aux impôts commerciaux. La fiscalité des associations est notamment organisée par l'instruction fiscale du 15 septembre 1998.

Dans certains pays, il existe une fiscalité particulière pour les ONG, et notamment dans les pays en voie de développement où les ONG qui travaillent sur des programmes de développement bénéficient de certaines exonérations fiscales.

FOE

(Friends of the Earth International) (Les amis de la Terre)

Date de création : 1971.

Origine : France.

Réseau international/France : présence dans 68 pays. 15 antennes en France.

Historique et mission sociale : il s'agit de l'une des plus anciennes et des plus importantes coordinations d'ONG œuvrant dans le domaine de la protection de l'environnement.

L'objectif de cette coordination est de protéger la planète des atteintes environnementales, préserver la diversité biologique, culturelle et ethnique, renforcer l'influence de la société civile dans les décisions affectant la qualité de leur environnement, réparer les dommages environnementaux, parvenir à la justice sociale, économique et politique avec un égal accès aux ressources, promouvoir le développement durable.

Budget 2001 (France) : 150 000 €.

Ressources humaines : 10 salariés.

F

Contact :

FOE •Pays-Bas•
PO BOX 19199   *Tél.* : 31 20 622 1369
1000 gd Amsterdam   *Fax* : 31 20 639 2181
                    www.foei.org

France

FOE •France•
2, bd Jules-Ferry   *Tél.* : 01 48 51 18 92
93100 Montreuil-sous-Bois   *Fax* : 01 48 51 32 23
www.amisdelaterre.org   *E-mail* : france@amisdelaterre.org

Fondation

En France, comme dans de nombreux pays, il n'existe pas un statut spécifique d'ONG.

Les ONG dont la caractéristique principale est d'être sans objet lucratif peuvent revêtir différentes formes juridiques propres à chaque pays.

En Grande-Bretagne, les ONG ont en général le statut de *charities* ; au Japon, elles sont régies par la loi NPO qui concerne toutes les associations.

En France, les ONG sont soit des associations régies par la loi du 1ᵉʳ juillet 1901, soit des fondations. En droit français, une association est un regroupement de personnes physiques ou morales qui partagent un but commun. La fondation est l'affectation par une personne physique ou morale d'un patrimoine à une cause spécifique.

Le statut de fondation est relativement récent en France puisque c'est la loi du 23 juillet 1987 qui prévoit et organise leur fonctionnement. La loi définit ainsi la fondation : « *acte par lequel une ou plusieurs personnes physiques ou morales décident l'affectation irrévocable de biens, droits ou ressources*

F

à la réalisation d'une œuvre d'intérêt général et à but non lucratif. »

Certaines grandes ONG sont organisées à la fois en association et fondation, ou en fondation et congrégation comme l'Armée du salut, et ce pour des raisons juridiques et économiques.

En effet, les associations de la loi de 1901 reconnues ou non d'utilité publique, ne peuvent pas avoir de patrimoine immobilier, autre que celui strictement nécessaire à leur fonctionnement, ce qui peut poser de graves difficultés à des associations qui reçoivent un important patrimoine par succession. Par conséquent, il est nécessaire de disposer d'une structure permettant de gérer un patrimoine et d'en recueillir les fruits.

Cette interdiction faite aux associations entrave également leur capacité à développer des fonds propres, ce qui est un handicap par rapport aux ONG de certains autres pays européens.

Cette interdiction est d'autant plus problématique que les ONG, en France, ne peuvent avoir que des ressources commerciales strictement encadrées.

Parallèlement, les exigences très strictes mises, depuis l'origine, à la création des fondations font que la France est un pays qui n'a que très peu de fondations. On dénombre aujourd'hui moins de 500 fondations en France dont les deux tiers seraient peu actives (selon la Fondation de France).

Ces chiffres doivent être comparés aux 12 000 fondations américaines, aux 3 000 *charity trusts* britanniques ou encore aux 2 000 fondations allemandes.

F

FONDATION ABBÉ PIERRE
pour le logement des défavorisés

Date de création : 1987.

Origine : France (Marseille).

Historique et mission sociale : agir en faveur du logement des plus démunis et lutter contre l'exclusion par le logement.

Lieux d'intervention : France, Afrique, Asie.

Budget 2002 : 15 M€ dont 97 % de fonds privés.

Ressources humaines : 69 salariés et 50 bénévoles.

Principale publication : *Le rapport mal-logement*.

Contact :

FONDATION ABBÉ PIERRE •France•
53, bd Vincent-Auriol
75013 Paris
www.fondation-abbe-pierre.fr
E-mail : cbonhomme@fondation-abbe-pierre.fr

Tél. : 01 53 82 80 30
Fax : 01 45 85 20 83

FONDATION RAOUL FOLLEREAU

Date de création : 1968.

Origine : France.

Réseau international/Afrique. Moyen-Orient

F   194

Historique et mission sociale : l'ONG a été fondée par Raoul Follereau qui entendait lutter contre deux sortes de lèpre : la lèpre comme maladie et ces autres lèpres que sont la misère et l'ignorance. L'ONG, fidèle à la pensée de son fondateur, lutte aujourd'hui dans ces deux directions en apportant son appui à des programmes nationaux de lutte contre la lèpre, en soutenant la recherche, en aidant à l'insertion ou la réinsertion des anciens lépreux, en appuyant les associations locales et en soutenant des actions locales d'urgence.

Le second volet de son action s'inscrit dans le cadre de la lutte contre toutes les lèpres, à savoir la lutte contre la misère et l'ignorance, en apportant un appui à des programmes de formation et de développement : éducation et formation des acteurs du développement, programmes d'amélioration de l'habitat, de l'environnement, appui à des initiatives génératrices de revenus, aide sociale.

Raoul Follereau développe aussi des programmes d'aide aux enfants : scolarisation, éducation et formation ; insertion des enfants vivant dans la rue, de jeunes filles en situation difficile ; réinsertion des mères par des programmes

Enfin, l'association, depuis quelques années, agit en France dans le domaine de la précarité.

Ressources humaines : 2 000 bénévoles + 48 salariés.

Contact :

FONDATION RAOUL FOLLEREAU •France•
31, rue de Dantzig   *Tél.* : 01 53 68 98 98
75015 Paris   www.raoul-follereau.org

FORUM SYD

(Suède)

Date de création : 1994.

Origine : Suède.

Réseau international : bureaux au Cambodge, Nicaragua, Tanzanie, Zimbabwe.

Historique et mission sociale : Forum Syd est la principale ONG suédoise. Elle regroupe de très nombreuses associations et est née de la fusion de plusieurs organisations dont Assistance and Information through Voluntary Organizations et le Service des volontaires suédois. Au total, ce sont plus de 100 petites ONG locales qui ont rejoint Forum Syd depuis sa création.

Le but de Forum Syd est d'apporter à ses membres une aide au développement des ressources humaines, à la formation de réseaux, à l'éducation au développement et à la sensibilisation, ainsi qu'à l'élaboration de moyens d'action et à leur évaluation.

Les membres de Forum Syd interviennent dans de très nombreux secteurs comme l'environnement, les droits humains, l'habitat, etc.

Budget 2000 : 16 millions d'euros.

Contact :

FORUM SYD •Suède•
Katarinavägen 20   *Tél.* : 46 8 50 6370
Stockholm   *Fax :* 46 8 50 6370 99
www.forumsyd.se   *E-mail* : forumsyd@forumsyd.se

F   196

FOSTER PLAN INTERNATIONAL

(Pays–Bas)

Date de création : 1937.

Origine : États-Unis.

Réseau international/France : Australie, Canada, Belgique, États-Unis, Finlande, Suède, Danemark, Allemagne, Grande-Bretagne, Norvège, Japon, Corée, Espagne, France.

Historique et mission sociale : la création de Foster Plan International trouve son origine dans la guerre d'Espagne.

En effet, en 1937, le reporter de guerre John Langdon-Davies couvre la guerre civile et rencontre à Santander un jeune garçon qui tient encore dans la main une lettre de son père, recommandant à l'inconnu qui le trouvera, de prendre soin de lui car il craint d'être fusillé. Le journaliste, ému par cette situation dramatique, recueille cet enfant et une quarantaine d'autres dans la ville, et les emmène en France.

Aidé de quelques amis, il crée une association pour parrainer ces enfants. C'est la naissance du parrainage d'enfants.

Dans les années 1960, les programmes de Foster Plan se développent dans le monde entier.

Aujourd'hui, Foster Plan International parraine plus de 1 300 000 enfants dans le monde dans 45 pays, et plus de 10 millions d'enfants bénéficient de 2 000 programmes de développement.

Cette association née aux États-Unis a connu un très important développement à l'étranger, au point que ses bureaux de représentation à l'étranger collectent plus de fonds que l'ONG mère, développent plus de programmes et parrainent plus d'enfants. L'exemple de Foster Plan International Pays-Bas est cité

F

ici car cette association est la troisième des Pays-Bas avec un budget de plus de 90 millions d'euros en 2000.

Lieux d'intervention : parrainages d'enfants en Asie, Afrique, Amérique latine.

Budget : 90 millions d'euros.

Contact :

FOSTER PLAN INTERNATIONAL •Pays-Bas•

Van Boshuizenstaat 12	*Tél.* : 020 549 55 55
Postbus 75454	*Fax :* 020 644 45 49
1070 AL Amsterdam	*E-mail* : info@plannederland.nl
www.plannederland.nl	

France et ONG/OSI

Tous les deux ans, la Commission coopération développement (COCODEV) dresse un tableau précis de l'état des principales ressources et dépenses des ONG françaises, c'est-à-dire selon la terminologie en vigueur, des organisations de solidarité internationale.

La dernière étude publiée porte sur les années 1998/1999 et a été réalisée à partir d'un échantillon de 164 organisations non gouvernementales. Il est à noter que cette étude est établie à partir des réponses fournies par les ONG à un questionnaire élaboré par la COCODEV.

Cette étude est un outil précieux de travail par les renseignements qu'elle donne et le paysage qu'elle dresse du secteur français de la solidarité privée.

La première constatation est la confirmation du poids financier relativement faible des ONG françaises de solidarité, puisque sur les 164 plus importantes, deux seulement dépassent les 45 millions d'euros de budget annuel en 1999. Ces

F   198

deux associations sont Médecins sans frontières et Médecins du monde.

Dans la suite du classement, 16 associations ont un budget compris entre 7,5 millions d'euros et 45 millions d'euros et parmi celles-ci on retrouve : Action contre la faim, Handicap International, Croix-Rouge française, Secours catholique (part affectée à la solidarité internationale pour ces deux dernières car leur budget global est plus important), etc.

La mise en perspective, sur les huit dernières années, des ressources des ONG/OSI françaises, fait apparaître une importante progression de leurs ressources tant publiques que privées.

Le tableau ci-dessous (en francs français) présente le panorama des budgets des OSI françaises.

Les ressources privées passent de 1 489 millions de FF en 1991 à 2 672 millions de FF en 1999 soit 407,34 millions d'euros.

TABLEAU 5 : Quelle est la taille financière des OSI française ?

Nombre d'ASI (Chiffres 1999)	Budget	
2	supérieur à 300 MF	1
16	de 50 à 300 MF	2
20	de 15 à 50 MF	3
19	de 10 à 15 MF	4
36	de 3 à 10 MF	5
21	de 1 à 3MF	6
21	de 250 000 F à 1 MF	7
29	de 50 000 F à 250 000 F	8

Source : Commission coopération développement.

Un examen plus approfondi montre que les recettes privées, c'est-à-dire essentiellement la collecte de dons auprès des personnes physiques ont marqué des pointes importantes entre

F

1992 et 1994, puis en 1999, et ont connu une stagnation, voire un recul en 1995, 1996, 1997. Ces variations s'expliquent, en 1999, par la forte sensibilisation de la population à la guerre du Kosovo, et entre 1992 et 1994, au conflit en ex-Yougoslavie et le génocide rwandais.

En ce qui concerne les fonds en provenance des bailleurs publics, on note aussi une importante progression entre 1991 et 1999, ceux-ci passant de 785 millions de FF à 1 694 millions de FF soit 258,25 millions d'euros.

La progression des fonds privés a été en moyenne de 10 % par an sur cette période et de 14,5 % par an pour les fonds publics pour cette même période. Cette progression cache de fortes disparités d'une année sur l'autre, puisqu'en 1998 les fonds privés vont croître de 18,8 % puis de nouveau de 22,5 % en 1999.

En 1999, dernière année sur laquelle porte l'étude de la COCODEV, les fonds privés plus les fonds publics ont représenté la somme de 665,59 millions d'euros. Sur cette période, le rapport moyen entre les fonds privés et les fonds publics s'établit dans un ratio 60/40.

TABLEAU 6 : Les ressources des OSI de 1991 à 1999

	1991	1992	1993	1994	1995	1996	1997	1998	1999 en MF	en M€
Ressources privées	1489 65 %	1637 65 %	1613 59 %	1806 56 %	1865 58 %	1896 56 %	1836 56 %	2182 60 %	2672 61 %	407,34
Ressources publiques	785 35 %	898 35 %	1140 41 %	1392 44 %	1370 42 %	1498 44 %	1470 44 %	1484 40 %	1694 39 %	258,25
Ressources totales	2274 100 %	2535 100 %	2753 100 %	3198 100 %	3235 100 %	3394 100 %	3306 100 %	3666 100 %	4366 100 %	665,59

Le taux moyen de dépendance des ONG françaises par rapport aux bailleurs publics, pour reprendre la terminologie de certains auteurs, est donc de 40 % sur l'ensemble de la période avec une légère tendance à la croissance. Ce taux recouvre

F

aussi de fortes disparités puisque certaines grandes ONG reçoivent 85 % de fonds publics.

Autre élément important pour apprécier le paysage français des OSI : la répartition des ressources entre les ONG. Les 3 tableaux ci-dessous démontrent une tendance à la concentration des ressources entre quelques très grandes ONG.

TABLEAUX 7, 8 et 9 : La concentration des ressources

1996

Nombre d'associations	% des ressources totales
20 premières ASI	78 %
20 suivantes	12 %
20 suivantes	5 %
44 suivantes	4 %
110 dernières	1 %
214 ASI	100 %

1997

Nombre d'associations	% des ressources totales
20 premières ASI	80 %
20 suivantes	12 %
20 suivantes	5 %
45 suivantes	3 %
105 ASI	100 %

Source : COCODEV.

1999

Nombre d'associations	% des ressources totales
18 premières ASI	76%
20 suivantes	12 %
19 suivantes	5 %
36 suivantes	5 %
71 dernières	2 %
164 ASI	100 %

Source : Commission coopération développement.

Enfin, dernier élément important : la nature des ressources privées des associations de solidarité.

Le tableau ci-dessous fait ressortir la prééminence de la collecte de fonds auprès du public et la faible part encore des ressources comme les legs et donations. En effet, la majorité des

F

personnes sans descendance directe ne font pas de testament et l'État, de par la loi, est le plus grand bénéficiaire de ces legs par défaut.

Autre point important : la grande faiblesse des partenariats privés ou des recettes en provenance des produits dérivés.

TABLEAU 10 : Une forte augmentation des ressources privées en 1999

	1998	1999	
	en FF	en FF	en Euros
Collectes et dons individuels	1 296 593 945	1 620 567 718	247 053 956
Legs et donations par actes authentiques	78 940 164	83 811 871	12 777 037
Cotisations	15 860 437	16 993 381	2 590 624
Dons d'organismes privés	117 262 334	173 721 896	26 483 732
Subventions, cofinancements d'organismes privés[1]	127 147 579	149 343 005	22 767 194
Prestations de services à des organismes privés[2]	19 019 569	20 329 508	3 099 214
Produits financiers	40 719 824	38 162 499	5 817 835
Abonnements, cartes de vœux, publications	124 607 200	127 091 519	19 374 977
Autres produits d'opérations diverses	62 966 909	68 233 790	10 402 174
Reprises sur provisions	95 255 267	123 164 244	18 776 268
Produits exceptionnels	25 915 473	31 439 246	4 792 882
Autres ressources	178 128 417	219 310 231	33 433 629
Totaux	2 182 417 118	2 672 168 908	407 369 522

1. Subvention, cofinancement : une association reçoit une subvention ou un cofinancement pour réaliser le projet dont elle a pris l'initiative. La part de fonds propres varie en général de 15 à 50 %.

2. Prestation de service : une association est prestataire de service lorsqu'elle reçoit des fonds d'un donneur d'ordre pour réaliser un projet dont ce dernier est le maître d'ouvrage.

Source : Commission coopération développement/ministère des Affaires étrangères/Coordination Sud.

Francophonie/OING

Comme la plupart des organisations internationales gouvernementales, l'organisation de la francophonie s'est dotée, depuis octobre 1994, d'un statut consultatif pour les organisations internationales non gouvernementales, pour reprendre ici la terminologie exacte découlant de la directive du 24 octobre 1994 qui règle leur statut, terminologie qui est identique à celle utilisée par le Conseil de l'Europe, dans le traité sur la reconnaissance de la personnalité juridique des organisations internationales non gouvernementales.

À la différence du statut consultatif des ONG auprès du Comité économique et social des Nations unies ou du statut du Conseil de l'Europe le statut consultatif est restrictif en ce sens qu'il établit un véritable « devoir » de francophonie pour les OING qui sollicitent l'octroi du statut.

En effet, la directive du 24 octobre 1994 prévoit :

« Est considérée comme organisation internationale non gouvernementale, avec laquelle les instances francophones peuvent, par l'intermédiaire de l'Agence de coopération culturelle et technique (ACCT), entretenir les relations définies par les présentes directives, toute organisation internationale qui n'a pas été créée par voie d'un accord intergouvernemental, les buts et le rôle ont un caractère non gouvernemental, et qui répond aux conditions suivantes :

– Exercer des activités dans les domaines prioritaires dégagées par la conférence des chefs d'État et de gouvernement des pays ayant en commun l'usage du français, et avoir les moyens et la volonté de contribuer efficacement à la réalisation des objectifs de la francophonie.

– Réunir une proportion importante des groupements ou des personnes intéressées à une ou plusieurs des activités de la francophonie, et avoir des adhérents réguliers dans des pays

F

assez nombreux et variés pour pouvoir, dans toute la mesure du possible, représenter valablement différentes régions culturelles.

– Avoir, dans le cas d'une organisation de caractère régional, au sens géographique ou culturel de ce mot, des adhérents dans un assez grand nombre de pays pour pouvoir représenter valablement l'ensemble de la région intéressée.

– Être doté d'un organe directeur permanent de structure internationale, avoir des représentants dûment autorisés, et disposer de méthodes et de moyens lui permettant de communiquer régulièrement avec ses membres dans les différents pays. »

La directive prévoit trois statuts différents, classifiés sous les lettres A, B et C. Le statut C est le plus général, le statut B est accordé aux organisations qui bénéficient du statut C et ont au moins deux années de collaboration effective avec la Francophonie et sont en mesure de démontrer qu'elles contribuent efficacement aux objectifs des différentes agences de l'organisation, enfin, la catégorie A est réservée aux OING ayant une composition largement internationale et ayant démontré leur capacité à donner des avis pertinents dans leur domaine de compétence.

Aujourd'hui, plus de 100 OING disposent de l'un des statuts prévus, ce qui est relativement faible.

Contact :

AGENCE DE LA FRANCOPHONIE •France•
13, quai André-Citroën   *Tél.* : 01 44 37 33 00
75015 Paris   *Fax* : 01 45 79 14 98
www.oing.francophonie.org   *E-mail* : oing@francophonie.org

F   204

FRÈRES DES HOMMES

Date de création : 1965.

Origine : France.

Réseau international : Luxembourg, Belgique, Italie, Espagne.

Historique et mission sociale : soutenir des projets de développement durable conçus et mis en œuvre par les populations concernées dans divers domaines dont la formation, les Droits de l'homme, la santé, l'agriculture.

Lieux d'intervention : Asie, Afrique, Amérique latine/Caraïbes.

Budget 2000 : 2,8 millions d'euros dont 40 % de fonds publics et 60 % de fond privés.

Ressources humaines : 14 salariés en France et deux expatriés.

Contact :

FRÈRES DES HOMMES •France•
9, rue de Savoie   *Tél.* : 01 55 42 62 62
75006 Paris   *Fax* : 01 46 33 39 77
www.france-fdh.org   *E-mail* : fdh@France.fdh.org

F

G

Genève

Genève (Suisse), la ville aux 67 prix Nobel, est une ville incontournable pour les organisations non gouvernementales. En effet, Genève compte plus de 23 organisations internationales qui ont pratiquement toutes organisé un statut consultatif pour les ONG.

Parmi les organisations internationales présentes il y a notamment le siège européen de l'Organisation des Nations unies. Par ailleurs, de très nombreuses conférences internationales ont lieu à Genève (plus de 300 par an), ce qui naturellement attire de nombreuses ONG.

Dans le domaine humanitaire, Genève est aussi le siège du Comité international de la Croix-Rouge qui est l'organisation de référence en matière de secours humanitaire, ainsi que de la Fédération internationale de la Croix-Rouge et du Croissant-Rouge. Ces deux organisations coordonnent également de nombreuses réunions où participent de nombreuses ONG.

Genève est aujourd'hui le siège de plus de 300 organisations non gouvernementales.

La présence des ONG à Genève se trouve aussi facilitée par le fait que la Suisse a ratifié le traité sur la reconnaissance de la

G

personnalité juridique des organisations internationales non gouvernementales.

D'autre part, des facilités sont accordées aux ONG pour participer aux conférences internationales ou installer leur siège à Genève.

C'est ainsi qu'existe un centre d'accueil pour les délégations et organisations non gouvernementales qui offre un hébergement à des prix modérés, met à disposition des infrastructures de travail, un centre de documentation, organise des rencontres avec des acteurs locaux (www.mandint.org).

GONGOS

(Governmental non governmental organizations)

L'acronyme anglais GONGOS qui signifie *Governmental non governmental organizations* recouvre la catégorie des organisations non gouvernementales qui sont en réalité contrôlées par des gouvernements.

Il s'agit d'un problème majeur pour les organisations non gouvernementales et pour leur crédibilité sur la scène internationale.

En effet, le rôle de plus en plus important joué par les ONG, notamment dans les grandes conférences internationales, dans certaines enceintes onusiennes comme la Commission des droits de l'homme, ou à l'occasion des crises humanitaires majeures, pousse certains gouvernements à créer, en sous-main, des organisations non gouvernementales qu'ils contrôlent soit politiquement soit financièrement.

Ces organisations interviennent, souvent bruyamment, dans les enceintes internationales pour défendre les positions des gouvernements qui les financent ou bien pour s'insurger contre les positions prises à l'encontre de leur gouvernement

G

par d'autres ONG. De telles pratiques sont aujourd'hui fréquentes, au point que le Parlement européen s'est ému de cette situation dans son rapport annuel 2001 sur les Droits de l'homme dans le monde en 2000.

Le rapporteur du Parlement européen, Monsieur Mattei Wuori, écrit :

« *Conscient de l'importance des ONG comme partenaires de l'UE et des gouvernements des États-membres dans le cadre du débat sur la politique des Droits de l'homme et de la démocratie et la mise en œuvre des programmes dans les pays tiers, encourage la Commission à faire intervenir les ONG en tant que partenaires coopérant au dialogue politique et non pas uniquement en tant qu'acteurs assurant la mise œuvre des actions communautaires en faveur des Droits de l'homme et de la démocratie ; est néanmoins d'avis que, dans certains pays, il s'impose de s'assurer que de telles "ONG" ne sont pas en fait des GONGOS (ONG "gouvernementales"), voire des MONGOS (ONG "mafieuses").* »

Dans son rapport sur la 57ᵉ session de la Commission des droits de l'homme, la FIDH dénonçait également cette situation en des termes qui sont inquiétants pour la crédibilité des ONG :

« *Certaines dispositions de la résolution 1996/31 sont utilisées de manière abusive par certains gouvernements, soit pour empêcher certaines ONG nationales de défense des Droits de l'homme pourtant indépendantes, crédibles et efficaces, d'accéder au statut consultatif, soit pour favoriser l'obtention du statut à des ONG nationales "pro-gouvernementales"...* »

« *En effet, aux termes de la résolution 1996/31, l'octroi du statut consultatif à une ONG nationale est directement subordonné à l'accord de l'État concerné. Les ONG qui ne sont pas officiellement reconnues par leur gouvernement sont par conséquent de facto inéligibles au statut consultatif. Or de très nombreux gouvernements suivent une politique de dénigrement*

G

à l'égard des ONG nationales notamment au moyen de lois sur les associations restrictives. Par conséquent, les ONG nationales qui n'ont pas le soutien de leur gouvernement voient leur demande de statut consultatif soumis à un veto de leur État. C'est le cas a fortiori des ONG contraintes à travailler en exil. »

« Dans le même temps, il est apparu que certains États donnent leur accord pour l'octroi du statut à des ONG qu'ils contrôlent (couramment appelées GONGOS governmental non governmental organisations) et dont ils sont assurés qu'elles appuieront, depuis le banc des ONG, les positions gouvernementales. »

« Cette situation est d'autant plus aggravée par la composition de l'organe qui décide de l'octroi, de la suspension et du retrait du statut consultatif : le comité des ONG qui est composé de 19 États, élus par l'ECOSOC. Une étude de cette composition nous permet de constater que certains États les moins respectueux des instruments internationaux en matière de Droits de l'homme réussissent à se faire élire à ce Comité pour contrôler quelles ONG auront le droit de participer aux travaux des organes subsidiaires de l'ECOSOC, dont la Commission des Droits de l'homme : ainsi la porte est ouverte aux GONGOS. »

« En regardant précisément les rapports du Comité des ONG depuis 1996, force est de constater que des GONGOS des pays comme Cuba, la Tunisie, la Chine, le Pakistan et l'Inde ont obtenu le statut consultatif. Et si leur nombre n'est pas très important, leur présence aux forums internationaux discrédite l'ensemble des ONG. »

Ce phénomène des GONGOS est observable, désormais, dans tous les grands forums, comme la conférence mondiale contre le racisme à Durban ou le sommet de la Terre à Johannesburg. Ce phénomène risque de s'accroître dans les années à venir tant les États ont compris l'intérêt qu'ils pouvaient avoir à participer « clandestinement » aux assemblées des ONG du fait de la crédibilité et de l'expertise qu'elles représentent auprès de l'opinion publique.

GRAMEEN BANK

(Banque rurale)

Date de création : 1976.

Origine : Bangladesh.

Réseau national : 1 176 branches au Bangladesh.

Historique et mission sociale : c'est en 1976 qu'un économiste, Mohammad Yunus, de retour au Bangladesh après avoir enseigné pendant sept ans aux États-Unis, décide de créer une ONG, la Grameen Bank, après avoir constaté que de très nombreux paysans ou artisans étaient obligés d'emprunter quotidiennement des petites sommes à des taux prohibitifs (3 000 %) pour acheter la matière première dont ils avaient besoin pour travailler et fabriquer leurs produits. En 1983, cette ONG va créer des filiales commerciales et une banque au sens de la loi locale. Le projet de la Grameen Bank est de prêter aux pauvres et principalement aux femmes. Le montant moyen d'un prêt est de 40 euros. La Grameen Bank part aussi du principe qu'il ne faut pas attendre que les femmes pauvres viennent à elle mais qu'elle doit aller au devant de ses « clientes ». C'est ainsi que progressivement la Grameen Bank va rayonner dans l'ensemble du pays et être présente dans pratiquement la moitié des villages du Bangladesh, soit 41 187 villages !

Depuis sa création, la Grameen Bank a distribué plus de 3 milliards de dollars US et 95 % des clients sont des femmes.

La Grameen Bank compte aujourd'hui 17 filiales qui vont du téléphone au textile, en passant par l'éducation.

G

Le modèle de la Grameen Bank a profondément inspiré les expériences du micro-crédit, et des entreprises similaires ont lieu dans plus de 44 pays à travers le monde.

Des organisations internationales comme la Banque mondiale appuient particulièrement ce type d'expérience, car les évaluations faites depuis quelques années montrent que le taux d'impayé est très faible et que la pauvreté marque un recul.

En France, même l'expérience de la Grameen Bank a servi de modèle pour la création de l'Association pour le droit à l'initiative économique (ADIE).

Ressources humaines : 11 777 salariés au Bangladesh.

Budget : 300 millions de dollars US.

Contact : www.grameen-info.org

Grèce/ONG

Les données statistiques sont très incomplètes. On compte 30 organisations non gouvernementales en Grèce. 8 ONG grecques sont inscrites auprès d'ECHO. Parmi les plus importantes ONG, il y a : Médecins du monde Grèce, Save the Children, Hellenic Red Cross, International Orthodox Christian Charities. Les principales ONG de ce pays sont, soit intégrées à un réseau international, soit des antennes locales d'ONG internationales.

GREENPEACE

Date de création : 1971.

Origine : États-Unis.

Réseau international : Greenpeace est une organisation présente dans 26 pays dont États-Unis, Canada, France, Allemagne,

G

Pays-Bas, Espagne... Le siège international de Greenpeace se trouve à Amsterdam (Pays-Bas).

Historique et mission sociale : Greenpeace est une association internationale d'origine américaine qui compte aujourd'hui plus de 3 millions de donateurs à travers le monde. L'objet de Greenpeace est d'agir là où l'environnement est menacé par les activités humaines pour dénoncer, informer et promouvoir les changements appropriés.

Greenpeace trouve son origine dans la volonté de quelques militants nord-américains écologistes et pacifistes de lutter contre les essais nucléaires américains qui devaient avoir lieu en 1971 en Alaska. À cet effet, les fondateurs louent un bateau et veulent s'interposer en pénétrant dans la zone des essais pour interdire l'explosion. Le premier nom de Greenpeace est « *Don't make a wave* ». En 1972, les États-Unis renoncent à leurs essais. L'année suivante, Greenpeace, encouragé par ce premier succès, va engager une campagne similaire contre les essais nucléaires français atmosphériques. En 1975, Greenpeace engage une campagne sur le thème « Sauvons les baleines » qui aboutira à un moratoire sur la chasse aux baleines.

Par la suite, Greenpeace va multiplier ses actions dans de nombreux domaines comme celui des déchets nucléaires ou les pollutions des mers par les produits toxiques.

En 1985, un grave incident va opposer les autorités françaises à l'association. En effet, le 10 juillet 1985 le navire Amiral de Greenpeace qui se trouve à Auckland (Nouvelle-Zélande), dans l'attente de faire cap vers Mururoa où les autorités françaises ont programmé une campagne de tir pour des essais nucléaires, coule à la suite de deux explosions qui se produisent à son bord. Lors du naufrage dans les eaux du port, un photographe portugais, Fernando Pereira, trouve la mort. Très rapidement, il apparaît que ces explosions ont pour origine un attentat. Deux Français sont arrêtés et ils s'avèrent

G

qu'ils appartiennent aux services français de renseignements. Les principales autorités gouvernementales françaises reconnaissent leur responsabilité et le ministre de la Défense, Charles Hernu, est contraint à la démission, mais tout laisse supposer que l'ordre de couler le Rainbow Warrior est venu de plus haut. Quoi qu'il en soit, le gouvernement français doit indemniser Greenpeace et verse à cette organisation plus de 7 millions de dollars de dommages et intérêts.

Aujourd'hui, Greenpeace est l'une des principales organisations non gouvernementales luttant dans le domaine de l'environnement.

Budget 2001 (France) : 3 492 000 €. Les ressources de Greenpeace France sont 100 % privées, Greenpeace refusant toute contribution publique.

Ressources humaines : 50 000 adhérents en France.

Contact :

GREENPEACE •France•
22, rue des Rasselins   *Tél.* : 01 44 64 02 02
75020 Paris   *Fax* : 01 44 64 02 00
www.greenpeace.org   *E-mail* : contact@drala.greenpeace.org

GRET

(Groupe de recherche et d'échanges technologiques)

Date de création : 1976.

Origine : France.

Réseau international : NC.

Historique et mission sociale : le GRET intervient dans de très nombreux pays en apportant son expérience technique, scientifique et son savoir. Pour atteindre ses objectifs, le GRET

G   214

conçoit et mène des programmes de développement local, réalise des études, recherches et évaluations ; organise des sessions de formation, anime des réseaux d'information et d'échanges ; publie des ouvrages spécialisés.

Les domaines d'intervention du GRET sont les suivants : environnement et développement rural, filières courtes agroalimentaires, micro-finance, développement social et urbain, services publics marchands, entreprises et formations professionnelles, système d'information et communication pour le développement, médias.

Lieux d'intervention : Sénégal, Viêtnam, Cambodge, Mauritanie, Haïti, Myanmar, Comores, Congo.

Budget : selon les financements le budget du GRET évolue entre 7 et 40 millions d'euros. En 1999, les financements du GRET provenaient à 49 % de l'Union européenne, 27 % du ministère des Affaires étrangères et 10 % de l'Agence française de développement. Les 14 % restants provenaient de divers bailleurs internationaux. Le GRET ne dispose d'aucun financement privé.

Ressources humaines : une cinquantaine de salariés en France.

Principales publications : *Bulletin du réseau TPA, Lettre des membres du réseau TPA.*

Contact :

GRET •France•
211-213, rue Lafayette
75010 Paris
www.gret.org

Tél. : 01 40 05 61 61
Fax : 01 40 05 61 10
E-mail : gret@gret.org

G

GRIP

(Groupe de recherche et d'information sur la paix et la sécurité)

Date de création : 1979.

Origine : Belgique.

Réseau international : NC.

Historique et mission sociale : le GRIP naît dans le contexte de la guerre froide en plein conflit des euromissiles. Le GRIP est un centre de recherche indépendant qui a pour objet l'étude, la recherche, l'information et la formation sur les problèmes de paix, de défense et de désarmement dans la perspective de l'amélioration de la sécurité internationale en Europe et dans le monde. Le GRIP étudie notamment les mécanismes de la course aux armements et l'évaluation des nécessités de la sécurité et de la défense. Le GRIP porte un intérêt tout particulier à l'étude de la problématique du tryptique Union européenne, UEO et OTAN.

Le GRIP a pour objectif, en éclairant les citoyens et les décideurs sur des problèmes complexes comme ceux de la défense et de la sécurité, de contribuer à la mise en place d'un monde plus sûr et moins armé.

Le GRIP fait partie de ces associations qui œuvrent, par des études, à la prévention des conflits et au désarmement. Le GRIP publie de nombreuses études liées à son objet social.

Les travaux de recherche portent aujourd'hui sur trois axes :
– La prévention des conflits en travaillant en particulier sur les exportations d'armes ;
– L'Europe et la sécurité internationale (politique de défense des États européens) ;
– L'économie européenne de l'armement.

G

Le GRIP mène des études pour le compte des principales institutions européennes comme le Parlement européen, la Commission européenne, l'OTAN, le BIT, Ploughshares Fund, etc.

Le GRIP est une ONG d'expertise.

Le GRIP a ouvert également un important centre de documentation sur les thématiques traitées.

Budget : subventions publiques (40 %), contrats de recherche (30 %), vente de publications (20 %) et dons (10 %).

Principales publications : nombreux ouvrages thématiques ou études spécifiques. *Les livres du GRIP, Les rapports du GRIP, Les Nouvelles du GRIP* (lettre d'information trimestrielle).

Contact :

GRIP •Belgique •
33, rue Van-Hoorde   *Tél.* : 32 2 241 84 20
B-1030 Bruxelles   *Fax* : 32 2 245 19 33
www.grip.org   *E-mail* : *admi@grip.org*

G

HANDICAP INTERNATIONAL

Date de création : 1982.

Origine : France.

1997 : prix Nobel de la paix pour la Campagne contre les mines antipersonnel.

Réseau international : Antennes à Bruxelles, Genève, Luxembourg, Londres, Copenhague, Munich, Minneapolis.

Historique et mission sociale : Handicap International, qui s'inscrit dans la lignée des associations nées du « sans frontiérisme », a pour objet la coopération au développement, plus spécifiquement l'intégration et l'autonomie de la personne handicapée et l'aide à la réhabilitation des personnes atteintes dans leur intégrité physique, mentale et/ou sociale ou en situation de dénuement, dans les régions du globe où le besoin s'en fait sentir. Elle s'efforce d'impliquer la personne dans sa propre prise en charge, notamment par la reconnaissance de ses droits.

H

Lieux d'intervention : 43 pays (France, Amérique du Sud, Afrique, Asie du Sud et du Sud-Est, Europe de l'Est/Russie, Moyen-Orient, Afrique du Nord).

Budget 1999 : 45 millions d'euros dont 38,5 % de fonds publics et 61,5 % de fonds privés.

Ressources humaines : 110 salariés, 250 bénévoles (France) et 21 salariés, 135 volontaires, 1 020 personnels locaux (expatriés).

Principale publication : *Opérations Handicap International.*

Contact :

HANDICAP INTERNATIONAL •France•
14, avenue Berthelot   *Tél.* : 04 78 69 79 79
69631 Lyon cedex 07   *Fax* : 04 78 69 79 94
www.handicap-international.org
E-mail : handicap-international@infonie.fr

HCCI

(Haut Comité pour la coopération internationale)

La création du Haut Comité pour la coopération internationale est l'aboutissement d'un long processus de réforme de la coopération française. La création du HCCI en février 1999 correspond à la double nécessité de créer un lieu de réflexion sur les perspectives à long et moyen terme de la coopération française d'une part, et à la volonté des pouvoirs publics d'associer à la réflexion, et aux études menées, des acteurs de la société civile et en particulier des organisations non gouvernementales d'autre part. Depuis une réforme récente, la compétence du HCCI a été étendue à l'ensemble de la coopération internationale pour le développement.

H   220

Pour atteindre ces objectifs, le texte fondateur du HCCI prévoit que celui-ci :

– Émet des avis et formule des recommandations sur les politiques bilatérales et multilatérales de la France, ainsi que sur l'action des opérateurs privés, en matière de coopération internationale ;
– Propose toute mesure de nature à faciliter les échanges sur les diverses actions, publiques et privées de coopération ;
– Remet chaque année au Premier ministre un rapport, qui est rendu public ;
– Organise si la nécessité apparaît, une conférence de la coopération internationale regroupant l'ensemble des acteurs privés et publics.

Le HCCI est composé, depuis un décret du 14 novembre 2002, de 45 membres dont, de droit, quatre parlementaires. Par ailleurs, ce décret renforce la présence des collectivités territoriales, des milieux économiques et de l'expertise universitaire ou scientifique.

Depuis sa création, le HCCI a mené de très nombreuses études, par exemple, dans le secteur de la santé, de l'action humanitaire et des organisations non gouvernementales, notamment sur leur rôle dans les partenariats avec les pays de l'Est, ou encore sur leurs statuts dans les instances internationales.

En quelques années, le HCCI s'est imposé comme une structure indispensable de concertation entre les ONG et les pouvoirs publics sur toutes les questions relatives à la coopération internationale et au développement.

Contact :

HCCI •France•
3, av. de Lowendal   *Tél.* : 01 43 17 45 90
75007 Paris   *Fax* : 01 43 17 46 39
www.hcci.gouv.fr   *E-mail* : hcci@cooperation-internationale.gouv.fr

H

HCR

(Haut Commissariat pour les réfugiés)

Le Haut Commissariat des Nations unies pour les réfugiés est l'exemple d'une organisation internationale gouvernementale (OIG) qui a d'abord été une organisation non gouvernementale, comme le Bureau international du Travail créé après la Première Guerre mondiale, organisation qui aujourd'hui fait partie de ce que l'on appelle le « système onusien ».

Le Haut Commissariat des Nations unies pour les réfugiés a pour mission de protéger et d'aider les réfugiés dans le monde.

Le HCR a été créé en 1951 par l'Assemblée générale des Nations unies avec pour mission de réinstaller quelque 1,2 million de réfugiés européens de la Seconde Guerre mondiale.

Aujourd'hui, le HCR protège et aide plus de 26 millions de personnes dans 140 pays.

Au départ, l'existence du HCR devait être limitée à trois ans.

Près d'un demi-siècle plus tard, le HCR est toujours là, et est même devenu l'une des organisations humanitaires les plus importantes au monde.

Son siège est à Genève, mais l'agence a également des bureaux dans 115 pays. Plus de 80 % de ses 5 000 employés travaillent sur le terrain, souvent dans des régions reculées et dans des conditions difficiles et dangereuses.

Le travail humanitaire du HCR lui a valu à deux reprises le prix Nobel de la paix.

Le HCR travaille en étroite collaboration avec des organisations gouvernementales et non gouvernementales. L'un de ses interlocuteurs privilégiés, au sein de l'ONU, est le PAM (Programme alimentaire mondial) qui approvisionne les réfugiés en nourriture. Mais en plus, l'Unicef, l'Organisation mondiale de la santé, le Programme des Nations unies pour le dévelop-

H

pement, le Département des affaires humanitaires, la Croix-Rouge (CICR et FICR) et l'Organisation internationale pour les migrations aident le HCR à remplir sa mission sur le terrain.

D'autre part, plus de 200 organisations non gouvernementales (ONG) participent aux opérations de secours et aux programmes d'assistance juridique du HCR. Au total, l'organisation collabore avec près d'un millier d'ONG.

Le HCR, depuis quelques années, se trouve, avec les organisations non gouvernementales, confronté à des problèmes nouveaux, comme celui de l'accueil des populations déplacées à l'intérieur d'un même pays du fait de la multiplication des guerres civiles ou des conflits internes. Or, pour ces populations, les Conventions de 1951 sur les réfugiés ne sont pas applicables, d'où des problèmes importants pour assurer leur protection et les secours nécessaires.

Contact :

HCR •Suisse•
Case postale 2500   *Tél.* : 4122 739 85 02
94, rue de Montbrillant   *Fax* : 4122 739 73 14
1211 Genève 2   www.unhcr.ch

Histoire des ONG

Il existe deux façons d'envisager l'histoire des organisations non gouvernementales : soit considérer que les organisations non gouvernementales sont des associations, et dans ce cas-là leur histoire se confond avec celle de l'histoire du mouvement associatif, soit considérer que les organisations non gouvernementales sont une forme spécifique du mouvement associatif qui, bien qu'issue de celui-ci, ne se confond pas avec. En effet, les ONG, pour répondre au « label » qui se cache derrière ce sigle, doivent œuvrer, sauf cas particulier, dans au moins deux

H

pays, et ce pour le bénéfice de tiers, dans le cadre d'une cause d'intérêt général.

Dans le premier cas, l'origine des organisations non gouvernementales remonte à l'antiquité égyptienne. Dans le second cas, les premières formes d'ONG au sens de notre définition se situent autour des années 1000 ; quant à la notion moderne d'ONG, elle remonte à trois siècles environ.

Quelle que soit la thèse retenue, il n'en demeure pas moins que les organisations non gouvernementales ne peuvent exister qu'en présence d'un cadre légal suffisant de liberté pour les individus, cadre qui permet le regroupement de ceux-ci pour élaborer et développer des projets communs.

Cette notion est fondamentale et l'on verra comment la naissance difficile et tardive (1901) de la liberté d'association en France, après plus d'un siècle d'interdiction (Révolution française), a gravement retardé l'apparition d'ONG puissantes, organisées, capables de mener des programmes, et ce, alors même que la France au Moyen Âge avait été l'un des berceaux de la naissance des ONG au sens moderne du terme.

• La naissance du mouvement associatif

Si l'on considère qu'une association est avant tout un regroupement de personnes physiques ou morales, qui d'une façon permanente et volontaire mettent en commun leur savoir-faire ou des moyens matériels dans un but autre que de partager des bénéfices, l'on peut alors, suivant en cela de nombreux historiens, admettre que les premières traces d'un mouvement associatif sont identifiables plusieurs siècles avant notre ère, et spécifiquement en Égypte ; en effet pour Jean-Claude Bardout, dans son ouvrage sur « les libertés d'association, histoire étonnante de la loi de 1901 », il semblerait que les tailleurs de Basse Égypte aient mis en œuvre un service de secours mutuel.

H   224

Toujours selon le même auteur, en droit romain, les XII tables qui ont été rédigées à Rome aux environs de 450 ans av. J.-C., visent expressément la liberté d'association en spécifiant que : « les associés forment entre eux le contrat de leur choix, sous réserve de ne pas porter atteinte aux lois de la République. »

Au fur et à mesure que l'on se rapproche des époques modernes l'existence des associations se fait de plus en plus évidente, que ce soit sous la forme d'associations religieuses, d'associations professionnelles, ou encore d'associations regroupant les commerçants d'une même ville ou des corporations les regroupant par corps de métiers.

Les premières ONG font leur apparition à cette époque et il s'agit d'ordre religieux dont l'objet, sous la forme associative, est de porter secours à autrui.

Mais les associations inquiètent toujours le pouvoir qui souhaite les contrôler, et en France l'histoire des associations sera un long cheminement entre interdiction et autorisation de droit ou de fait.

Mentionnons ainsi qu'au Moyen Âge, Charlemagne interdit les confréries. Un peu plus tard, Philippe Le Bel en 1305 interdit, sous certaines conditions, toute association de plus de cinq personnes et cette interdiction s'accompagne d'emprisonnement en cas d'infraction. Enfin, pour ne citer que ces trois cas, Charles VI interdit toutes les maîtrises et confréries.

L'on pourrait penser que la Révolution française allait consacrer le principe de la liberté d'association tant cette notion est proche des notions de droits humains fondamentaux.

Or, les révolutionnaires sont partagés entre le droit pour les individus de se regrouper, droit qui pourrait être une liberté publique, et la liberté du commerce et de l'industrie qui risque d'être entravée par les regroupements de citoyens.

H

Ainsi, quelques années plus tôt, Turgot en 1776 avait-il essayé de supprimer les corporations qui s'imposaient comme des obstacles à la possibilité d'entreprendre en se mobilisant pour le maintien de leurs privilèges.

Dans ces conditions, la Déclaration des droits de l'homme et du citoyen de 1789, qui est fondamentalement d'inspiration libérale, ne dit absolument rien sur la liberté d'association.

Dans ce cadre flou, de très nombreuses associations politiques vont se constituer entre 1789 et 1792.

Le 21 août 1790 est reconnu le droit pour les citoyens, par décret, de s'assembler et de former des sociétés libres. Cette liberté sera de courte durée, et en un peu plus d'une année, toute possibilité pour les citoyens de s'associer va disparaître.

Le 2 mars 1791 le décret d'Allarde supprime les corporations. Puis, le 14 juin 1791 la loi *Le Chapelier* interdit toute coalition, toute association professionnelle. Enfin, pour achever l'interdiction, le décret du 18 août 1792 supprime les congrégations religieuses.

Ce mouvement d'interdiction généralisée sera aggravé pénalement par le Code pénal du 13 mars 1810 qui, dans son article 291, réprime très durement toute association de plus de 20 personnes.

Sauf à de rares moments (Révolution de 1848), ces textes resteront en vigueur jusqu'en 1901, sauf en ce qui concerne les syndicats ouvriers qui seront autorisés par une loi de 1884 toujours en vigueur.

Ces dispositions légales vont gravement peser sur le développement du mouvement associatif en France même s'il est exact qu'à la fin du XIXe siècle, les textes restrictifs ne sont plus appliqués.

Par voie de conséquence, le mouvement de croissance des ONG se trouve durablement compromis en France et les effets se font encore sentir aujourd'hui en 2003 car les organisations

H

non gouvernementales françaises sont beaucoup plus récentes et beaucoup plus « petites » que les ONG anglaises, allemandes ou américaines.

La plupart des ONG françaises ont fait leur apparition dans les années 1970 et dans des conditions très particulières, alors que paradoxalement la France avait abrité au Moyen Âge d'importantes ONG dont certaines existent encore comme l'Ordre de Malte.

Par contre, le mouvement des ONG est beaucoup plus ancien dans le monde anglo-saxon et un grand spécialiste de l'histoire des ONG, Steve Charnovitz, distingue sept périodes :

– 1775-1918 : émergence ;
– 1919-1934 : engagement ;
– 1935-1944 : désengagement ;
– 1945-1949 : institutionnalisation ;
– 1950-1971 : sous performance ;
– 1972-1991 : intensification ;
– 1992-2003 : accroissement du pouvoir.

Que recouvre chacune de ces périodes selon l'historien déjà cité ?

• Émergence : 1775-1918

Charnovitz considère effectivement que c'est à partir de 1775 que des hommes et des femmes ayant des intérêts communs se sont regroupés sur des thèmes spécifiques, et ce dans le but de peser sur les décisions politiques. Les thématiques suivantes sont alors à l'ordre du jour et soutenues par divers mouvements :

L'abolition de la traite des esclaves avec la société de Pennsylvanie 1775 et la société des amis des Noirs en 1788. Le maintien de la paix avec la société américaine de la Paix en 1828.

H

La solidarité ouvrière, le libre-échange ou encore le droit international seront d'autres thèmes qui viendront nourrir la création d'associations.

Toutefois, cette présentation nous semble réductrice car à cette même époque, en Suisse, en 1863 apparaît le Comité international de la Croix-Rouge (voir Mouvement international de la Croix-Rouge), fondé par Henry Dunant (voir Henry Dunant) et qui, très rapidement, va prendre une place déterminante comme première ONG humanitaire, d'une part dans l'action, et d'autre part va être un instrument de création de normes juridiques internationales comme les conventions visant à protéger les blessés de guerre.

En effet, à la suite de l'appel lancé par Henry Dunant et ses amis, plusieurs gouvernements répondent favorablement à cet appel en date du 26 octobre 1863 et décident de créer les sociétés nationales de la Croix-Rouge.

Le 22 août 1864, douze États signent une convention pour l'amélioration du sort des blessés dans les armées en campagne.

De même, en Grande-Bretagne, le rôle de Florence Nottinghall et du mouvement associatif qu'elle impulse dans le champ sanitaire et social, sont un tournant « moderniste » de la forme d'expression des citoyens. Il faut aussi noter la création de l'Armée du salut en 1865.

• Engagement : 1919-1934

La seconde phase serait caractérisée par l'engagement des ONG dans la société internationale et particulièrement auprès de la toute nouvelle Société des Nations.

En effet, pendant la Première Guerre mondiale de nombreuses organisations non gouvernementales sont nées ou se sont affirmées.

H   228

Lors des négociations qui s'engagent à Paris dans le cadre de la Conférence de paix plusieurs dizaines d'ONG sont présentes ou font parvenir leur point de vue.

La Ligue internationale des femmes pour la paix et la liberté tient congrès à Zurich (Suisse) et adresse des recommandations aux négociateurs pour améliorer le statut de la future Société des Nations, d'autres associations présentes à Paris se battent pour le respect des droits des minorités, ou encore les associations féministes luttent pour obtenir, entre autres une reconnaissance du droit de vote des femmes. Autre secteur privilégié de l'action des ONG : le travail et les droits des travailleurs.

Plusieurs centaines d'ONG sont présentes en permanence à Genève au siège de la Société des Nations et certaines d'entre elles participent directement aux travaux de la Société. On peut même citer le cas d'une ONG, la Chambre de commerce internationale, qui apposera sa signature au bas d'un traité.

• Désengagement : 1935-1944

Après la période d'intense activité des ONG auprès de la Société des Nations, la période 1935-1944 est marquée, selon Charnovitz, par un désengagement des ONG.

Cette affirmation est le constat d'une réalité qui trouve son origine dans la montée des conflits en Europe et en Asie. Certes de tels événements ne sont pas favorables à l'épanouissement d'une intense vie associative internationale, d'autant plus que les libertés d'associations disparaissent dans de nombreux pays (Allemagne nazie, Italie fasciste, Espagne franquiste) et qu'elle est réduite pour des raisons de sécurité nationale dans d'autres pays (France, Belgique etc.). Il n'en demeure pas moins que la période de la Seconde Guerre mondiale va donner naissance à des ONG très importantes qui aujourd'hui encore sont des modèles (CARE, OXFAM, Catholic Relief Services), autant d'organisations qui pèseront d'un poids certain dans la mise en place de l'article 71 de la Charte des Nations

H

unies aux termes duquel est reconnu pour la première fois officiellement le rôle des ONG.

• Formalisation : 1945-1949

Sous ce chapitre, Charnovitz fait référence à « l'officialisation » de l'existence des ONG dans une convention internationale : la charte des Nations unies.

Sous l'influence des ONG américaines, très présentes autour du président américain et de son épouse pendant la guerre, celles-ci font une entrée en force dans la délégation américaine qui négocie à San Francisco puisque selon certaines sources plus de 42 organisations sont présentes.

Rappelons que c'est durant la Seconde Guerre mondiale que certaines associations américaines aussi puissantes que Catholic Relief Services, Church World Service, International Rescue Service ou encore Cooperation for American Remittances font leur apparition comme cela a déjà été mentionné.

Bien qu'il soit difficile de retrouver trace, dans les archives de la conférence qui allait aboutir à la création de l'ONU, des conditions exactes dans lesquelles l'article relatif aux organisations non gouvernementales a été introduit, puisque celui-ci ne figure pas dans les actes préparatoires, il n'en demeure pas moins que l'on peut supposer que la vigilance des organisations présentes et le rôle joué pendant la guerre ont été déterminants dans cette décision de dernière minute.

C'est ainsi que l'article 71 formalise, d'une façon certes modeste, mais officielle, la reconnaissance par un traité international du rôle des organisations internationales non gouvernementales.

En effet, et comme cela a déjà été dit plus haut, certaines instances internationales, comme la Société des Nations, avaient régulièrement consulté d'une façon informelle les ONG qui ont joué pendant toute cette période un rôle d'expertise, celles-ci ne disposant d'aucun statut officiel.

H

L'article 71 prévoit : « *Le Conseil économique et social peut prendre toutes dispositions utiles pour consulter les organisations non gouvernementales qui s'occupent de questions relevant de sa compétence. Ces dispositions peuvent s'appliquer à des organisations internationales et, s'il y a lieu, à des organisations nationales après consultation du Membre intéressé de l'Organisation.* »

Le contenu de cet article sera progressivement formalisé par diverses résolutions du Conseil économique et social qui organisera le mode de consultation entre lui et les organisations non gouvernementales, la dernière résolution en date étant celle du 31 juillet 1996 qui « codifie » les rapports entre les ONG qu'elles soient nationales ou internationales et les Nations unies. Progressivement, tout le système « onusien » se dotera d'une façon ou d'une autre de statuts inspirés de celui préconisé par le Conseil économique et social. Puis l'ensemble des organisations internationales gouvernementales comme le Conseil de l'Europe, l'Agence de la Francophonie, l'Organisation pour la Sécurité et la Coopération en Europe... suivront ce mouvement.

• **Limitation : 1950-1971**

Cette période, pour continuer l'analyse de Charnovitz, correspond sur le plan international à une stagnation, voire un repli des ONG.

En effet, après l'époque d'intense activité qui suit la guerre et l'établissement du statut consultatif auprès des Nations unies, la guerre froide va geler le développement international des associations. De plus, le très faible rôle joué par le Conseil économique et social des Nations unies en particulier, et le système onusien en général, ne sont pas des éléments favorables à la consultation des ONG.

Certains auteurs notent qu'il y avait moins d'ONG présentes à Genève dans les années 1960 qu'il n'y en avait avant la

H

Seconde Guerre mondiale, et qu'il y avait même plus de coopération avec la SDN qu'il n'y en a à cette époque avec les Nations unies.

Sur le terrain, la guerre froide divise les pays et chaque camp est maître chez soi et l'on ne concevrait pas que des ONG occidentales puissent intervenir directement sur le terrain conflictuel de l'Est.

À l'Est, la liberté d'association est quasiment inconnue et l'on voit mal comment des ONG auraient pu se constituer sur un « terrain » aussi peu favorable. Les guerres civiles qui éclatent ou les mouvements indépendantistes qui apparaissent sont analysés comme des épiphénomènes de la grande rupture Est/Ouest et de la compétition que les deux blocs se livrent pour la conquête du monde. Il faudra attendre la fin de la guerre froide pour que l'on prenne conscience que certains conflits sont plus profonds et correspondent à des réalités géopolitiques ethniques qui avaient été occultées par la guerre froide.

Sur le plan national, les ONG qui s'implantent et recueillent une certaine audience appartiennent à la mouvance tiers-mondiste. Ces ONG, dans le cadre de la décolonisation, tentent de mettre en place des programmes de développement.

La guerre du Biafra va marquer un important tournant pour les ONG tant sur le plan international que national et cela pour plusieurs raisons.

D'abord, les ONG vont faire leur apparition « massivement » dans le secteur qui jusque-là était le monopole d'une organisation, le Comité international de la Croix-Rouge, c'est-à-dire le secteur de l'action humanitaire d'urgence.

Par ailleurs, les ONG du secteur humanitaire vont occuper le devant de la scène médiatique, le « tapage » audiovisuel étant une de leur technique. Cela constitue une rupture à la fois avec les pratiques du Comité déjà cité ou même les ONG de développement tiers-mondiste.

Enfin, les ONG vont s'immiscer et s'inviter sur le terrain des relations internationales avec la naissance du « sans frontiérisme », ce qui change complètement la nature politique du rôle des ONG dans cette sphère par rapport au rôle joué tant avant la Seconde Guerre mondiale que pendant.

• Intensification du rôle des ONG : 1972-1991

Si le comité international de la Croix-Rouge a profondément marqué de son empreinte les organisations non gouvernementales, en étant dans son domaine — celui de l'action humanitaire — un modèle, et dans celui de l'influence sur la création de la norme internationale, une référence, paradoxalement, il sera le creuset de l'émergence d'un nouveau type d'action des organisations non gouvernementales dont certaines d'entre elles marqueront fortement le paysage associatif international. Cette « nouvelle vague » des organisations non gouvernementales s'inscrira dans le mouvement « sans frontiériste ».

En effet, en 1967/1968, sept ans après son indépendance, le Nigeria, ancienne colonie anglaise peuplée par les Ibos à dominante catholique, voit sa riche province pétrolière du Biafra faire sécession. Pour réduire cette tentative, le gouvernement impose un terrible blocus qui provoquera la mort de plusieurs centaines de milliers de personnes.

Plusieurs organisations vont tenter de porter secours aux populations locales alors que la Croix-Rouge internationale se trouve paralysée par ses principes fondateurs, neutralité et impartialité, qui l'obligent à obtenir l'accord de tous les belligérants avant de pouvoir intervenir matériellement sur le terrain.

Face à une situation dont progressivement l'opinion publique s'empare en voyant à la télévision les images dramatiques d'enfants qui meurent de faim, les secours s'organisent, notamment sous l'impulsion d'une quarantaine d'Églises catholiques

H

et protestantes qui, regroupées au sein du Joint Church Aid, organisent à partir d'une île proche des côtes africaines un pont aérien pour apporter de la nourriture.

Le Joint Church Aid, en s'affranchissant des règles de souveraineté des États crée l'embryon du droit/devoir d'ingérence dont seront porteuses plus tard d'autres organisations comme Médecins du monde.

Parallèlement, certains médecins, notamment français, partis en mission avec la Croix-Rouge française, reviennent et rompent le silence qui jusqu'alors est la règle en vigueur, en rendant publiques des scènes dont ils ont été témoins.

Là aussi, en s'affranchissant de la règle de la confidentialité qui pendant pratiquement un siècle a été à la base de l'action humanitaire « moderne » inventée par Henry Dunant, une nouvelle forme d'action/témoignage est née, qui, avec le « sans frontiérisme », constitue les deux caractéristiques de l'action humanitaire du dernier tiers du XXe siècle.

Ce mouvement va profondément renouveler, notamment en France, le concept d'ONG avec des présences massives sur le plan médiatique et l'occultation corrélative des ONG de développement.

Par ailleurs, l'intervention soviétique en Afghanistan dans les années 1980 va conduire à une forte mobilisation des ONG occidentales qui, non seulement vont populariser par leur action la lutte des résistants, mais vont aussi intervenir directement sur le terrain. L'Afghanistan va aussi être l'occasion de l'apparition de nouvelles ONG issues du monde islamique qui vont s'installer dans les camps de réfugiés afghans au Pakistan.

D'autres secteurs vont aussi connaître de profonds bouleversements comme celui de l'environnement, et de très importantes associations vont faire leur apparition telles que Greenpeace ou le WWF, soutenues par une opinion publique fortement sensibilisée à ces problématiques nouvelles par quel-

H   234

ques catastrophes écologiques notamment dans le secteur maritime, ou encore dans le nucléaire.

- **1992-2003 : la prise de pouvoir ?**

Cette période serait caractérisée, selon certains, par une véritable prise de pouvoir des ONG comme représentantes de la société civile. Qu'en est-il ?

Tout d'abord, cette période correspond à l'émergence de nouvelles relations internationales après l'effondrement du bloc soviétique, nouvelles relations qui vont se traduire par un rôle accru des Nations unies et notamment de l'ECOSOC.

Parallèlement du fait de la moindre intensité des oppositions idéologiques dans les pays, va se développer un mouvement d'intensification du mouvement associatif et une forte aspiration des citoyens à s'organiser librement sous forme associative dans la vie quotidienne pour prendre en charge leur destin, mouvement d'autant plus intense que dans de nombreux pays l'État tend à se désengager de nombreux secteurs laissant ainsi la place à l'initiative privée.

La naissance ou la poursuite sous d'autres formes, mais avec d'autres acteurs, de nombreux conflits dévastateurs (ex-Yougoslavie, Angola, Mozambique, Rwanda, Cambodge, Somalie, Zaïre Libéria, Sierra Leone Tchétchénie, Kosovo etc.) vont amener les ONG à jouer un rôle essentiel dans les relations internationales.

De nouveaux acteurs vont apparaître ou s'affirmer comme des partenaires incontournables des ONG notamment en Europe. C'est ainsi que l'Union européenne, en quelques années, va devenir le principal bailleur de fonds mondial non seulement de l'aide au développement, mais aussi de l'action humanitaire d'urgence, entraînant dans son sillage une formidable croissance des ONG européennes. En effet, dès l'origine, le choix a été fait de ne pas recourir à des prestataires publics, mais de s'appuyer sur l'action du monde associatif pour assu-

H

rer à la fois les programmes de développement et l'action d'urgence.

La multiplication des vecteurs de communication comme le câble, l'Internet, la télévision par satellite, qui vont faciliter d'un bout à l'autre de la planète la mobilisation citoyenne et les grandes négociations mondiales sur le commerce, vont renforcer le sentiment de « village planétaire » ou de globalisation.

Tous ces phénomènes vont amener à une multiplication du nombre des ONG, notamment dans les pays du Tiers-Monde ou de l'ex-Bloc soviétique, et à un renforcement considérable des moyens financiers des ONG du Nord.

Ainsi, certaines ONG du Nord ont-elles parfois des budgets supérieurs au budget de certains États du Sud.

Parallèlement à cette double croissance, et aussi comme conséquence de celle-ci, les ONG vont jouer un rôle de plus en plus important dans les relations internationales, tout d'abord en devenant des acteurs à part entière de toutes les grandes conférences internationales, notamment celles organisées sous l'égide des Nations unies.

De Rio (environnement) à Pékin (les femmes), en passant par Istanbul ou Copenhague (habitat et urbanisme), au sommet du millenium à New York ou encore Johannesburg en 2002, pas une seule conférence internationale n'a lieu sans que les ONG ne tiennent des sommets parallèles ou ne soient associées à ces forums.

Ensuite, face à certaines crises internationales et du fait de l'incapacité des États à trouver les compromis politiques ou les solutions militaires, les ONG vont jouer pendant plusieurs années un rôle fondamental d'assistance humanitaire, rôle parfois contestable lorsqu'il a permis d'occulter la carence de la communauté internationale à prendre ses responsabilités comme ce fut le cas dans la guerre en ex-Yougoslavie, et que parallèlement les ONG ont fait l'objet de financements publics considérables de la part de ces mêmes États.

H   236

D'autre part, la mise en place de coalitions d'ONG pour des campagnes internationales, si elle n'est pas un phénomène nouveau, a néanmoins abouti au cours de ces dix dernières années, à l'élaboration de traités internationaux de toute première importance : le traité sur l'interdiction des mines antipersonnel ou encore la Cour pénale internationale, autant de traités pour l'élaboration desquels les ONG ont pris une part active et pour lesquels elles joueront un rôle déterminant quant à leur application. Ainsi la Cour pénale est-elle saisie déjà de plusieurs dizaines de plaintes provenant pour l'essentiel d'ONG.

Enfin, les ONG ont, au cours de ces dix dernières années, largement renforcé leurs réseaux internationaux soit par la création de vastes fédérations soit par la mise en place de véritables filiales à l'instar des sociétés commerciales, de sorte que leur capacité de mobilisation de l'opinion publique est considérable grâce aux outils modernes de communication. Ainsi, les travaux de certaines ONG, notamment dans les domaines des droits humains ou de l'environnement, sont-ils attendus avec une certaine inquiétude par les États qui craignent de se trouver dénoncés dans ces documents.

De quelques dizaines au début du siècle précédent, les ONG sont aujourd'hui plus de 30 000 selon l'Union internationale des associations, chiffre qui connaît encore aujourd'hui une forte croissance notamment dans les États du Sud. Malgré cela, il convient de ramener ce phénomène à quelques réalités incontournables : au niveau des relations internationales, les ONG sont certes des « puissances associatives citoyennes » qui comptent, capables d'influencer l'opinion publique, mais la réalité du système repose sur la notion d'État et les ONG n'ont sûrement pas pris le pouvoir, ni même n'ont le monopole de la représentation de la société civile.

H

HIVOS

(Pays–Bas)

Date de création : 1968.

Origine : Pays-Bas.

Réseau international/Pays-Bas : HIVOS dispose d'antennes au Kenya, en Tanzanie, Ouganda, Kazakhstan, Kyrgyzstan, Sri Lanka, Indonésie, Timor, Viêtnam, Cuba, Grenade, Dominique, Saint Vincent Sainte Lucie, Bolivie, Chili, Équateur, Pérou.

Historique et mission sociale : HIVOS est une organisation non gouvernementale créée en 1968 par des membres du mouvement humaniste des Pays-Bas. L'action d'HIVOS est basée sur les philosophies humanistes, c'est-à-dire la responsabilité individuelle de la personne humaine, le pluralisme, la tolérance et le droit à la détermination individuelle.

Depuis 1978, HIVOS bénéficie du statut officiel d'agence de co-financement pour le développement, ce qui lui permet d'avoir accès à d'importants fonds publics dans le secteur du développement.

HIVOS lutte pour la construction d'un monde libre, plus juste dans le cadre d'un développement durable en s'appuyant, en particulier, sur le rôle des femmes dans les sociétés civiles des pays du Sud. Avec un budget de plus de 45 millions d'euros en 2001, HIVOS est l'une des plus importantes organisations non gouvernementales hollandaises.

Budget 2001 : 46,1 millions d'euros dont 77 % de fonds publics.

Contact :

HIVOS •Pays-Bas•
Raamweg 16
2596 HL La Haye
www.hivos.nl

Tél. : 00 31 0 70 376 55 00
Fax : 00 31 0 70 362 46 00
E-mail : hivos@hivos.nl

H

HPN

(Humanitarian Practice Network)

Humanitarian Practice Network est un réseau destiné à fournir des informations aux ONG et aux membres des ONG, ou à toute personne intéressée par le secteur de l'action humanitaire, ainsi que des commentaires et des analyses sur les pratiques des ONG humanitaires, et ce aussi bien dans le domaine de l'action humanitaire d'urgence que de l'aide au développement.

À cet effet, HPN publie de nombreux articles et de nombreuses revues ou livres concernant les pratiques de l'action humanitaire. HPN organise des formations pour les acteurs humanitaires, ainsi que des conférences ou des séminaires sur des problèmes généraux ou spécifiques de l'action humanitaire.

Contact :

HPN •Grande-Bretagne•
111 Westminster Bridge Road
London SE1 7JD – UK
www.odihpn.org.uk

Tél. : 44 (0) 20 7922 0331/74
Fax : 44 (0) 20 7922 0399
E-mail : hpn@odi.org.uk

HWR

(Human Right Watch)

Date de création : 1978.

Origine : États-Unis.

Réseau international : États-Unis, Belgique, Grande-Bretagne.

Historique et mission sociale : Human Right Watch a été fondée en 1978, sous le nom d'Helsinki Watch, dans le but de surveiller la façon dont les pays du bloc soviétique respecteraient les clauses relatives aux droits humains contenues dans les accords d'Helsinki. Peu après, au début des années 1980, fut créé le groupe Americas Watch dans le but de surveiller les violations des droits humains en Amérique centrale, en partant du principe que les violations de ces droits humains étaient tout aussi inacceptables quels que soient les auteurs. En 1988, les différents comités fusionnèrent pour former Human Right Watch.

HWR est la plus importante des organisations de défense des droits humains basées aux États-Unis.

Le mandat d'Human Right Watch est de se tenir aux côtés des victimes et des défenseurs des droits humains afin de prévenir toute forme de discrimination, préserver les libertés politiques, protéger les gens contre tout comportement inhumain en temps de guerre et traduire en justice tout coupable de non-respect des droits humains.

Pour atteindre ses objectifs, HWR mène des enquêtes et publie des rapports pour attirer l'attention de l'opinion publique et alerter les gouvernements. Les actions de Human Right Watch couvrent l'ensemble des pays.

Ressources humaines : 150 salariés.

Budget 2002 : 19 531 358 US dollars.

Contact : **États-Unis**

HUMAN RIGHT WATCH •États-Unis•
350 Fifth Avenue – 34 Floor
New York   *Tél.* : 1 212 290 4700
NY 10118-3299   *Fax* : 1 212 736 1300
www.hrw.org   *E-mail* : hrwnyc@hrw.org

Europe

HUMAN RIGHT WATCH •Belgique•
Rue Van Campenhout 15   *Tél.* : 32 2 732 2009
1000 Bruxelles   *Fax* : 32 2 732 0471
www.hrw.org   *E-mail* : hrwatcheu@skynet.be

H

I

IASC

(Inter-Agency Standing Committee)

Date de création : 1991.

L'IASC, c'est-à-dire le comité permanent des agences qui interviennent dans les secours humanitaires, est un comité créé en 1991 par l'Assemblée générale des Nations unies et dont l'objet est de coordonner l'action des différents partenaires qui agissent dans les secours humanitaires d'urgence. Ce comité regroupe : les principales agences onusiennes (Unicef, PNUD, HCR, etc.), les principales organisations non gouvernementales regroupées au sein de trois comités internationaux : Inter-Action (États-Unis), ICVA (International Council of Voluntary Agencies), et le Comité permanent d'action humanitaire (Steering Committee for Humanitarian Response), ainsi que les trois organisations suivantes : l'Organisation internationale pour les migrations, le Comité international de la Croix-Rouge, et la Fédération internationale de la Croix-Rouge et du Croissant-Rouge.

L'IASC est un exemple type des nouvelles passerelles qui existent au niveau international opérationnel pour coordonner

I

les secours humanitaires d'urgence que ce soit dans le cadre de catastrophes humaines ou de catastrophes naturelles.

L'IASC travaille en étroite collaboration avec l'OCHA (Office for the Coordination of Humanitarian Affairs) qui est l'administration onusienne permanente chargée de coordonner l'action humanitaire et de conseiller le secrétaire général ainsi que le Conseil de sécurité.

Ibiscus (guide)

Le guide Ibiscus est un annuaire français des organisations non gouvernementales.

Ibiscus est un guide édité par la Commission coopération développement (COCODEV).

Les informations figurant dans ce guide proviennent de trois sources différentes : les collectifs des associations de solidarité internationales ou organisations non gouvernementales, la Mission pour la coopération non gouvernementale du ministère des Affaires étrangères et le réseau Ibiscus.

Ce guide fournit des renseignements pratiques à la fois sur :
– Les organisations non gouvernementales ;
– Les actions du ministère des Affaires étrangères dans le domaine de la solidarité internationale ;
– Le volontariat et le bénévolat ;
– Les agences françaises de coopération ;
– Les instances de concertation entre les pouvoirs publics et les associations ;
– Les plates-formes associatives par thèmes et par pays ;
– Les enseignements professionnels ou universitaires publics ou privés relatifs à l'action internationale ;
– Des index thématiques par pays et par type d'action ;

I

– Des index sur les plates-formes régionales de solidarité en France.

Ce guide est mis à jour tous les trois ans et la dernière édition date de 2003.

Le guide Ibiscus est un outil indispensable pour tous ceux qui veulent travailler soit comme salarié, soit comme bénévole ou volontaire dans le secteur des organisations non gouvernementales et spécifiquement dans des associations de solidarité internationale.

Contact :

GUIDE IBISCUS •France•
1, bis rue du Havre   *Tél.* : 01 42 94 25 21
75008 Paris   *Fax* : 01 42 94 25 91
                       E-mail : mensah@ibiscus.fr

ICBL

(International Campaing to Ban Landmines)

Comme la coalition internationale pour la Cour pénale internationale, la campagne internationale pour l'interdiction des mines terrestres est un exemple de regroupement de plusieurs centaines d'organisations non gouvernementales dont l'objectif était de faire adopter un traité international tendant à interdire l'emploi de ces armes. Cette campagne est née en 1992 à l'initiative de 6 ONG. Rapidement, elle va prendre une importance considérable et 1 400 ONG vont participer aux actions internationales.

Avec l'appui de plusieurs gouvernements, dont notamment celui du Canada qui va jouer un rôle déterminant, l'ICBL va proposer aux États la rédaction d'un traité interdisant la fabrication et l'emploi des mines qui sera signé en 1997 à Ottawa (Canada).

En 1998, l'ICBL a mis en place l'observatoire des mines et, en application du traité, les ONG participent, dans de nombreux états, aux actions d'éradication des mines.

Le 3 décembre 1997, l'ICBL a obtenu le prix Nobel de la paix pour son action.

ICFO

(International Committee on Fundraising Organization)

ICFO est une organisation qui a été créée en 1958 et qui regroupe des institutions nationales dont l'objectif est d'établir des règles éthiques communes pour les organismes relevant du secteur non lucratif qui font appel à la générosité du public pour soutenir et financer leurs actions.

Depuis sa création, ICFO a établi cinq principes de base qui doivent être impérativement respectés par les organisations qui en sont membres *via* les regroupements nationaux.

Ces cinq normes concernent :

– La gouvernance des ONG ;
– Le contrôle des moyens mis en œuvre pour remplir la mission sociale de l'ONG ;
– Le contrôle public des comptes, management et rapports financiers ;
– Les pratiques concernant la collecte des fonds ;
– L'information du public.

• La gouvernance des ONG

L'organe de direction doit avoir au moins 5 membres.

Les personnes membres de l'organe de direction ne doivent pas être rémunérées pour leur fonction au sein de l'organe de direction.

Les personnes membres de l'organe de direction doivent être indépendantes, agir dans l'intérêt de l'ONG et assister régulièrement aux réunions de l'organe de direction.

- **Le contrôle des moyens mis en œuvre pour remplir la mission sociale de l'ONG**

Les missions de l'association et les décisions prises pour remplir les objectifs fixés par la mission sociale devront figurer dans l'ensemble des documents publics de l'organisation, ainsi que dans l'ensemble des documents adressés au public dans le cadre des collectes de fonds.

Les activités de l'association doivent contribuer à atteindre les buts fixés par l'association dans le cadre de sa mission sociale.

- **La responsabilité financière**

Les comptes annuels doivent être préparés et certifiés par des professionnels indépendants et qualifiés.

Les dépenses de l'association doivent être proportionnées aux activités et à la dimension de l'association. Elles doivent être en rapport avec sa mission sociale.

- **Les pratiques relatives à la collecte de fonds**

Les appels à la générosité du public doivent contenir des éléments vrais, précis et ne pas induire en erreur.

Le coût de la collecte de fonds doit être limité à des sommes raisonnables, proportionnées à l'ensemble des dépenses de l'organisation, et l'efficacité des moyens utilisés doit être régulièrement contrôlée.

- **L'information publique**

Les informations relatives aux activités de l'organisation, ainsi que les résultats obtenus, doivent être mis gracieusement à la disposition du public. L'information doit être claire et facilement compréhensible

I

Des rapports narratifs aisément compréhensibles doivent être fournis pour une meilleure compréhension des informations financières et permettre les comparaisons appropriées.

Les organisations nationales membres de l'ICFO sont :

- *Autriche* : Osterreichische Forschungsstiftung für Entwicklungshilfe OFSE ;
- *Canada* : Canadian Coucil of Christian Charities CCCC ;
- *France* : Comité de la Charte ;
- *Allemagne* : Deutsches Zentralinstitut für soziale fragen ;
- *Pays-Bas* : Central Bureau Fondsenwerving ;
- *Norvège* : Stiftelsen Innsamlingskontrollen i Norge ;
- *Suède* : Stiftelsen för Insamlingskontroll ;
- *Suisse* : Stiftung ZEWO ;
- *Grande-Bretagne* : Accrediting Bureau for Fundraising Organisations ;
- *États-Unis* : Evangelical Council for Financial Accoutability.

Même si l'ICFO est loin de regrouper, *via* les organisations nationales qui en sont membres, l'ensemble des organisations non gouvernementales qui font appel à la générosité du public, il n'en demeure pas moins que ce regroupement volontaire constitue déjà une amorce significative de structuration car les pays concernés abritent les principales organisations. De plus, dans chacun des pays, les membres qui composent l'entité nationale sont aussi les principaux collecteurs du pays.

Par ailleurs, l'ICFO a établi des normes qui sont largement acceptées aujourd'hui par l'ensemble des organisations non gouvernementales et cette sorte de code éthique de la collecte de fonds et de la gouvernance d'organisation est un progrès pour le donateur.

I

Contact :

ICFO •Allemagne•
Burkhard Wilke C/o Deutsches Zentralinstitut
Für soziale Fragen/DZI Bernadottestr 94
E-mail : wilke@dzi.de

ICG

(International Crisis Group)

Date de création : 1995.

Origine : États-Unis.

Réseau international : Europe, Asie, Afrique, Amérique latine.

Historique et mission sociale : ONG d'origine nord-américaine fondée par de hautes personnalités dont la volonté était de créer un institut indépendant d'études géopolitiques.

ICG intervient dans les relations internationales avec des études rédigées par des chercheurs et la diffusion de ces études auprès des principaux dirigeants privés ou publics. ICG a, en quelques années, atteint une réputation mondiale. ICG organise de nombreux séminaires et conférences sur la situation internationale ou les situations propres à des pays en crise dans les zones particulièrement sensibles.

Budget 1999 : 2 280 568 dollars US.

Contact :

Europe

ICG •Belgique•
149 avenue Louise-Level 16   *Tél.* : 32 2 502 90 38
B 1050 Brussels   *Fax* : 32 2 502 50 38
www.crisisweb.org   *E-mail* : icgbrussels@crisisweb.org

ICNL

(International Center For Not Profit Law)

ICNL est une importante ONG américaine fondée en 1984 et dont l'objet est d'apporter une information et un soutien aux pays en voie de développement et aux pays de l'ex-Europe de l'Est et de l'Europe centrale dans le secteur associatif et des ONG, afin de renforcer la société civile et la démocratie dans ces pays.

Ce soutien se manifeste notamment dans les secteurs suivants :

- Assistance juridique pour la construction du cadre légal des ONG et les modalités d'enregistrement ;
- Régime fiscal des associations et de leurs donateurs ;
- Participation des citoyens à la vie associative ;
- Partenariats entre les ONG et les gouvernements ;
- Assistance technique aux autorités gouvernementales pour la mise en place des procédures d'enregistrement des ONG, de taxation et de relation avec les ministères ;
- Conseils pour la mise au point et le développement des formulaires ;
- Formation juridique et renforcement des procédures ;
- Information sur les codes de conduite et autres outils nécessaires à la gouvernance des ONG.

Parallèlement, ICNL organise des séminaires de formation dans de nombreux pays et met au point une banque de données, accessible par Internet, sur tous les thèmes qui touchent à la vie associative et au renforcement de celle-ci ainsi qu'à ses possibilités de financement. ICNL finance également des études sur l'environnement associatif.

I

Pour réaliser ses projets, ICNL dispose d'un budget annuel qui en 2002 dépasse les 3 millions de dollars US, alors qu'il était en 1994 inférieur à 300 000 dollars US.

Ce budget est alimenté par des contributions de nombreux donateurs dont l'Agence américaine de développement USAID, la Banque mondiale, le Fonds monétaire international, la fondation Ford, la fondation Rockfeller, la Banque asiatique de développement, etc.

Progressivement, ICNL s'est imposé comme un acteur majeur de l'aide à la création du cadre légal associatif dans les pays qui ignoraient ce cadre légal.

En mai 2001, USAID a signé un partenariat portant sur une contribution de plus de 4,5 millions de dollars US sur 3 ans, pour permettre le financement d'actions de formation dans 15 pays, en particulier dans les Balkans et en Croatie.

Contact :

ICNL •États-Unis•
Washington Office 733   *Tél.* : 202-624-0766
15th Street, NW, Suite 420   *Fax* : 202- 62460767
Washington, DC 20005-2112   www.icnl.org

ICSU

(International Council of Scientific Unions)

L'origine de cette ONG remonte à 1919, ce qui en fait l'une des plus anciennes et aussi l'une des plus importantes dans les domaines techniques et scientifiques. Cette ONG a été créée à Paris sous le nom de International Research Council.

Elle regroupe plus de 120 membres qui se décomposent comme suit : 25 unions scientifiques internationales et 95 associations ou commissions nationales. Il convient d'ajouter 24 associés scientifiques internationaux.

I

L'objet de cette union est de regrouper les scientifiques de toutes les disciplines afin de briser les barrières de la spécialisation en encourageant et coordonnant les programmes multidisciplinaires internationaux et en créant des organes pluridisciplinaires chargés de mener des activités et des programmes de recherches.

Contact : www.icsu.org

ICVA
(International Council of Voluntary Agencies)

Date de création : 1962.

ICVA est l'un des réseaux d'ONG les plus anciens agissant dans le champ des droits humains, de l'action humanitaire et du développement, avec pour objectif d'échanger des informations et des conseils dans l'action humanitaire et les problèmes des réfugiés entre les organisations non gouvernementales membres.

À cet effet, ICVA fournit des informations aux ONG membres et s'attache à renforcer les partenariats entre les ONG et les agences internationales.

ICVA a pour objectif d'agir comme un catalyseur pour l'échange d'informations entre les ONG et de renforcer le réseau existant entre les ONG pour que celui-ci agisse avec plus d'efficacité auprès des agences internationales.

Renforcer les actions des ONG dans leur capacité à promouvoir le conseil.

I

Contact :

ICVA •Suisse •
48, chemin du Grand-Montfleury   *Tél.* : 41 (22) 950 96 00
1290 Versoix   *Fax* : 41 (22) 950 96 09
E-mail : secretariat@icva.ch

IDI

(Institut de droit international)

Date de création : 1873.

Origine : Belgique.

Historique et mission sociale : l'Institut de droit international est l'une des plus anciennes ONG puisqu'elle a été créée le 8 septembre 1873.

Elle a été aussi l'une des premières ONG à recevoir le prix Nobel de la paix en 1904.

Le but de l'Institut de droit international est de rendre des services pratiques dans le domaine du droit international. En effet, les fondateurs de l'Institut ont été très frappés de voir que pendant la guerre franco-prussienne de 1870/1871 les conventions de Genève avaient été très peu respectées. Pour remédier à cet état de fait ils décidèrent de créer une autorité scientifique privée qui ferait autorité par ses avis qu'elle adresserait aux gouvernements concernés.

Parmi les membres fondateurs de l'Institut de droit international figure Gustave Moynier, qui est aussi fondateur du Comité international de la Croix-Rouge.

L'Institut se réunit tous les deux ans et constitue une ONG très « fermée » qui ne comporte qu'un peu plus d'une centaine de membres, tous éminents juristes. Ces personnalités travaillent dans 16 commissions qui chacune traite d'un thème spécifique.

Contact :

IDI •Suisse•
132, rue de Lausanne
Case Postale 36
CH-1211 Genève 21
www.idi-iil.org

Tél. : 00 41 0 22 908 57 20
Fax : 00 41 0 22 908 57 10
E-mail : gerardi@hei.unige.ch

IDIH

(Institut de droit international humanitaire)

Date de création : 1970.

Origine : Italo-suisse.

Bien que peu connu du grand public, l'Institut de droit international humanitaire est une organisation non gouvernementale qui joue un rôle essentiel dans la diffusion du droit international humanitaire.

Ses objectifs sont la promotion, le développement, l'application et la diffusion du droit international humanitaire dans toutes ses dimensions afin de contribuer à la sauvegarde et au respect des Droits de l'homme et des libertés fondamentales à travers le monde.

À cet effet, l'IDIH organise des cours pour les militaires et de très nombreuses sessions d'enseignement sur le droit international humanitaire et le droit des réfugiés.

Cet enseignement est l'occasion pour des responsables politiques ou militaires réunis à San Remo d'échanger leur savoir-faire, leurs connaissances et de mieux se connaître. Ce brassage permet la création d'un réseau international fait de res-

I

pect mutuel et de convictions par rapport au droit international humanitaire.

L'expertise de l'Institut est reconnue par tous les gouvernements et, chaque année, l'Institut organise, à son siège de San Remo — dans une villa qui a appartenu à Alfred Nobel — un séminaire sur les problèmes d'actualité relatifs au droit international humanitaire et à son application, séminaire auquel participent les meilleurs spécialistes de la question.

Contact :

IDIH •Italie•
Villa Nobel Corso Cavallotti 112
18038 San Remo
www.idih.org

Tél. : 00 39 0184541848
Fax : 00 39 01845 41600
E-mail : sanremo@iihl.org

IHNG

(Institutions humanitaires non gouvernementales)

Ce sigle, qui figure dans le Code de conduite proposé par le Comité international de la Croix-Rouge à la signature des organisations non gouvernementales, sert à désigner le Comité international de la Croix-Rouge et les institutions qui lui sont proches, comme les sociétés nationales des Croix-Rouge ou la Fédération internationale de la Croix-Rouge, par rapport aux autres organismes qui interviennent dans l'action humanitaire et qui sont alors qualifiées d'Organisations non gouvernementales.

I

INTER-ACTION

Inter-Action est une plate-forme associative, créée en 1984 qui regroupe plus de 160 ONG ayant leur siège aux États-Unis.

Les ressources cumulées des membres d'Inter-Action dépassent les 3 milliards de dollars US.

Parmi les membres du comité directeur d'Inter-Action, on trouve notamment : Mercy Corp International, Save The Children, OXFAM America, Physicians for Human Rights, CARE, World Vision, etc.

Inter-Action est membre du IASC c'est-à-dire du comité permanent de l'Organisation des Nations unies chargé de coordonner, sous le contrôle d'OCHA, les secours humanitaires d'urgence.

Inter-Action est probablement la principale plate-forme mondiale, si on mesure la capacité financière et la capacité humaine, de réponse à des catastrophes naturelles ou humaines mondiales.

Les principaux axes de travail d'Inter-Action sont :

- Le renforcement de l'identité de l'autonomie et de la crédibilité de chacun de ses membres ;
- Fournir des services par l'organisation de réunions ouvertes pour permettre des actions concertées ;
- Établir des règles éthiques dans le fonctionnement et l'exécution des missions ;
- Encourager la reconnaissance du rôle des ONG humanitaires.

Depuis plusieurs années, Inter-Action organise au mois de mai un forum annuel à Washington (États-Unis) où se retrouvent plus de 500 personnalités issues des diverses structures de l'action humanitaire : agences onusiennes, experts, membres des ONG, enseignants, fonctionnaires, sur un thème défini pour

I

réfléchir aux problèmes actuels de l'action humanitaire et des secours d'urgence.

Contact :

> INTER-ACTION •États-Unis•
> 1717 Massachusetts Avenue NW
> Suite 701   *Tél.* : 202 667-8227
> Washington, DC 20036   *Fax* : 202 667 8236
> www.interaction.org   *E-mail* : webmaster@interaction.org

INTERMON

Date de création : 1956.

Origine : Espagne.

Réseau international/Espagne : Intermon fait partie du réseau OXFAM international (11 délégations internationales dans le monde). En Espagne : 9 délégations régionales et 31 comités locaux. Présence dans 107 pays.

Historique et mission sociale : Intermon a été créée en 1956 par la Compagnie de Jésus pour appuyer le travail des mission-naires en Amérique latine et en Afrique. Aujourd'hui, Inter-mon-OXFAM travaille auprès des populations pauvres d'Amé-rique latine, d'Afrique et d'Asie. En 1986, Intermon se sépare de la Compagnie de Jésus et devient une fondation à part entière et indépendante. En 1997, Intermon rejoint le réseau OXFAM international. Intermon dirige plus de 600 projets dans 35 pays en finançant des associations locales. Intermon a, éga-lement, un département urgences pour intervenir immédiate-ment en cas de catastrophe naturelle ou de catastrophe humaine.

Intermon promeut des campagnes de sensibilisation de l'opinion publique sur la problématique du commerce équitable et œuvre afin de construire un monde solidaire.

Intermon est l'une des principales ONG espagnoles.

Ressources humaines : réseau OXFAM 1 600 000 adhérents dont 134 000 en Espagne.

Budget 2002 : 38 millions d'euros dont 68 % de fonds privés et 32 % de fonds publics. Plus de 50 % des fonds collectés sont consacrés à des programmes en Amérique latine et 34 % à l'Afrique.

Contact :

INTERMON •Espagne•
Roger de Lluria 15/17
08010 Barcelone
www.intermonoxfam.org

Tél. : 00 34 902 330 331
Fax : 00 34 93 482 07 07
E-mail : info@intermon.org

INTERNATIONAL DISPENSARY ASSOCIATION

Date de création : 1972.

Origine : Pays-Bas.

Réseau international : NC.

Historique et mission sociale : IDA est une association originale créée en 1972 par des pharmaciens dont l'objectif était de fournir des médicaments à prix réduit, soit à des clients résidant dans les pays en développement, soit à des organisations non gouvernementales œuvrant dans les pays en développement aussi bien dans le secteur de l'action humanitaire d'urgence que dans celui du développement.

I

En quelques années, IDA est devenue la plus grande organisation non gouvernementale dont l'objet social est d'approvisionner les pays du Sud ou les organisations non gouvernementales en matériel médical et médicaments. IDA achète et vend des médicaments et du matériel en appliquant une marge comprise entre 10 et 15 % et ce pour couvrir les frais de gestion. À la fin de l'année, si l'association dégage des bénéfices, ceux-ci sont destinés à diminuer le prix des médicaments ou financer des cours de formation ou encore des recherches sur les maladies rares.

IDA a mis au point de nombreuses techniques ainsi que des Kits c'est-à-dire des conteneurs adaptés aux nécessités de l'urgence, comme des « kits » chirurgie, des « kits » nutrition, etc.

Aujourd'hui, IDA a plus de 2 000 clients dans plus de 100 pays. Parmi les clients les plus connus : Comité international de la Croix-Rouge, Médecins sans frontières, Haut Commissariat aux réfugiés, OMS.

Budget 2001 : 70 millions d'euros.

Ressources humaines : 95 salariés aux Pays-Bas.

Contact :

IDA •Hollande•
Slochterweg 35
1027. AA Amsterdam
www.ida.nl

Tél. : 00 31 20 4033051
Fax : 00 31 20 4031854
E-mail : info@ida.nl

Irlande/ONG

En ce qui concerne l'Irlande, il est difficile d'avoir des renseignements précis concernant l'importance du secteur des ONG. Si l'on observe les relations entre les ONG irlandaises et ECHO, ce qui est un bon indicateur, on constate que 6 ONG sont enregistrées auprès d'ECHO. Parmi ces 6 ONG, il y a : Trocaire,

I

WorldVision, Concernworldwide, Irish Red Cross Society. Toutes ces ONG sont donc des antennes des grandes ONG européennes, américaines ou membres d'un important réseau international comme Caritas.

Italie/ONG

Les instruments statistiques italiens sont peu nombreux en ce qui concerne les ONG de sorte qu'il est difficile de pouvoir communiquer des données précises. Selon les autorités italiennes, il y aurait environ 1 000 associations dites organisations non gouvernementales, et parmi celles-ci 140 auraient le soutien financier des pouvoirs publics (sources : ministère français des Affaires étrangères).

Parmi celles-ci, 33 travaillent avec ECHO dans le cadre de l'urgence humanitaire (chiffre décembre 2002).

Les principales associations italiennes sont : Caritas Italia, Terre des Hommes Italia, Movimiento Sviluppo E Pace.

IUCN
(International Union for the Conservation of Nature and Natural Resources)

Cette plate-forme d'ONG, œuvrant dans le champ de la protection de l'environnement, est une institution essentielle de ce secteur.

En effet l'IUCN, dont le siège se trouve à Gland (Suisse) et qui est très proche du WWF, regroupe à ce jour 900 membres en provenance d'États et de Régions ou communes, 109 agences gouvernementales, 58 organisations internationales et plus de 600 ONG.

I

Cette plate-forme regroupe également des experts au nombre de 12 000, répartis dans les différents pays. Aujourd'hui, IUCN a des bureaux dans 46 pays et emploie 800 personnes.

L'objet d'IUCN est de renforcer la coopération entre tous ceux qui sont concernés par la protection de la nature et de promouvoir les actions nationales et internationales pour préserver la faune et la flore sauvage et l'environnement naturel ; de s'assurer de l'utilisation équitable et écologique des ressources naturelles, de conserver la nature et la diversité biologique ; de guider le développement des communautés humaines selon des moyens en accord avec les composantes de la biosphère.

En 1998, le budget de cette ONG dépassait les 50 millions de dollars US.

Contact : www.iucn.org

I

JUSTICE ET PAIX

Date de création : 1965.

Origine : Vatican.

Réseau international : présence dans de nombreux pays.

Historique et mission sociale : le concile Vatican II demande la création d'un organisme de l'Église universelle, chargé d'inciter la communauté catholique à promouvoir l'essor des régions pauvres et la justice sociale des nations. Le pape Paul VI, pour répondre à ce vœu, met en place la Commission pontificale Justice et paix.

Dans ce cadre, Justice et Paix a pour mission :

- D'aider les chrétiens à être actifs et vigilants sur les questions de justice et de paix internationales ;
- De travailler dans quatre domaines principaux : le développement, les Droits de l'homme, la paix et la sécurité, la construction de l'Europe ;
- Concrètement ces missions se déclinent par l'élaboration d'outils de réflexion et d'analyse, par la participation au débat public ainsi que par l'envoi de missions d'information et de solidarité.

J

Justice et Paix collabore avec de nombreuses autres ONG chrétiennes comme le Comité catholique contre la faim et pour le développement, l'Action des chrétiens pour l'abolition de la torture (ACAT), le Secours catholique, etc.

Contact :

France

JUSTICE ET PAIX •France•
17, rue Notre-Dame-des-Champs   *Tél.* : 01 45 44 26 14
75006 Paris   *Fax* : 01 45 44 25 77
www.justice-paix.cef.fr   *E-mail* : justice.paix@wanadoo.fr

KINDERNOTHILFE
KNH

(Allemagne)

Date de création : 1959.

Origine : Allemagne.

Historique et mission sociale : lors de sa création, Kindernothilfe a pour but principal de venir en aide aux enfants indiens. Aujourd'hui, il s'agit d'une association de solidarité internationale dont le but est de donner aux jeunes des pays les plus pauvres la chance de bien démarrer dans la vie. Cela implique une formation scolaire de base et une formation professionnelle.

À la formation scolaire et professionnelle, il faut ajouter une bonne alimentation, des vêtements et des soins médicaux ainsi que des services adaptés aux enfants handicapés.

Parallèlement à son action de terrain auprès des enfants, cette association s'inscrit dans des campagnes auprès de l'opinion publique pour renforcer les droits des enfants.

K

Kindernothilfe agit aujourd'hui pour 135 000 enfants dans 25 pays en Afrique, Amérique latine, Asie et Europe de l'Est.

Budget 2000 : 41 millions d'euros.

Contact :

KINDERNOTHILFE •Allemagne•
Dusseldorfer Landstrasse 180   *Tél.* : 00 49 180 33 33 300
47249 Duisburg   *Fax* : 00 49 203 77 89 118
www.kindernothilfe.de   *E-mail* : info@kindernothilfe.de

KOUCHNER Bernard

Docteur en médecine, né en 1939 en Avignon, il est fondateur de Médecins sans frontières puis de Médecins du monde. Bernard Kouchner est l'un des promoteurs avec le professeur Mario Bettati du droit d'ingérence. Bernard Kouchner a été député européen, secrétaire d'État à l'action humanitaire, ministre de la Santé ainsi que Haut représentant du secrétaire général des Nations unies au Kosovo. Bernard Kouchner est l'auteur de nombreux ouvrages dont *Dieu et les hommes* avec l'abbé Pierre, *Le Malheur des autres* et *Le Droit d'ingérence*.

K

L

Legs

Les legs, c'est-à-dire ce qu'une personne physique donne à une association après son décès, constituent une part importante des ressources de nombreuses organisations non gouvernementales. Le montant des legs varie considérablement d'un pays à l'autre en fonction de la législation et de la liberté dont les personnes disposent, de par la loi, d'user librement de leur patrimoine. En France, les principaux bénéficiaires de la générosité publique par voie de testament sont essentiellement des associations œuvrant dans le domaine de la maladie ou qui se réclament d'une Église. Ainsi, pour des associations comme la Ligue nationale contre le cancer, ou l'Association pour la recherche sur le cancer les legs représentent parfois jusqu'à 50 % de leurs ressources annuelles totales.

Les associations à connotation confessionnelle, comme le Secours catholique ou les Orphelins apprentis d'Auteuil (OAA), enregistrent chaque année d'importants legs qui représentent environ le quart de leurs ressources globales.

Jusqu'à présent, les organisations non gouvernementales, ce que l'on nomme administrativement les organisations de solidarité internationale, n'ont pas réussi à sensibiliser le grand public à la possibilité de faire des legs en leur faveur. Pour ce type d'organisation, les legs, quoiqu'en forte progression pour certaines d'entre elles, représentent moins de 5 % de leur budget annuel.

De très nombreuses associations tentent, aujourd'hui, de sensibiliser leurs donateurs à la possibilité de faire un legs en leur faveur car les statistiques, en France, démontrent que de très nombreuses personnes ne font pas de testament pour régler leur succession et les biens qu'elles possèdent en cas de décès sans héritier reviennent à l'État du fait des dispositions légales en vigueur.

Par ailleurs, la loi française prévoit une réserve héréditaire obligatoire pour les héritiers directs comme les enfants, les parents ou le conjoint, ce qui diminue d'autant les possibilités pour les personnes de léguer leur patrimoine. De telles dispositions n'existent pas dans d'autres pays, comme la Grande-Bretagne, de sorte que de nombreuses personnes n'hésitent pas à léguer une partie importante voire la totalité de leur patrimoine à des causes qui leur tiennent à cœur et qui sont défendues par des associations.

En France, les associations reconnues d'utilité publique ou qui se consacrent uniquement à la bienfaisance bénéficient d'un régime fiscal dérogatoire en matière de legs et reçoivent ceux-ci en exonération de droits de succession.

Récemment, des mesures pour favoriser les legs et donations en faveur des associations ont été annoncées.

Ligue des droits de l'homme

Date de création : 1898.

Origine : France.

Réseau international/France : la Ligue des droits de l'homme est membre du réseau de la Fédération internationale des droits de l'homme (FIDH) qui regroupe plus d'une centaine d'associations à travers le monde. En France, la Ligue anime un réseau national à travers des fédérations et des comités locaux.

Historique et mission sociale : la Ligue des droits de l'homme a été créée en 1898 à l'occasion de l'affaire Dreyfus. Sa spécificité réside, par rapport aux autres associations œuvrant en France dans le domaine de la défense des droits humains, dans le fait qu'il s'agit d'une association laïque qui compte dans ses rangs des membres de toutes opinions philosophiques et religieuses mais ne se réfère à aucune religion.

La Ligue des droits de l'homme est une association généraliste qui entend lutter contre l'ensemble des atteintes aux droits de l'individu, dans tous les domaines de la vie civile, politique et sociale. La Ligue, au-delà de la dénonciation de la violation des Droits de l'homme et de l'injustice, agit pour promouvoir la citoyenneté politique et sociale de tous et garantir l'exercice entier de la démocratie. La Ligue lutte aussi bien pour la défense des libertés politiques que pour celle des droits économiques et sociaux qu'elle considère comme indivisibles.

Du fait de son appartenance au réseau de la Fédération internationale des droits de l'homme, réseau qu'elle a contribué à créer en 1922 avec la Ligue belge des droits de l'homme ainsi que son homologue allemande, la Ligue française agit essentiellement en France pour réaliser son objet social.

L

Ressources humaines : 15 salariés au siège et des milliers de bénévoles sur l'ensemble de la France.

Budget 2002 : 1,4 million d'euros (essentiellement des fonds privés en provenance des cotisations des militants).

Principale publication : *Hommes et libertés.*

Contact :

LIGUE DES DROITS DE L'HOMME •France•
138, rue Marcadet
75018 Paris
www.ldh-France.asso.fr

Tél. : 01 56 55 51 00
Fax : 01 42 55 51 21
E-mail : idh@idh-france.org

Loi du
1er juillet 1901

La loi du 1er juillet 1901 est la forme juridique, avec la fondation, sous laquelle sont constituées en France les organisations non gouvernementales.

En effet, il n'existe aucun texte spécifique pour les organisations non gouvernementales ou encore pour les organisations de solidarité internationale ou les associations de solidarité internationale.

La loi du 1er juillet 1901, relative au contrat d'association publiée au Journal officiel le 2 juillet 1901, définit ainsi dans son article 1er l'association :

« L'association est la convention par laquelle deux ou plusieurs personnes mettent en commun, d'une façon permanente, leurs connaissances ou leur activité dans un but autre que de partager des bénéfices. Elle est régie, quant à sa validité, par les principes généraux du droit applicables aux contrats et obligations. »

L'article 2 ajoute :

« *Les associations de personnes pourront se former librement sans autorisation ni déclaration préalable, mais elles ne jouiront de la capacité juridique que si elles se sont conformées aux dispositions de l'article 5.* »

L'article 4 précise :

« *Tout membre d'une association qui n'est pas formée pour un temps déterminé peut s'en retirer en tout temps après paiement des cotisations échues et de l'année courante, nonobstant toute clause contraire.* »

Ces quelques articles constituent l'ensemble de la base juridique associative et de la réglementation associative même si, effectivement, de très nombreux textes s'appliquent aux associations comme le Code du travail, la réglementation économique, le droit européen, etc.

Ces articles singularisent la notion française d'association qui repose d'abord sur un contrat entre les membres de l'association, d'où l'importance des statuts qui sont « la loi » entre les associés, et que les juges appliqueront pour trancher les difficultés entre les membres.

Aujourd'hui, les magistrats appliquent de plus en plus rigoureusement les statuts en rappelant que ceux-ci sont la loi entre les associés.

D'autre part, l'association nécessite une certaine permanence entre les membres et un rassemblement passager d'individus ne suffit pas à former une association au sens où l'entend la loi de 1901.

Enfin, le dernier élément constitutif de l'association est l'absence de partage entre les membres des bénéfices que l'association pourrait réaliser.

Ces articles posent aussi le principe de la liberté de s'associer ou de ne pas s'associer et ce, sans aucune contrainte préa-

L

lable, principe rappelé par les plus hautes juridictions comme la Cour européenne des droits de l'homme.

En 1971, le Conseil constitutionnel, par une décision du 16 juillet, a rappelé la valeur constitutionnelle de la liberté d'association.

Luxembourg/ONG

Les autorités administratives du Luxembourg ont recensé 70 ONG et, parmi celles-ci, 45 bénéficient d'un soutien financier du gouvernement. Parmi les ONG les plus importantes, mentionnons Médecins sans frontières Luxembourg, Caritas Luxembourg, fondation Raoul Follereau, Chrétiens pour le Sahel. Aucune ONG du Luxembourg n'a un budget supérieur à 8 millions d'euros (sources : ministère français des Affaires étrangères).

Trois ONG luxembourgeoises sont inscrites auprès d'ECHO : Médecins sans frontières, Caritas et la Croix-Rouge luxembourgeoise.

M

Madrid/ Déclaration de Madrid

En 1995 l'Union européenne, trois ans après la création de l'Office humanitaire de la Communauté européenne, a souhaité se doter dans le cadre de son partenariat avec les ONG d'un code de conduite éthique dans le cadre des opérations humanitaires d'urgence.

Ce code, plus connu sous le nom de déclaration de Madrid à été ratifié lors d'une réunion tenue à Madrid (Espagne) le 14 décembre 1995.

Cette déclaration est à rapprocher du Code de conduite élaboré par huit organisations non gouvernementales sous l'égide du Comité International de la Croix-Rouge ou encore du projet *Sphère* ou du Code *People in Aid*.

Ce code prévoit :
- Indépendance et impartialité de l'aide humanitaire ;
- Développement d'un système mondial de prévention des crises ;
- Engagement nouveau et créatif à l'égard de l'aide au développement ;

M

- Campagne mondiale contre la faim, qui touche une personne sur sept dans le monde ;
- Intérêt accru et soutien renforcé pour les mesures de préparation, en particulier dans les cas de catastrophes naturelles ;
- Attention immédiate portée aux besoins et à la protection de toutes les victimes, la priorité étant donnée aux femmes, aux enfants et aux personnes âgées, qui forment toujours la grande majorité des victimes des conflits armés ;
- Mise à disposition de ressources pour porter secours et trouver des solutions politiques notamment dans les nombreuses crises « oubliées » qui ne font pas ou plus la une de la presse internationale ;
- Mesures urgentes pour que les civils ne soient plus délibérément pris pour cible dans les conflits tels que le nettoyage ethnique et les viols, en méconnaissance flagrante du droit humanitaire international ;
- Ressources pour relever le défi que constitue la reconstruction des sociétés ébranlées par la guerre et donc pour consolider un règlement de paix et prévenir les catastrophes ultérieures ;
- Accès sans entrave à toutes les personnes dans le besoin et assurance de la sécurité du personnel d'aide humanitaire.

MALHURET Claude

Né le 8 mars 1950, docteur en médecine, Claude Malhuret a travaillé pour la coopération française et l'Organisation mondiale de la santé. À 28 ans, en 1978, il devient président de Médecins sans frontières. Il est de 1986 à 1988 secrétaire d'État aux Droits de l'homme. Claude Malhuret, en devenant secrétaire d'État dans un gouvernement, a perpétué la « tradition » d'un humanitaire d'État qui se faisait par le passage de la prési-

M   272

dence d'une importante association humanitaire à l'action publique.

MAX HAVELAAR

Date de création : 1988 (France 1992).

Origine : Pays-Bas.

Réseau international : présence dans 17 pays : Fair Foundation (Grande-Bretagne), Fair Trade Mark Ireland, Foreningen for Rattvisemarkt (Suède), Max Havelaar Danemark, Max Havelaar Danemark, Max Havelaar Pays-Bas, Reilun Kaupan edistamisyhdistys (Finlande), TransFair Canada, TransFair Allemagne, TransFair Italie, TransFair Autriche, Max Havelaar Suisse, TransFair États-Unis, TransFair Luxembourg, TransFair Japon.

Historique et mission sociale : le nom Max Havelaar vient du titre d'un roman de Édouard Douwes Dekker où le héros, dans les années 1860, fustige les règles inégales du commerce entre les Pays-Bas et l'île de Java à l'époque coloniale de ce pays, règles qui maintiennent dans la misère les habitants de cette colonie.

L'origine du mouvement actuel vient de l'appel lancé par les paysans du Chiapas au Mexique qui font valoir que plutôt que de recevoir des dons pour acheter du matériel, ils préféreraient que l'on paye à leur juste prix leur production.

Cet appel est entendu aux Pays-Bas où des militants décident de créer une association pour promouvoir le commerce équitable.

Les grands principes de l'organisation Max Havelaar sont : Max Havelaar n'est pas une marque mais un organisme de labellisation ; Max Havelaar n'intervient pas dans la commer-

M

cialisation des produits ; Max Havelaar lutte pour un commerce équitable et la protection de l'environnement.

Dans ce cadre, Max Havelaar garantit aux producteurs un prix juste, c'est-à-dire que le prix d'achat des récoltes couvre les frais de production et les besoins élémentaires des producteurs. Par ailleurs, une prime de développement est versée pour les investissements collectifs : construction d'écoles, de centres de santé, de routes etc. Max Havelaar assure aussi une sécurité durable en favorisant les contrats à long terme avec les industriels ce qui permet aux producteurs de mieux envisager l'avenir.

Enfin, Max Havelaar assure l'autonomie des petits producteurs en leur garantissant un préfinancement et une chaîne d'approvisionnement courte. Vis-à-vis du consommateur, Max Havelaar garantit le respect des Droits de l'homme, la traçabilité des produits et la protection de l'environnement.

Aujourd'hui, ce sont 800 000 familles de petits producteurs, soit près de 5 millions de personnes dans 40 pays, qui bénéficient du commerce équitable.

Depuis quelques années déjà, l'association Max Havelaar a mis en place une « quinzaine du commerce équitable » qui se déroule sur les mois d'avril et mai.

Budget : le budget de Max Havelaar France est alimenté par un droit de label qui est perçu sur le prix des produits vendus. Ainsi, sur le café, Max Havelaar France reçoit 0,2 € par kg. Par ailleurs, Max Havelaar France reçoit des subventions de la Commission européenne, ainsi que du ministère des Affaires étrangères français.

Contact :

MAX HAVELAAR •France•
41, rue Émile-Zola   *Tél.* : 01 42 87 70 21
93107 Montreuil cedex   *Fax* : 01 48 70 07 68
www.maxhavelaarfrance.org   *E-mail* : info@maxhavelaarfrance.org

M   274

MCNG

(Mission pour la coopération non gouvernementale)

Cette mission dépend du ministère des Affaires étrangères. Son rôle est de favoriser le développement des sociétés civiles des pays avec lesquels le ministère des Affaires étrangères entretient des relations de coopération au développement, en partenariat avec la société civile française et les collectivités territoriales.

Elle informe, échange et dialogue avec les collectivités territoriales, les associations de solidarité internationale, les syndicats et les entreprises concernés par le biais de politiques publiques de coopération.

Elle assure la liaison de celles-ci avec la direction générale de la Coopération internationale dont elle fait partie, ainsi qu'avec le Service de l'action humanitaire (SAH), les ambassades et les préfectures de région.

Elle participe à l'élaboration des orientations en matière de soutien aux acteurs de la coopération non gouvernementale et à l'articulation entre la coopération bilatérale, multilatérale et non gouvernementale.

Elle prépare et suit les travaux des différentes instances de concertation : Haut Conseil de la coopération internationale (HCCI), Commission nationale de la coopération décentralisée (CNCD), Commission coopération développement (CCD) et avec les autres commissions spécialisées.

Elle met en œuvre les crédits affectés à la coopération non gouvernementale :

– Par le cofinancement de projets ou de programmes dans les pays partenaires ;

M

- Par des opérations de sensibilisation à la solidarité internationale et d'actions d'éducation au développement auprès du public français ;
- Par des appuis à la concertation et à la structuration de l'ensemble des acteurs non gouvernementaux ;
- Par l'apport d'aides financières aux associations de volontariat reconnues.

En 1998, la Mission pour la coopération non gouvernementale a cofinancé les actions des ONG françaises pour un montant de 240 millions de FF dont 54 % attribués au volontariat et 46 % attribués à 197 projets, soit 154 actions de terrain, 25 opérations d'éducation au développement et 18 opérations diverses. La MCNG a aussi cofinancé 248 projets coopération décentralisée, pour un montant de 56 millions de FF, mis en place par 80 communes, 19 départements et 21 régions.

Contact :

MCNG •France•
20, rue Monsieur
75700 Paris 07 – SP
www.diplomatie.fr

Tél. : 01 53 69 38 88
Fax : 01 53 69 39 31
E-mail : cng@diplomatie.fr

MDM

(Médecins du monde)

Date de création : 1980.

Origine : France.

Réseau international/France : 12 délégations internationales : Medicos del mundo Espagne, Médecins du monde Belgique, Médecins du monde Suisse, Médecins du monde Canada, Doctors of the World États-Unis, Médecins du monde Grèce, Médecins du monde Portugal, Médecins du monde Chypre, Medicos del mundo Argentine, Médecins du monde Suède.

Bureaux de représentation : Japon, Pays-Bas, Grande-Bretagne, Allemagne. France : 17 délégations régionales.

Historique et mission sociale : en 1980, à la suite d'un désaccord entre les membres de Médecins sans frontières, certains d'entre eux décident de créer une nouvelle association dont la mission première sera de porter secours aux réfugiés vietnamiens qui fuient leurs pays et dérivent en mer de Chine où ils sont victimes de la maladie et des pirates.

Progressivement, la nouvelle association va étoffer ses programmes et agir dans de nombreux pays dont l'Afghanistan, le Liban et le Salvador...

En 1986, face à la croissance du phénomène de l'exclusion en France et à la progression du virus HIV, Médecins du monde met en place un programme : la Mission France.

Dès lors, Médecins du monde trouve son originalité dans le paysage associatif humanitaire en agissant « Ici et là-bas ».

Les programmes en France se diversifient également et l'ONG s'investit dans la lutte pour la réduction des risques en matière de toxicomanie.

Les actions médicales de Médecins du monde s'accompagnent de témoignages.

Parallèlement à ses actions médicales, Médecins du monde qui « lutte contre toutes les maladies même l'injustice » a été à l'origine de la naissance du concept de droit d'ingérence, concept qui s'inscrivait dans la réflexion sur l'action humanitaire dans le cadre du « sans frontiérisme » et depuis 1999, soutient une importante campagne sur la protection des populations civiles.

Aujourd'hui Médecins du monde gère : 212 programmes dans 56 pays, 30 centres de soins en France.

M

Budget 2000 : 51 millions d'euros dont 28,7 % de fonds publics et 61,3 % de fonds privés.

Ressources humaines : 300 salariés, 1 800 bénévoles (France) et 485 volontaires (étranger).

Principale publication : *Médecins du monde*.

Il convient également de souligner que Médecins du monde est aussi à l'origine de la Charte de l'action humanitaire dite « charte de Cracovie », document qui est signé par tous les volontaires ou les bénévoles de Médecins du monde et qui est la charte de la médecine humanitaire.

Cette charte s'appuie sur le principe du droit d'ingérence que plusieurs résolutions de l'Assemblée générale des Nations unies venaient de consacrer à l'initiative du gouvernement français dont l'un des membres, le secrétaire d'État à l'action humanitaire était aussi fondateur de cette ONG.

Cette charte est ainsi rédigée :

« *Considérant désormais l'action humanitaire comme part intégrante de la vie politique en démocratie.* »

« *Considérant que l'action humanitaire doit s'exercer au bénéfice de son prochain comme de son lointain, chez soi et chez les autres.* »

« *Je refuse toutes les formes de discrimination entre les individus, les groupes ethniques ou religieux, je refuse de laisser monter les intolérances, les racismes, l'antisémitisme, je m'engage à les dénoncer et à y faire obstacle.* »

« *Je refuse les exclusions nées de la pauvreté, de la précarité, et des pathologies.* »

« *Je refuse que la science couvre l'oppression ou la torture physique ou psychique, qu'elle porte atteinte à la dignité de l'homme.* »

« *Je refuse toute forme de manipulation génétique qui porterait atteinte à la dignité de la personne humaine.* »

M

« Je m'engage à tout mettre en œuvre pour que soient respectés les équilibres écologiques. »

« Je m'engage à apporter une assistance à toutes les victimes des catastrophes naturelles écologiques ou politiques, dans mon pays et au-delà des frontières. »

« Je m'engage à tout mettre en œuvre pour que soient appliqués les droits des organisations non gouvernementales de secours, agissant de manière impartiale, à porter cette assistance humanitaire aux victimes sans discrimination et en toutes circonstances. »

« Je m'engage à agir pour que la convention internationale sur les Droits de l'enfant soit respectée et appliquée dans tous les pays du monde. »

« J'affirme que le principe de non-ingérence s'arrête à l'endroit précis où naît le risque de non-assistance. »

« Que l'on cache l'horreur, je m'engage à témoigner. »

« Que renaisse la barbarie, je m'engage à la combattre. »

Contact :

MÉDECINS DU MONDE •France•
62, rue Marcadet   *Tél.* : 01 44 92 15 15
75018 Paris   *Fax* : 01 44 92 99 99
www.medecinsdumonde.org
E-mail : medmonde@medecinsdumonde.org

M

Mécénat
d'entreprise

Le mécénat des entreprises est l'une des sources du financement privé des organisations non gouvernementales.

Si en France il s'agit encore d'une ressource marginale, ce n'est pas le cas, et ce depuis déjà de très nombreuses années, dans les pays anglo-saxons et particulièrement aux États-Unis.

À titre d'exemple, mentionnons que la fondation Bill et Melinda Gates ou la fondation Turner, issues toutes les deux de grandes entreprises, sont respectivement le premier bailleur mondial pour la lutte contre le virus du sida et le premier donateur privé des Nations unies.

Ainsi, les dons des entreprises aux ONG aux États-Unis dépassent-ils en 2001 9 milliards de dollars à quoi il faut ajouter les fondations pour 26 milliards de dollars US alors que les sommes consacrées par les entreprises françaises au mécénat ne dépassent pas 0,09 % du PIB.

De même que les dons des entreprises françaises au secteur non lucratif ne dépassent pas les 340 millions d'euros en 2000, c'est l'extrême faiblesse du secteur des fondations par lesquelles transitent les dons qui caractérise la France.

Ainsi, on dénombre en France moins de 500 fondations d'utilité publique, 73 fondations d'entreprise et 800 fondations dites fondations abritées. Aux États-Unis, les fondations sont plus de 50 000 et les *charity trusts* en Grande-Bretagne sont plus de 3 000. En Allemagne et aux Pays-Bas, le secteur des fondations est aussi beaucoup plus développé.

De toute évidence, il y a là une faiblesse structurelle qu'il ne sera pas facile de corriger tant le retard accumulé au long des années sera difficile à rattraper, même si des progrès récents viennent combler légèrement le déficit dans ce domaine.

M

Par mécénat d'entreprise on entend, selon l'arrêté du 6 janvier 1989 relatif à la terminologie économique et financière à défaut d'une définition légale, le mécénat comme étant un soutien matériel apporté, sans contrepartie directe de la part du bénéficiaire, à une œuvre ou à une personne pour l'exercice d'activités présentant un intérêt général.

En France, traditionnellement, les organisations non gouvernementales et les entreprises ignoraient les premières, considérant que les secondes ne pouvaient pas faire preuve d'un comportement éthique, et les secondes reprochant aux premières un amateurisme inefficace dans les actions.

Ces clichés sont dépassés et l'on note une nette progression des financements accordés par les entreprises dans le cadre du mécénat d'entreprise.

C'est ainsi que les fonds consacrés par les entreprises aux actions de mécénat, toutes problématiques confondues, ont été multipliés par 5 en 15 ans, passant de 38,11 millions d'euros en 1996 à un peu plus de 228,67 millions d'euros en 2000.

Le tableau annexé, qui détaille le nombre des entreprises, les actions des entreprises et les financements en valeur de 1986 à 2000, est particulièrement significatif.

Mais cette progression ne doit pas faire illusion car la part consacrée aux actions de solidarité internationale ou de défense des Droits de l'homme, c'est-à-dire aux organisations non gouvernementales *stricto sensu*, est très minoritaire par rapport à l'ensemble des fonds consacrés au mécénat.

M

FIGURE 11 : La progression du mécénat d'entreprise en France depuis 1986 (tous domaines confondus)

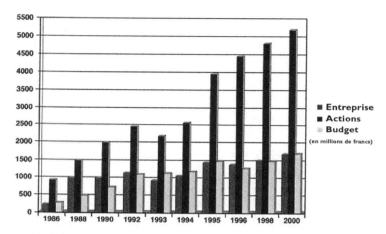

Source : Admical.

En effet, le tableau ci-dessous fait apparaître qu'en France, pour l'année 2000, les financements accordés par les entreprises à des organisations non gouvernementales œuvrant dans le champ des Droits de l'homme ou pour des programmes de solidarité internationale représentent 5 % du montant total des financements issus du mécénat.

Afin d'encourager le mécénat des entreprises, l'État, depuis plusieurs années déjà, a entrepris de mettre en place un régime fiscal de déduction des sommes consacrées au mécénat par les entreprises.

M 282

**FIGURE 12 : Répartition du nombre d'actions de solidarité
par domaine d'intervention en 2000
(en % du nombre total d'actions de mécénat en faveur de la solidarité)**

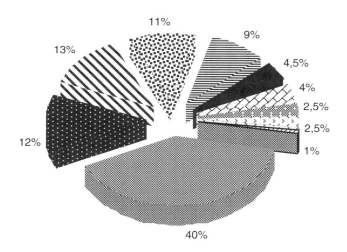

Source : Admical/Fondation de France

40 %	Emploi/précarité	4,5 %	Recherche scientifiq. et médicale
13 %	Enfants/jeunes/familles	4 %	International/Tiers-Monde
12,5 %	Éducation/formation	2,5 %	Divers
11 %	Santé/hôpital	2,5 %	Personnes âgées
9 %	Handicapés	1 %	Droits de l'homme

C'est ainsi que les dons faits par les entreprises aux associations en général et donc aux organisations non gouvernementales peuvent être déduits dans les conditions prévues par l'article 238 du Code général des impôts, à savoir entre 2,25 pour mille et 3,25 pour mille du chiffre d'affaires hors taxes selon la nature spécifique de l'association réceptrice.

M

Dans le cas où l'entreprise aurait un résultat qui ne permettrait pas la déductibilité desdites sommes sur l'année fiscale, ces sommes peuvent faire l'objet de déductibilité les années suivantes.

Actuellement, le gouvernement français tente de dynamiser la générosité du secteur dans les entreprises au travers d'un ambitieux plan de développement du mécénat qui devrait voir le jour en 2003 et qui se traduirait pas des encouragements fiscaux plus importants.

MÉDIATEUR HUMANITAIRE

De nombreux États, ainsi que des organisations internationales gouvernementales ou des ONG, ont fait le constat que lors des crises humanitaires il n'existait aucune instance de régulation entre les populations bénéficiaires de l'aide et les fournisseurs directs ou indirects de cette aide.

Autrement dit, entre ce qui était annoncé comme aide par certaines ONG et la réalité du terrain, les populations bénéficiaires ne disposaient d'aucun recours pour dénoncer les insuffisances.

Le « Projet de Médiateur humanitaire » est né dans ce contexte d'une initiative commune des agences internationales et des ONG.

Ce projet a pour objectif de mettre en place un Médiateur humanitaire qui interviendrait de façon impartiale et indépendante pour le compte des personnes qui sont victimes d'une catastrophe naturelle ou d'un conflit pour trancher les litiges avec les ONG.

Le rôle du Médiateur, tel qu'il est envisagé, consisterait à procurer un mécanisme, grâce auquel les problèmes des popu-

M

lations pourraient être décelés et abordés au sein de la communauté humanitaire.

Pourquoi un médiateur ? Cette initiative a jailli du débat consacré à la notion de responsabilité en matière d'assistance humanitaire, dans la communauté des ONG.

Le problème abordé en particulier réside dans le fait que peu de structures existantes encouragent les agences humanitaires à se considérer responsables envers leurs « clients », les bénéficiaires ou les demandeurs d'assistance humanitaire.

Une étude de faisabilité d'un tel projet a été mise en place puis présentée au Forum mondial sur les catastrophes en juin 1998.

Le projet ouvre, désormais plus largement, le débat parmi les membres de la communauté humanitaire internationale.

À partir des consultations qui ont eu lieu tant avec le Nord qu'avec le Sud, l'objectif consiste désormais à définir clairement un modèle de travail pour un médiateur qui permettrait aux personnes victimes d'une catastrophe ou d'un conflit de se faire entendre effectivement.

Le projet d'un *ombudsman*, pour reprendre la terminologie anglo-saxonne, ou d'un médiateur humanitaire, s'inscrit dans la série des normes qui se mettent en place pour les ONG, comme le projet *Sphère* ou le Code *People in Aid* qui ont pour objectifs de mieux servir les populations bénéficiaires de l'aide tant d'un point de vue matériel qu'éthique.

Contact :

THE OMBUDSMAN PROJECT •Grande-Bretagne•
c/o British Red Cross Society   *Tél.* : 44 (0) 171 201 5169
9 Grosvenor Crescent   *Fax* : 44 (0) 171 235 0397
London SW1X 7EJ   www.oneworld.org/ombudsman

M

MEDICUS MUNDI

Date de création : 1970.

Origine : Belgique.

Réseau international : Belgique, Italie, Espagne, Suisse, Pays-Bas, Allemagne. Membres associés au réseau : Autriche, Bénin, Pologne.

Medicus Mundi est un réseau international de coopération pour la santé qui dispose en France d'une antenne.

En France, Medicus Mundi est une association à but non lucratif.

Medicus Mundi France a pour but l'appui au développement dans le domaine de la santé. Son objectif est de contribuer à l'amélioration de l'état de santé des enfants, des femmes et des hommes et ceci en priorité, mais non exclusivement, dans les pays en voie de développement.

Depuis 35 ans, Medicus Mundi France a pour mission de concevoir, d'organiser, d'animer, de soutenir et d'évaluer des programmes de développement de la santé dans le long terme.

Medicus Mundi France oriente son action vers l'auto-prise en charge des populations et le partenariat avec les acteurs locaux du développement (ONG et associations locales, groupements villageois, communautés de base) comme avec les autorités sanitaires locales et nationales.

Medicus Mundi France élabore ses programmes en respectant le contexte culturel des pays dans lesquels elle intervient. La coopération proposée par Medicus Mundi France est placée sous le signe du partenariat actif.

De façon constante, Medicus Mundi France s'efforce de sensibiliser les populations et les autorités médicales partenaires à la nécessité d'une action éducative de fond sur la santé. Les missions ont, comme démarche commune l'accompagnement

M

dans la réalisation de projets de santé afin d'atteindre l'objectif final : l'autonomie de ses partenaires.

Quatre grandes priorités au sein des missions :

- Penser et agir dans le long terme : les missions de MMF s'inscrivent dans la durée afin d'assurer l'autonomie des partenaires après son départ ;
- Promouvoir les initiatives locales : les missions de MMF donnent une priorité aux projets émanant d'initiatives locales. Elles favorisent une dynamique et une auto-prise en charge de la population ;
- Mener une action de sensibilisation en France : pour que son travail puisse s'inscrire dans le long terme, MMF entreprend des actions de sensibilisation en France, soit directement, soit avec d'autres associations ou des collectifs d'organisations de solidarité internationale ;
- Intervenir avec une approche de santé publique : MMF appuie l'organisation des services de santé des pays dans lesquels elle intervient, et considère comme une obligation morale l'évaluation rigoureuse des projets qu'elle met en œuvre ou qu'elle soutient.

La méthode MMF : une approche globale de la santé et du développement qui mise, en priorité, sur les capacités de ses interlocuteurs et collaborateurs locaux à prendre en charge leur avenir.

Contact :

International

MEDICUS MUNDI •Belgique•
Rue des Deux Églises
64. 1210 Bruxelles
www.medicusmundi.org

Tél. : 00 32 2 231 06 05
Fax : 00 32 2 231 18 52
E-mail : info@medicusmundi.be

M

France

MEDICUS MUNDI •France•
65, avenue Parmentier   *Tél.* : 01 47 00 18 00
75011 Paris   *Fax* : 01 47 00 06 07
www.medicusmundi.org

Micro-crédit

Le micro-crédit est devenu un mode opératoire important du développement durable.

Le micro-crédit part de la constatation qu'il suffit parfois de quelques euros ou quelques dollars pour initier une activité économique et que ces dollars ou euros font défaut aux paysans ou aux groupes de femmes pour acheter les semences ou les matières premières nécessaires pour engager une production rentable qui permettrait une autonomisation, c'est-à-dire un développement durable.

Partant de cette constatation, de nombreuses ONG, avec l'appui des organisations internationales, ont mis en place des programmes de micro-crédit et ce aussi bien dans les pays en voie de développement que dans les pays développés.

Parmi les principaux programmes, citons ceux de la Gramenn-Bank, ONG asiatique qui emploie plus de 10 000 personnes et qui a financé plusieurs milliers de programmes avec un taux d'échec très faible dans les remboursements.

Des institutions internationales comme la Banque mondiale ont mis en place d'importants partenariats avec les ONG.

MISEREOR

(Allemagne)

Date de création : 1958.

Origine : Allemagne.

Historique et mission sociale : Misereor a été créée en 1958 avec pour mission de lutter contre la faim et la maladie dans le monde. Misereor est, de par ses ressources financières, la plus importante organisation non gouvernementale allemande.

Misereor est une structure associative chargée, au sein de l'Église catholique d'Allemagne, de la coopération au développement.

Dans cette perspective Misereor propose à tous les hommes de bonne volonté de s'associer à elle pour lutter contre la pauvreté et l'injustice dans le monde, de se solidariser avec les pauvres et les opprimés et de construire « un monde » pour tous.

Misereor intervient dans les domaines de l'éducation de base, des soins de santé primaire, du développement rural et du développement urbain.

Depuis sa création, Misereor a financé plus de 80 000 projets et, annuellement, reçoit plus de 4 000 demandes d'aide.

Budget : 157 millions d'euros.

Contact :

MISEREOR •Allemagne•
Mozartstrasse 9   *Tél.* : 00 49 24 14 42 125
D-52064 Aachen   *Fax* : 00 49 24 14 42 188
www.misereor.org   *E-mail* : postmaster@misereor.de

M

MONGOS

Acronyme apparu récemment et qui sert à qualifier les ONG d'origine mafieuse et dont le but est, dans certaines enceintes, de défendre les intérêts des mafias qui les mandatent. Ces ONG douteuses sont particulièrement présentes dans le champ de la répression des trafics humains ou dans les enceintes où les ONG tentent de faire passer des textes plus protecteurs pour le travail des enfants.

Mouvement international de la Croix-Rouge et du Croissant-Rouge

La Croix-Rouge est probablement la première ONG humanitaire, au sens strict du terme, qui ait vu le jour.

C'est pourquoi, cette organisation, qui aujourd'hui ne se considère plus comme une organisation non gouvernementale (mais estime qu'elle représente une entité spécifique notamment en droit international, avec le mandat qui lui a été confiée par rapport aux Conventions de Genève), mérite une place spéciale et une attention particulière.

La Croix-Rouge trouve son origine dans la volonté d'un homme, Henry Dunant.

En effet, Dunant qui assiste à la bataille de Solférino est horrifié par la vision des blessés qui gisent sur le sol.

Le 24 juin 1859, au soir de la bataille, on dénombre 40 000 morts ou blessées.

M

Or, les services de secours de chacune des armées sont très restreints pour ne pas dire inexistants et les blessés agonisent sur le champ de bataille sans être secourus.

De retour en Suisse, Dunant, avec l'aide de quelques amis, décide de créer une association.

À cet effet Henry Dunant propose :

– La création en temps de paix de sociétés de secours dont le personnel infirmier serait prêt à soigner les blessés en temps de guerre ;

– L'adoption d'un accord international pour que ces volontaires, chargés d'assister les services de santé des armées, soient reconnus et protégés.

En 1863, la Société d'utilité publique de Genève, société de bienfaisance, établie dans la ville du même nom, crée une commission de cinq membres pour examiner la possibilité de mettre en œuvre les idées de Dunant.

Cette commission décide de créer le Comité international de secours aux blessées.

Cette première association tente de sensibiliser d'autres associations d'autres pays. Une première conférence internationale, convoquée par le comité suisse, a lieu le 26 octobre 1863 en présence de 16 États et de quatre institutions philanthropiques.

À cette occasion naît le Comité international.

Afin de formaliser la protection des services de santé sur le champ de bataille et d'obtenir une reconnaissance officielle, sur le plan international, de la Croix-Rouge et de ses idéaux, le gouvernement suisse convoque une conférence diplomatique à Genève en 1864.

Les représentants de 12 gouvernements y participent et adoptent un traité intitulé *Convention de Genève pour l'amélioration du sort des militaires blessées dans les armées en*

M

campagne. Ce traité est le premier instrument du droit humanitaire.

Par la suite, plusieurs conférences étendent ce droit à d'autres catégories de victimes, telles que les prisonniers de guerre. Après la Seconde Guerre mondiale, une conférence diplomatique délibère pendant quatre mois avant d'adopter les quatre conventions de Genève de 1949, qui renforcent la protection des populations civiles en temps de guerre. En 1977, ces Conventions sont complétées par deux protocoles additionnels.

Le Mouvement international de la Croix-Rouge et du Croissant-Rouge comprend trois composantes :

– Le Comité international de la Croix-Rouge ;

– Les Sociétés nationales de la Croix-Rouge et du Croissant-Rouge ;

– La Fédération internationale de la Croix-Rouge et du Croissant-Rouge.

Les organisations qui composent le mouvement international de la Croix-Rouge et du Croissant-Rouge sont des institutions indépendantes disposant de leurs propres statuts et n'exerçant aucune autorité les unes sur les autres.

Elles se réunissent tous les deux ans, à l'occasion du Conseil des Délégués. En outre, elles se réunissent en principe tous les quatre ans avec les représentants des États parties aux conventions de Genève, dans le cadre de la Conférence internationale de la Croix-Rouge et du Croissant-Rouge.

Chaque institution a son rôle spécifique qu'un accord récent a précisé.

Le Comité international de la Croix-Rouge : c'est l'organe fondateur du Mouvement international de la Croix-Rouge et du Croissant-Rouge. Outre ses activités opérationnelles visant à protéger et assister les victimes de la guerre, il est le promoteur et le gardien du droit international humanitaire. Il est aussi le

M

gardien des Principes fondamentaux. En collaboration avec la Fédération, il organise les réunions statutaires du mouvement

Les Sociétés nationales de la Croix-Rouge et du Croissant-Rouge : leur rôle est de mettre en application les buts et les principes du Mouvement international de la Croix-Rouge et du Croissant-Rouge dans quelques 180 pays, agissant ainsi en tant qu'auxiliaires des pouvoirs publics de leurs pays respectifs dans le domaine humanitaire.

Les Sociétés nationales fournissent un éventail de services, allant des secours en cas de catastrophe aux soins de santé et à l'assistance sociale. En temps de guerre, elles fournissent une assistance à la population civile victime du conflit et, le cas échéant, apportent leur soutien aux services de santé des armées.

La Fédération internationale des Sociétés de la Croix-Rouge et du Croissant-Rouge : elle se consacre, selon les principes du Mouvement international de la Croix-Rouge et du Croissant-Rouge, à inspirer, favoriser et promouvoir toutes les activités humanitaires déployées par les Sociétés membres afin d'améliorer la situation des personnes les plus vulnérables.

Fondée en 1919, la Fédération dirige et coordonne l'assistance internationale du Mouvement aux victimes de catastrophes naturelles ou technologiques, aux réfugiés et dans les situations d'urgence sanitaire. Elle représente officiellement les Sociétés membres sur le plan international. Elle encourage la coopération entre les sociétés nationales et s'efforce de renforcer leur capacité à réaliser des programmes efficaces dans les domaines de la préparation en prévision des catastrophes, de la santé et de l'assistance sociale.

L'emblème de la Croix-Rouge est le drapeau inversé de la confédération suisse.

M

- **Le mouvement international de la Croix-Rouge et du Croissant-Rouge repose sur sept principes qui sont :**

1. Humanité

Né du désir de porter secours sans discrimination aux blessés des champs de bataille, le Mouvement international de la Croix-Rouge et du Croissant-Rouge, sous son aspect international et national, s'efforce de prévenir et d'alléger en toutes circonstances les souffrances des hommes. Il tend à protéger la vie et la santé ainsi qu'à faire respecter la personne humaine. Il favorise la compréhension mutuelle, l'amitié, la coopération et une paix durable entre tous les peuples.

2. Impartialité

Il ne fait aucune distinction de nationalité, de race, de religion, de condition sociale et d'appartenance politique. Il s'applique seulement à secourir les individus à la mesure de leurs souffrances et à subvenir, par priorité, aux détresses les plus urgentes.

3. Neutralité

Afin de garder la confiance de tous, le Mouvement s'abstient de prendre part aux hostilités et, en tout temps, aux controverses d'ordre politique, racial, religieux et idéologique.

4. Indépendance

Le Mouvement est indépendant. Auxiliaires des pouvoirs publics dans leurs activités humanitaires et soumises aux lois qui régissent leur pays respectif, les Sociétés nationales doivent pourtant conserver une autonomie qui leur permette d'agir toujours selon les principes du Mouvement.

5. Volontariat

Il est un mouvement de secours volontaire et désintéressé.

6. Unité

Il ne peut y avoir qu'une seule Société de la Croix-Rouge ou du Croissant-Rouge dans un même pays. Elle doit être ouverte à tous et étendre son action humanitaire au territoire entier.

M

7. Universalité

Le Mouvement international de la Croix-Rouge et du Croissant-Rouge, au sein duquel toutes les Sociétés ont des droits égaux et le devoir de s'entraider, est universel.

Ressources humaines : le Comité international de la Croix-Rouge qui siège à Genève représente 10 857 personnes dont : 1 161 expatriés, 8 896 employés locaux et 800 collaborateurs au siège.

Budget 2000 : 1 088,8 millions de francs suisses.

Contact :

ICRC •Suisse•
19 avenue de la Paix
Genève
www.icrc.org

Tél. : 00 41 22 734 6001
Fax : 00 41 22 730 2768
E-mail : dc_com_pmd.gva@icrc.org

MSF

(Médecins sans frontières)

Date de création : 1971.

Origine : France.

Réseau international : 18 sections indépendantes. Parmi celles-ci, 5 sont opérationnelles sur le terrain. 10 sections régionales en France.

1999 : Médecins sans frontières obtient le prix Nobel de la paix.

Historique et mission sociale : MSF est une organisation humanitaire d'urgence créée en 1971 à Paris par des médecins et des journalistes. Médecins sans frontières est issue directement de l'idée du « sans frontiérisme » qui a vu le jour lors de la tentative de sécession d'une province du Nigeria : le Biafra.

M

À cette occasion, de jeunes médecins ont constaté les limites de l'action de certaines organisations, comme la Croix-Rouge internationale, tenue par ses principes de respect absolu de la souveraineté des États, et qui s'interdisait d'agir sans l'accord de l'ensemble des parties en conflit ou des États.

Pour ces jeunes médecins, l'objectif était le secours aux populations sans considération de l'existence des frontières. Pour répondre aux besoins des populations biafraises, un pont aérien s'est organisé à partir de l'île de Sao Tomé. Le « sans frontiérisme » était né.

De retour en France, ces médecins dénoncent la situation dont ils ont été les témoins et décident de créer une première organisation : le Secours médical français, qui très rapidement deviendra Médecins sans frontières.

Devenue depuis un mouvement international, l'ONG s'est donnée pour mission de venir en aide à des populations en détresse, sans aucune discrimination et dans le respect de la dignité humaine.

MSF apporte une assistance médicale aux populations qui subissent une crise, quand leur santé ou leur survie est menacée, qu'elles sont victimes de violences ou qu'elles ne peuvent plus bénéficier des soins vitaux.

Guerres, famines, épidémies, catastrophes naturelles, déplacements de populations, ces crises nécessitent des interventions rapides et efficaces pour, en lien avec les structures locales, soigner les blessés et malades, rétablir des conditions de vie décentes en assurant l'approvisionnement en eau, la nutrition, l'assainissement, la construction d'abris...

Au-delà des interventions en urgence, MSF s'intéresse aux conséquences sur la santé des grandes inégalités économiques et sociales en menant des programmes d'accès aux soins et de lutte contre les maladies infectieuses.

M

Quand l'impact de l'acte médical est limité par les violences subies par les populations et que l'aide humanitaire contribue à masquer ces violences, les MSF sensibilisent le public aux faits dont ils sont témoins ou aux manquements aux conventions internationales qui protègent les personnes.

Cette liberté d'action et de parole s'appuie sur l'indépendance financière de Médecins sans frontières, obtenue grâce à des fonds privés recueillis auprès de ses donateurs.

Aujourd'hui, Médecins sans frontières développe une très importante campagne mondiale pour l'accès de tous aux médicaments essentiels.

Médecins sans frontières a aussi élaboré une charte éthique :

« *Les Médecins sans frontières apportent leurs secours aux populations en détresse, aux victimes de catastrophes naturelles ou humaines, de situations de belligérance, sans aucune discrimination de race, religion, philosophie ou politique.* »

« *Œuvrant dans la stricte neutralité et impartialité, les Médecins sans frontières revendiquent au nom de l'éthique médicale universelle et du droit à l'assistance humanitaire, la liberté pleine et entière de l'exercice de leur fonction.* »

« *Ils s'engagent à respecter les principes déontologiques de leur profession et à maintenir une totale indépendance à l'égard de tout pouvoir, ainsi que de toute force politique, économique ou religieuse.* »

« *Volontaires, ils mesurent les risques et périls des missions qu'ils accomplissent et ne réclameront pour eux ou leurs ayants droit aucune compensation autre que celle que l'association sera en mesure de leur fournir.* »

« *Médecins sans frontières France développe des missions dans plus de cinquante pays.* »

Budget 2001 (France) : 46,4 millions d'euros.

M

Ressources humaines 2000 : 120 salariés, 200 bénévoles et 2 000 adhérents (France) et 50 salariés et 960 volontaires (étranger).

Contact :

MÉDECINS SANS FRONTIÈRES •France•
8, rue Saint-Sabin   *Tél.* : 01 40 21 29 29
75011 Paris   *Fax* : 01 48 06 68 68
www.paris.msf.org   *E-mail* : MSF-Paris-IDF@Paris.msf.org

M

N

NIGHTINGALE
Florence

Florence Nightingale, née à Florence en 1820 et décédée en 1910 à Londres, est une figure marquante de l'action humanitaire du XXIe siècle, au même titre qu'Henry Dunant (fondateur de la Croix-Rouge internationale) dont elle a d'ailleurs croisé la route et avec lequel elle est entrée en conflit sur des conceptions essentielles de l'action humanitaire.

Florence Nightingale, comme Henry Dunant, a été très touchée par la guerre et le sort des blessés au champ de bataille et a décidé de mettre en place un service de secours avec l'appui des autorités anglaises. Pour faire face à cette mission, Florence Nightingale a proposé de créer les écoles de soins infirmiers et c'est ainsi qu'elle devint la fondatrice de la Nightingale School and Home for Nurses at Saint-Thomas Hospital à Londres.

N

Nord-Sud/ONG

Il existe, depuis plusieurs années déjà, un important débat entre les ONG du Nord et les ONG du Sud. Ces dernières reprochent aux ONG du Nord de capter les ressources des organisations internationales comme la Banque mondiale ou l'Unicef ainsi que les ressources en provenance des coopérations bilatérales. Les ONG du Sud reprochent également à leurs homologues du Nord de n'être, dans bien des cas, que de simples courroies de transmission financière des États qui les financent et d'affecter les dons qu'elles reçoivent des particuliers à leurs besoins administratifs : financement des bureaux, paiement des salariés du siège, paiement des campagnes de collectes de fonds, etc.

De leur côté, les ONG du Nord reprochent aux ONG du Sud leur manque de compétence et de transparence et de ne fonctionner parfois qu'au profit d'un clan ou en tout cas d'un cercle restreint.

Pour répondre à ces critiques, parfois fondées, certaines coopérations bilatérales, notamment celles du Nord de l'Europe, imposent désormais aux ONG du Nord de redistribuer obligatoirement une partie des financements à des ONG locales pour qu'elles construisent leurs propres programmes sous leur responsabilité.

D'une façon générale, les ONG du Nord s'efforcent également de réduire leur présence administrative et de réduire aussi le personnel venant du Nord pour confier de plus en plus de responsabilités au personnel local.

Certaines grandes associations, notamment américaines et anglaises comme CARE ou OXFAM, ont adopté une gestion mondiale de leurs ressources humaines.

N   300

NOVETHIC

Date de création : 2001.

Origine : France.

Historique et mission sociale : Novethic n'est pas une ONG mais un centre de ressources et d'expertise sur la responsabilité des entreprises et l'investissement socialement responsable. Novethic est une filiale de la Caisse des Dépôts. Les principales cibles de Novethic sont : les investisseurs, les acteurs de l'entreprise, les parties prenantes (ONG, associations, universitaires et chercheurs).

Les missions de Novethic sont :

– Observer et analyser les initiatives et les enjeux en matière de responsabilité sociétale des entreprises et d'investissement socialement responsable ;

– Informer et proposer des outils experts aux professionnels de l'entreprise, de la finance, des collectivités locales ou des ONG intéressés ou déjà engagés dans une démarche de responsabilité sociétale et/ou d'investissement socialement responsable ;

– Animer les échanges entre les différents acteurs : entreprises, investisseurs, parties prenantes ;

– Apporter une expertise au groupe « Caisse des Dépôts » dans le cadre de son propre engagement en faveur du développement durable.

Pour remplir ses missions Novethic a mis en place :

– Un site Internet : www.novethic.fr ;

– Des rencontres et des conférences ainsi que des séminaires de sensibilisation ;

– Publie une lettre de l'économie responsable ;

– Réalise des études.

N

Les relations entre les ONG et le monde de l'entreprise font l'objet d'une attention toute particulière.

Novethic est une source précieuse de renseignements, notamment dans les études publiées, et un lieu de réflexion particulièrement intéressant. Novethic publie aussi un annuaire des ONG.

Ressources humaines : Novethic emploie une dizaine de personnes.

Novethic fait partie de ces nouveaux centres de réflexion qui s'interrogent sur la bonne gouvernance des entreprises et la responsabilité sociétale du monde de l'entreprise. Cette réflexion qui commence en France est déjà très avancée aux États-Unis et dans le Nord de l'Europe.

Contact :

NOVETHIC •France•
14, bd Montmartre   *Tél.* : 01 49 49 10 50
75009 Paris   *Fax* : 01 49 49 10 79
www.novethic.fr   *E-mail* : info@novethic.fr

N

OCHA

(Office for the Coordination of Humanitarian Affairs)

OCHA est un département spécialisé des Nations unies qui joue un rôle clé dans les relations avec les organisations non gouvernementales, dans le cadre de l'action humanitaire, secteur où les organisations non gouvernementales ont acquis tant politiquement que matériellement et opérationnellement un *leadership* incontestable.

Le rôle d'OCHA est de coordonner l'action des différentes agences des Nations unies et des ONG dans les situations d'urgence humanitaire. OCHA s'occupe également de la coordinations des appels de fonds auprès des États donateurs lors des grandes crises.

Pendant plusieurs années, le coordinateur d'OCHA qui a rang de secrétaire général adjoint des Nations unies, a été Sergio Vieira de Mello, aujourd'hui Haut Commissaire des Nations unies pour les droits de l'homme, et récemment nommé Haut Commissaire en Irak.

Contact : www.un.org

OING
(Organisation internationale non gouvernementale)

Terminologie utilisée dans le traité sur la reconnaissance de la personnalité juridique des organisations non gouvernementale par le Conseil de l'Europe pour désigner les organisations non gouvernementales qui peuvent prétendre bénéficier des dispositions du traité, à savoir la reconnaissance automatique de leur personnalité juridique par tous les États qui ont ratifié le traité. À la notion classique d'ONG s'ajoute la dimension internationale comme condition essentielle.

ONE WORLD

Réseau international : bureaux en Afrique (Zambie) Autriche, Canada, Espagne, Finlande, Italie, Amérique latine (Costa Rica) Pays-Bas, Asie du Sud (Inde), Grande-Bretagne, États-Unis.

Historique et mission sociale : One World International Foundation est une ONG qui organise, dirige, fixe les objectifs du réseau Internet éponyme : One World. La mission sociale de OW est de favoriser le commerce équitable et le développement durable par une distribution équitable des richesses parmi la population mondiale, étayé par le respect des droits humains, et une « gouvernance » qui permette aux communautés locales de contrôler leurs propres affaires.

Par ailleurs, OW a pour mission d'exploiter le potentiel démocratique d'Internet pour promouvoir les droits humains et le développement durable.

Les principes essentiels de OW sont :

– Respect des droits humains tels qu'ils sont énoncés par la Déclaration universelle des droits de l'homme ;

O

- Partager équitablement les ressources naturelles et économiques ;
- Droit pour chacun de s'informer et de bénéficier des nouvelles technologies ;
- De participer au processus d'élaboration des décisions ;
- Respect des diversités sociales, culturelles et linguistiques.

OW est probablement l'un des réseaux d'information les plus importants *via* Internet.

Parallèlement au réseau principal, One World a développé plusieurs autres réseaux comme aids.channel.org ou canal.sida.org ou digital.opportunity.channel.org.

One World est financé par de nombreuses ONG ainsi que par des partenaires du monde de l'entreprise et des institutions nationales ou internationales.

Contact :

International

ONE WORLD •Grande-Bretagne•
89 Albert Embankment
17th Floor   *Tél.* : 00 44 (0) 20 7735 2100
London SE1 7TP (UK) *Fax* : 00 44 (0) 20 7840 0798
www.oneworld.net   *E-mail* : justice@oneworld.net

ONG

Sigle apparu pour la première fois en 1945 à l'article 71 Chapitre X de la Charte des Nations unies :

« Le Conseil économique et social peut prendre toutes dispositions utiles pour consulter les organisations non gouvernementales qui s'occupent de questions relevant de sa compétence. Ces dispositions peuvent s'appliquer à des organisations internationales et, s'il y a lieu, à des organisations nationales après consultation du Membre intéressé de l'Organisation. »

O

Auparavant, les ONG étaient désignées à la SDN (Société des Nations) par les termes organisations transnationales ou associations internationales.

ONU

(Organisation des Nations unies)

L'Organisation des Nations unies a joué un rôle déterminant dans la mise en place de relations durables entre les organisations non gouvernementales et les organisations internationales gouvernementales.

À cet égard, les relations entre les ONG et l'ONU méritent une attention toute particulière pour au moins trois raisons :

– d'une part, c'est dans la Charte des Nations unies que pour la première fois apparaît le sigle ONG ;

– d'autre part, le « système onusien » a organisé dans l'ensemble de ses institutions un statut pour « consulter » les ONG ;

– enfin, au cours de la dernière décennie, la volonté des Nations unies de faire participer les ONG à toutes les grandes réunions internationales a légitimé ces dernières dans leur rôle et aussi a renforcé leur poids dans le cadre des relations internationales où elles sont devenues de véritables acteurs.

• Historique et mission sociale

L'Organisation des Nations unies a été créée en 1945. Il s'agit d'une organisation internationale à vocation universelle qui regroupe aujourd'hui plus de 180 États. Les Nations unies comptent six organes principaux : I. L'Assemblée générale ; II. Le conseil de sécurité ; III. Le conseil économique et social ; IV. Le conseil de tutelle ; V. La cour internationale de justice ; VI. Le secrétariat général.

O

L'organisation des Nations unies a donné naissance progres-sivement, à un système dit communément système onusien qui comporte de nombreuses agences spécialisées, des fonds, des programmes, etc.

- **Citons parmi ceux-ci :**

La CNUCED (Commission des Nations unies pour le dévelop-pement et la coopération), le PNUD (Programme des Nations unies pour le développement), l'Unicef (Fonds des Nations unies pour l'enfance), le HCR (Haut Commissariat des Nations unies pour les réfugiés), le PAM (Programme alimentaire mon-dial), etc.

Et parmi les institutions spécialisées : AIEA (Agence interna-tionale de l'énergie atomique), OIT (Organisation internationale du travail), OMS (Organisation mondiale de la santé), etc.

La plupart des agences et institutions spécialisées ont orga-nisé progressivement un statut consultatif basé sur celui mis en place par le Conseil économique et social des Nations unies (ECOSOC).

Ce statut qui a donc servi de modèle, non seulement au sein des Nations unies mais aussi à beaucoup d'autres organisations internationales, est organisé par la résolution 1996/31 du 25 juillet 1996 et prévoit que :

« L'organisation non gouvernementale doit exercer son acti-vité dans les domaines relevant de la compétence du Conseil économique et social et de ses organes subsidiaires.

Les buts et objectifs de l'organisation (ONG) doivent être conformes à l'esprit, aux fins et aux principes de la Charte des Nations unies.

L'organisation doit s'engager à soutenir l'organisation des Nations unies dans son œuvre et à faire connaître les principes et les activités des Nations unies tandis qu'elle poursuit ses buts

O

et objectifs et agit selon sa vocation et dans son champ de compétence et d'activité. »

Le terme « organisation », sauf indication contraire, s'entend des organisations non gouvernementales de caractère national, sous-régional, régional ou international.

Par ailleurs, il est aussi prévu que des relations aux fins de consultations peuvent être établies conformément à la Charte des Nations unies et aux principes et critères établis en vertu de la présente résolution, avec des organisations internationales, régionales, sous-régionales ou nationales.

En examinant les demandes de statut consultatif, le Comité chargé des organisations non gouvernementales devrait autant que possible admettre des organisations de toutes les régions, en particulier de pays en développement, afin de favoriser un juste équilibre géographique et permettre aux organisations du monde entier d'apporter véritablement leur contribution. Le Comité doit aussi considérer, tout spécialement les organisations qui ont des compétences ou une expérience particulière, que le Conseil économique et social pourrait mettre à profit.

Les Nations unies souhaitent vivement encourager les organisations non gouvernementales de pays en développement à participer davantage aux conférences internationales convoquées par l'Organisation des Nations unies et aussi encourager la participation des organisations non gouvernementales des pays en transition économique.

Afin de favoriser la participation des réseaux régionaux d'ONG, il est prévu qu'une organisation régionale, sous-régionale ou nationale (en particulier une organisation affiliée à une organisation de caractère international déjà dotée du statut consultatif) peut obtenir le statut consultatif à condition qu'elle puisse prouver que son programme de travail a un rapport direct avec les buts et objectifs de l'Organisation des Nations

O

unies. S'il s'agit d'une organisation nationale, elle pourra obtenir ce statut après consultation de l'État membre intéressé.

Les vues de cet État membre sont communiquées à l'organisation, laquelle doit avoir la possibilité d'y répondre par le canal du Comité chargé des organisations non gouvernementales.

D'autre part, les Nations unies souhaitent que les ONG soient compétentes et, à cet égard, précisent que l'organisation postulante doit avoir une réputation établie dans le domaine particulier auquel elle se consacre, ou être représentative.

Il existe aussi des dispositions de la résolution dont l'objectif est d'encourager et de renforcer la démocratie, partant du principe que le respect des règles démocratiques s'apprend d'abord au sein de la société.

Ainsi, l'ONG doit avoir un siège reconnu et un chef administratif. Elle doit avoir un acte constitutif, dont un exemplaire sera déposé auprès du secrétaire général de l'Organisation des Nations unies, adopté selon les principes démocratiques et disposant que la politique de l'organisation doit être arrêtée par une conférence, une assemblée ou tout autre organe représentatif, devant lequel un organe exécutif doit être responsable.

L'organisation doit avoir qualité pour parler au nom de ses membres par l'intermédiaire de ses représentants autorisés. Elle doit pouvoir faire la preuve de cette qualité si la demande lui en est faite.

L'organisation doit avoir des organes représentatifs et avoir mis en place les rouages qui conviennent pour répondre de son action devant ses membres, qui doivent pouvoir exercer une autorité effective sur ses orientations et activités et disposant du droit de vote ou d'un autre mode de décision démocratique transparent. Aux fins des présentes dispositions générales, est considérée comme une organisation non gouvernementale une organisation qui n'a pas été constituée par une entité publique

O

ou par voie d'un accord intergouvernemental, même si elle accepte des membres désignés par les autorités publiques mais à condition que la présence de tels membres ne nuise pas à sa liberté d'expression.

Une importance toute particulière est accordée au mode de financement de l'organisation non gouvernementale qui sollicite un statut consultatif. C'est en effet à partir de ces modes de financements que l'ONG est indépendante ou non.

Il est ainsi prévu que les principaux moyens financiers de l'organisation doivent provenir essentiellement des cotisations de ses affiliés – ou éléments constitutifs nationaux – ou des contributions des particuliers membres de l'organisation. Lorsque l'organisation reçoit des contributions volontaires, le montant et l'origine exacts de ces contributions doivent être indiqués au Comité chargé des organisations non gouvernementales.

Si toutefois le principe énoncé ci-dessus n'est pas observé et si l'organisation tire ses moyens financiers d'autres sources que celles spécifiées ci-dessus, elle doit expliquer, de manière qui satisfasse le Comité, les raisons pour lesquelles elle ne s'est pas conformée aux principes énoncés dans le présent paragraphe.

Toute contribution financière ou autre soutien que l'organisation reçoit, directement ou indirectement, d'un gouvernement doit être ouvertement déclaré au Comité, par l'intermédiaire du secrétaire général, intégralement consigné dans les états financiers et autres documents de l'organisation, et affecté à des fins conformes aux buts des Nations unies.

Le statut consultatif des organisations non gouvernementales est organisé en trois niveaux selon l'importance et la compétence de l'ONG :
- le statut général ;
- le statut spécial ;
- les organisations de la Liste.

À chacun de ces statuts correspondent des droits et des obligations :

- **Statut consultatif général.**
  Il s'agit du statut le plus important

Pour obtenir ce statut, l'ONG doit : « *apporter la preuve qu'elle s'intéresse à la plupart des activités du Conseil et de ses organes subsidiaires et montrer qu'elle est en mesure de contribuer sur le fond et de façon suivie à la réalisation des objectifs des Nations unies dans les domaines indiqués au paragraphe I, ci-dessus, dont les activités concernent de très près la vie économique et sociale des populations des régions représentées d'un grand nombre de pays différents et dont les adhérents, qui doivent être en nombre important, sont largement représentatifs de secteurs importants des populations d'un grand nombre de pays de différentes régions du monde est dit statut consultatif général.* »

- **Statut consultatif spécial. C'est le statut intermédiaire**

Ce statut est accordé aux ONG dont la compétence particulière et l'action s'exercent dans quelques-uns seulement des domaines d'activité du Conseil et de ses organes subsidiaires, réputées dans le domaine pour lequel elles ont demandé le statut consultatif.

- **Dernier statut, celui dit de la Liste, plus communément désigné en anglais sous le titre de « Roster »**

La résolution du Conseil économique et social prévoit à cet égard :

« *Une organisation qui n'est pas dotée du statut consultatif général ou spécial mais dont le Conseil, ou le secrétaire général de l'Organisation des Nations unies, après avoir consulté le Conseil ou le Comité chargé des organisations non gouvernementales, estime qu'elle peut parfois, pour des questions relevant de son domaine de compétence, apporter une contribution*

O

utile aux travaux du conseil, de ses organes subsidiaires ou d'autres organes de l'Organisation des Nations unies, peut être inscrite sur une liste (dénommée La Liste). Peut également être inscrite sur cette liste une organisation ayant le statut consultatif ou une qualité analogue auprès d'une institution spécialisée ou d'un organe de l'Organisation des Nations unies. Une organisation inscrite sur la Liste doit être prête à remplir son rôle consultatif à la demande du Conseil ou de ses organes subsidiaires. L'inscription sur la Liste ne doit pas être considérée comme un titre permettant à l'organisation intéressée d'obtenir sur demande le statut consultatif général ou spécial. »

Il existe aussi quelques dispositions particulières pour les associations relatives à la défense des droits humains ou encore un statut dit exorbitant. Ce dernier statut peut être accordé à une organisation de premier plan, dont l'une des visées primordiales est de contribuer à la réalisation des buts, objectifs et fins de l'Organisation des Nations unies et de faire mieux comprendre l'action de celle-ci.

Droits et obligations des organisations dotées d'un statut consultatif ou inscrites sur la Liste.

L'ordre du jour provisoire du Conseil économique et social est communiqué aux organisations dotées du statut consultatif général ou spécial ou inscrite sur la liste.

Les ONG, dotées du statut consultatif général, peuvent proposer au Comité chargé des organisations non gouvernementales de demander au secrétaire général d'inscrire à l'ordre du jour provisoire du Conseil une question qui intéresse spécialement ces ONG.

- **Représentation en séance par des observateurs**

Les observateurs autorisés d'une ONG dotée du statut consultatif spécial peuvent assister aux séances publiques du Conseil et de ses organes subsidiaires. Les observateurs d'une organisation inscrite sur la Liste peuvent assister à celles de ces séances qui sont consacrées à des questions relevant du domaine d'activité de cette organisation. Cette faculté d'assister aux séances peut être assortie d'autres modalités de participation.

- **Communications écrites**

Une organisation, dotée du statut consultatif général ou spécial, peut présenter au sujet de questions qui sont de sa compétence particulière des communications écrites présentant un intérêt pour les travaux du Conseil. Le secrétaire général de l'Organisation des Nations unies transmet la communication aux membres du Conseil, sauf si elle est périmée, si elle a été diffusée sous une autre forme ou si une décision a déjà été prise sur le sujet traité.

– Les modalités de présentation des questions et de la diffusion de celles-ci sont minutieusement prévues :

– La communication doit être rédigée dans l'une des langues officielles ;

– La communication doit parvenir assez tôt au secrétaire général pour que celui-ci ait le temps, avant de la diffuser, de tenir les consultations appropriées avec l'organisation dont elle émane ;

– Avant de présenter la communication sous sa forme définitive, l'organisation doit dûment tenir compte des observations que le secrétaire général peut faire au cours des consultations.

Une communication émanant d'une organisation dotée du statut consultatif général est diffusée *in extenso* si elle ne compte pas plus de 2 000 mots. Si la communication dépasse 2 000 mots, l'organisation dont elle émane doit fournir, pour diffusion, un résumé ou un nombre suffisant d'exemplaires du texte intégral dans les langues de travail. Une communication est diffusée, *in extenso* si le Conseil ou le Comité chargé des organisations non gouvernementales le demande expressément.

O

Une communication émanant d'une organisation dotée du statut consultatif général ou inscrite sur la Liste est diffusée, *in extenso*, si elle ne comporte pas plus de 500 mots. Si la communication dépasse 500 mots, l'organisation doit en fournir un résumé pour diffusion. Néanmoins, cette communication est diffusée, *in extenso*, si le Conseil ou le Comité chargé des organisations non gouvernementales le demande expressément.

Le secrétaire général peut, en consultant le président du Conseil, le Conseil ou le Comité chargé des organisations non gouvernementales, inviter les organisations inscrites sur la Liste à présenter des communications écrites. Ces communications sont régies par les dispositions ci-dessus.

Le secrétaire général diffuse la communication ou le résumé, selon le cas, dans les langues de travail, ainsi que dans toute langue officielle voulue, si un membre du Conseil le demande.

Les exposés oraux en séance obéissent à des règles tout aussi précises.

Le comité consultatif des organisations non gouvernementales recommande au Conseil les organisations dotées du statut consultatif général que le Conseil devrait entendre et les questions sur lesquelles devraient porter leurs exposés. Les organisations ont le droit de faire un exposé devant le Conseil, sous réserve de l'assentiment de ce dernier.

S'il n'existe pas d'organe subsidiaire du Conseil chargé de s'occuper d'un domaine important qui intéresse le Conseil et des organisations dotées du statut consultatif spécial, le Comité peut recommander au Conseil d'entendre des organisations dotées de ce statut au sujet de la question qui l'intéresse.

Chaque fois que le Conseil examine, quant au fond, une question proposée par une organisation non gouvernementale dotée du statut consultatif général et inscrite à son ordre du jour, cette organisation a le droit de faire devant lui, s'il

O   314

convient, un exposé oral pour présenter la question. Au cours du débat sur celle-ci, le président du Conseil peut, avec l'assentiment de l'organe intéressé, inviter l'organisation à faire un autre exposé pour apporter des précisions.

Des dispositions identiques existent auprès des commissions et autres organes subsidiaires du Conseil économique et social comme la commission des Droits de l'homme qui siège à Genève. De même, la participation des organisations non gouvernementales aux préparatifs et aux travaux des conférences internationales convoquées par l'organisation des Nations unies prévoit-elle des normes identiques à celles qui viennent d'être décrites.

Tableau récapitulatif des droits et obligations des ONG ayant statut consultatif auprès du Conseil économique et social des Nations unies, en fonction de leur appartenance à l'un des trois statuts

Privilèges/obligations	Générale	Spéciale	Liste
Dotées du statut consultatif avec du Conseil	oui	oui	oui
Nommer des représentants auprès de l'ONU	oui	oui	oui
Invitées aux conférences de l'ONU	oui	oui	oui
Proposer des points pour l'ordre du jour du Conseil	oui	non	non
Assister à la réunion du Conseil et de ses organes subsidiaires	oui	oui	oui
Faire circuler des déclarations aux réunions du Conseil	2 000 mots	500 mots	non
Autorisée à prendre la parole au Conseil	oui	non	non
Faire circuler des déclarations aux réunions des organes subsidiaires	2 000 mots	1 500 mots	non
Autorisée à prendre la parole aux réunions des organes subsidiaires	oui	oui	non
Obligation de rendre des rapports quadriennaux	oui	oui	non

Source : Publication des Nations unies.

Le statut consultatif peut être suspendu ou retiré aux ONG qui ne respectent pas les règles prévues dans la résolution. Les

O

ONG doivent aussi rendre un rapport tous les quatre ans sur leurs activités dans le cadre du statut consultatif.

Pour examiner les demandes de statut consultatif, le Conseil économique et social des Nations unies s'est doté d'un comité en son sein qui est spécialement chargé des organisations non gouvernementales. Ce comité est élu. Il comporte 19 membres.

Comme on le voit, le statut consultatif des ONG est très élaboré et obéit à des règles particulières dont le respect est l'une des conditions du bon fonctionnement du statut et de la participation des ONG aux travaux des Nations unies.

ONU

(Département des relations avec les ONG)

Le Département de l'information des Nations unies a été le premier département chargé des relations avec les ONG. Le DPI entretient des relations avec les ONG qui ont un statut consultatif auprès de l'ECOSOC ainsi que d'autres organisations non gouvernementales.

Les organisations non gouvernementales, qui sont enregistrées auprès du DPI, ont accès à de nombreuses sources d'informations propres au système onusien et peuvent aussi participer aux grandes conférences internationales organisées par les Nations unies sur différents thèmes. Le statut spécifique auprès du DPI ne se confond pas avec le statut consultatif auprès du Conseil économique et social.

Contact :

UNITED NATIONS •États-Unis•
DPI/NGO Resource center
Room L-1B-31   *Tél.* : 212 963 7233/7234/7078
United Nations   *Fax* : 212 963 2819
New York – NY 10017   *E-mail* : dpingo@un.org

O   316

ONU

(Assemblée générale annuelle des ONG)

Chaque année se tient à New York (États-Unis), au siège de l'Organisation des Nations unies, la conférence des organisations non gouvernementales. Cette conférence regroupe toutes les organisations non gouvernementales, qui ont un statut consultatif auprès du Conseil économique et social des Nations unies, ainsi que toutes les ONG qui travaillent avec les programmes ou les institutions du système onusien, ainsi qu'avec le centre d'information des Nations unies. Généralement, cette conférence se déroule pendant la seconde quinzaine du mois de septembre.

Le thème traité, différent chaque année, concerne les grands problèmes contemporains relevant de la compétence du Conseil économique et social. À l'occasion de la session de 2002, l'accent a été mis sur les problèmes de la reconstruction après la cessation d'un conflit, à partir des expériences récentes impliquant les Nations unies : Est-Timor, Kosovo, Sierra Leone, Afghanistan...

En 2001, plus de 2 000 personnes ont participé à la Conférence annuelle qui a regroupé plus de 600 ONG en provenance de 90 pays.

Cette conférence annuelle est organisée par le Congo et le DPI des Nations unies.

Opinion publique

Dans une étude réalisée aux États-Unis et en Europe en 2002, un important Cabinet américain de relations publiques écrivait : « *Les ONG constituent désormais le cinquième pouvoir dans la conduite des affaires publiques à l'échelle mondiale.* »

O

Pour arriver à cette conclusion, Edelman PR Worlwide a réalisé une étude approfondie auprès de cadres européens et américains.

Cette étude montrait que les cadres européens continuaient à faire deux fois plus confiance aux ONG qu'aux gouvernements et à leur attribuer une cote de confiance substantiellement plus importante qu'aux entreprises ou aux médias (51 % de confiance pour les ONG contre 26 % pour le gouvernement, 33 % pour les médias et 41 % pour les entreprises).

Cette même étude révélait qu'aux États-Unis, la confiance accordée aux ONG est désormais égale à celle dont bénéficient les entreprises privées et le gouvernement, passant de 36 % à 41 % entre 2001 et 2002.

Cette étude a été réalisée entre le 9 et le 22 janvier 2002 par sondage téléphonique à partir d'un panel de 850 cadres dont 400 cadres aux États-Unis, 150 en France, 150 en Allemagne, 150 au Royaume-Uni.

Cette étude confirme le rôle de plus en plus important des ONG qui même auprès d'un public de cadres s'imposent comme des acteurs majeurs de la société contemporaine et dont le nom est cité au même titre que les grandes entreprises, les grandes marques ou les gouvernements.

Contact :

EDELMAN PUBLIC RELATIONS WORLDWIDE •France•
54, rue de Monceau   *Tél.* : 01 56 69 75 00
75008 Paris   *Fax* : 01 56 69 75 75
www.edelman.com

O

ORDRE DE MALTE

Date de création : 15 juillet 1099.

Origine : France/croisades.

Historique et mission sociale : l'Ordre de Malte, dont le nom exact est Ordre Souverain Militaire et Hospitalier de Saint Jean de Jérusalem de Rhodes et de Malte, mérite une attention particulière pour plusieurs raisons, tenant à la fois à son statut très particulier, à son ancienneté (car il s'agit probablement de la plus ancienne ONG humanitaire encore en activité) et par les innovations que cette organisation a pu apporter dans le domaine de la médecine humanitaire.

C'est le 15 juillet 1099 que les croisés conduit par Godefroy de Bouillon entrent dans Jérusalem et que *« les chrétiens lavent leurs pieds et leurs mains, quittent leurs vêtements ensanglantés et, pieds nus, se rendent aux Lieux saints. »* À quelques pas de là, en face du Saint Sépulcre, des religieux habillés de noir s'activaient auprès des blessés. Ils sont à l'origine de l'Ordre.

L'Ordre est avant tout un ordre religieux placé directement sous la protection du Pape qui a acquis le statut particulier, en plus de sa vocation humanitaire, d'ordre souverain et militaire.

Ce statut, très spécifique, se traduit par le fait que l'Ordre entretient des relations diplomatiques avec 89 États à travers le monde. L'Ordre de Malte est présent dans 110 pays d'une façon permanente et participe à de très nombreuses missions humanitaires d'urgence. L'Ordre de Malte est un sujet de droit international, c'est-à-dire qu'il nomme et accrédite des ambassadeurs. Il émet des passeports et a la capacité de conclure des accords internationaux. Le siège se trouve à Rome. L'Ordre de Malte émet aussi des timbres et peut également « battre » monnaie. Cette organisation est dirigée par un grand maître. L'Ordre de Malte a été à l'origine des premiers hôpitaux mo-

O

dernes, du premier navire hôpital, des premières écoles de médecine.

En France, les œuvres hospitalières sont présentes notamment dans le champ de l'exclusion, gèrent de nombreux établissements hospitaliers et ont une triple vocation : accompagner, c'est-à-dire accueillir les personnes handicapées et soutenir les plus déshérités, soigner, ce qui se traduit par le soutien aux plus fragiles et le soin aux plus pauvres, la fourniture de médicaments et la lutte contre la lèpre et, enfin, secourir à la fois par des missions d'urgence tant en France qu'à l'étranger et participer à des actions de formation. L'Ordre de Malte est une association « loi de 1901 », reconnue d'utilité publique.

Ressources humaines France : 650 salariés et 5 000 bénévoles.

Contact :

ORDRE DE MALTE •France•
92, rue du Ranelagh   *Tél.* : 01 45 20 80 20
75016 Paris   *Fax* : 01 45 20 48 04
www.ordredemalte.org   *E-mail* : info@orderofmalta.org

OSBL
(Organisation sans but lucratif)

Rarement utilisé en France, ce sigle est couramment utilisé dans les autres pays francophones. Il désigne toutes les organisations sans but lucratif quelle que soit leur forme juridique : associations, fondations, etc. Les Organisations non gouvernementales sont aussi incluses sous ce sigle.

O

OSC

(Organisation de la société civile)

Depuis plusieurs années déjà, les Nations unies utilisaient les termes d'ONG et OSC, c'est-à-dire organisations non gouvernementales et autres organisations de la société civile.

Dans un rapport de février 2002 du corps d'inspection des Nations unies, la définition suivante est donnée des OSC :

« La "société civile" composée de diverses populations et communautés est la sphère au sein de laquelle les citoyens et les initiatives sociales s'organisent en fonction d'objectifs, demandes et intérêts divers. Les éléments composant la société civile agissent collectivement par le biais de leurs organisations, désignées par l'expression "organisations de la société civile", c'est-à-dire de divers mouvements, groupements et institutions indépendants de l'État qui ont normalement un caractère bénévole et agissent sur le plan local, national et international pour défendre et promouvoir dans l'intérêt de tous, des intérêts sociaux, économiques et culturels. Ces organisations jouent un rôle d'intermédiaire entre les populations, les États et les Nations unies en servant de groupe de pression et en offrant des services divers. Bien que relevant de la catégorie des acteurs non étatiques, elles se distinguent du secteur privé et des ONG par le fait que, souvent, elles ne sont pas officiellement déclarées, qu'elles peuvent remplacer le secteur privé, qu'elles ne sont pas toujours strictement organisées, et qu'il est fréquent que leurs membres ne soient pas reconnus comme tels par les autorités. »

O

OSCE

(Organisation pour la sécurité et la coopération en Europe)

L'Organisation pour la sécurité et la coopération en Europe est une organisation internationale gouvernementale créée en 1975 sous la forme, dans un premier temps, de la Conférence sur la sécurité et de la coopération en Europe aux accords d'Helsinki, avant de prendre en 1994 le nom d'OSCE.

L'OSCE qui comporte 55 États-membres dont les États-Unis a une quintuple mission. Parmi celles-ci, la sécurité, l'économie, la science, l'environnement et les droits humains. L'OSCE est une organisation à compétence régionale.

L'OSCE siège à Vienne (Autriche) mais est très fortement décentralisée ; par exemple, les problématiques liées aux droits humains sont de la compétence d'une structure dont les bureaux sont à Varsovie (Pologne).

L'OSCE a mis en place un système de relations avec les organisations non gouvernementales dès les années 1991 mais, à ce jour, il n'existe aucun statut consultatif auprès de l'organisation pour les ONG comme cela existe pour les Nations unies ou le Conseil de l'Europe.

Les relations avec les ONG sont plus des relations fonctionnelles, les divisions administratives de l'OSCE ont chacune tissé des liens avec les ONG, notamment dans le secteur des droits humains ou de l'environnement, les ONG fournissent de nombreux renseignements et participent à de multiples opérations de formations ou d'éducation aux droits humains spécifiquement dans les anciens pays de l'Est. Par ailleurs, les ONG participent à de nombreuses missions de l'OSCE sur le terrain dans le cadre de la surveillance des opérations électorales, etc.

Contact : www.osce.org

O

OSI

(Organisation de solidarité internationale)

Le terme organisation de solidarité internationale est, en France, souvent préféré à celui d'organisation non gouvernementale.

Ainsi, la Commission coopération développement (COCODEV) écrit-elle dans l'avant-propos à l'édition 2000 du guide Ibiscus : « on utilise indifféremment l'abréviation de ASI (Association de solidarité internationale) ou OSI (Organisation de solidarité internationale) pour désigner les organisations engagées dans la solidarité internationale. Celles-ci sont aussi couramment désignées sous le vocable d'ONG (organisation non gouvernementale). »

Coordination Sud qui regroupe les principales ONG françaises écrit à ce sujet : « le sigle ONG désigne souvent, aux yeux du public, les "associations humanitaires" au sens très large du terme. »

Pourtant, si l'on garde dans un premier temps le sens associatif du terme ONG, il faut distinguer différents types d'organisations : les ONG humanitaires et d'aide au développement, les ONG de défense des Droits de l'homme, les ONG de défense de l'environnement, les ONG à forte dominante culturelle...

« *C'est pour cette raison que les acteurs français de l'aide au développement, de l'action humanitaire, utilisent de préférence le terme d'Association de solidarité internationale (ASI) ou Organisation de solidarité internationale (OSI) afin de préciser leur champ d'activité.* »

Selon ces deux sources, on peut en déduire que les ASI et les OSI sont des ONG œuvrant dans un champ spécifique : la solidarité internationale.

O

OVG
(Organisation véritablement gouvernementale)

Sigle utilisé par dérision vis-à-vis de certaines ONG qui n'ont d'autre objet que de défendre la politique ou les décisions des États dont elles sont issues. On utilise aussi à leur égard le terme de GONGOS.

OXFAM
(Oxford Committee For Famine Relief)

Date de création 1942.

Origine : Grande-Bretagne.

Réseau international : Allemagne, Australie, Belgique, Canada, Espagne (Intermon), États-Unis, Grande-Bretagne, Hong-Kong, Irlande, Nouvelle-Zélande, Québec, Pays-Bas.

Bureaux régionaux :
- *Afrique* : Afrique du Sud, Angola, Burkina Faso, Égypte, Érythrée, Éthiopie, Ghana, Kenya, Malawi, Mali, Mauritanie, Mozambique, Namibie, Ouganda, Rwanda, Sénégal, Somalie, Somaliland, Soudan occidental-oriental-méridional et Port Soudan, Tanzanie, Tchad, Zaïre, Zambie et Zimbabwe ;
- *Moyen-Orient* : Irak, Liban, Territoires occupés et Yémen ;
- *Asie* : Bangladesh, Cambodge, Inde, Indonésie, Népal, Pakistan, Philippines, Sri Lanka et Viêtnam ;
- *Amérique latine* : Bolivie, Brésil, Chili, Mexique, Nicaragua, Pérou ; Caraïbes : République dominicaine.

Historique et mission sociale : OXFAM Royaume-Uni et Irlande a été créée en 1942 par des Quakers pour soulager la pauvreté, la détresse et la souffrance.

O

L'action d'OXFAM à l'étranger a débuté dans les années 1960 et elle est principalement menée par des organisations partenaires dans les pays en développement.

Une partie importante du soutien accordé par OXFAM prend la forme d'aide d'urgence. Outre le financement de projets de développement dans les pays du Tiers-Monde, OXFAM s'implique de plus en plus dans des campagnes et des activités de lobbying, notamment avec la Campagne 1994-1995 pour un commerce équitable et le lobbying pour l'introduction des problèmes de développement dans les systèmes éducatifs anglais et gallois, deux actions qui ont été couronnées de succès.

L'action d'OXFAM varie selon les pays (70 au total) et toutes les questions liées au financement sont du ressort des bureaux régionaux de l'organisation.

L'environnement ne fait pas partie des priorités d'OXFAM Royaume-Uni et Irlande. Cependant, nombre de projets financés incluent des aspects relatifs à l'environnement, et l'impact environnemental des projets soumis est étudié avant d'accorder le financement. OXFAM agit en partie par l'intermédiaire d'organisations homologues, mais met en œuvre occasionnellement ses propres programmes.

OXFAM consacre la majeure partie de ses financements aux zones rurales. Les problèmes urbains ont gagné en importance ces dernières années, bien que l'action dans ce domaine varie d'un pays à l'autre. Pour l'année financière 1994-1995, le budget d'OXFAM Royaume-Uni et Irlande s'est élevé à 160 millions de dollars et le budget consolidé de l'ensemble du réseau OXFAM en 2001 dépassait 700 millions de dollars.

O

Contact :

International

OXFAM •Grande-Bretagne•
Suite 20
266 Banbury Road
Oxford – OX2 7DL

Tél. : 44 1865 31 39 39
Fax : 01 45 20 48 04
www.oxfam.org

O

P

Paix/ONG

Les ONG œuvrant dans le domaine de la paix, c'est-à-dire qui par leur expertise sont en mesure d'analyser les causes des conflits et par leurs réseaux peuvent mettre en contact les belligérants pour essayer de trouver des solutions, sont désormais des acteurs importants de la vie internationale.

En effet, très fréquemment, les États sont trop directement impliqués dans les conflits et les organisations internationales gouvernementales apparaissent partisanes ou liées par des accords, pour que leur intervention dans une situation conflictuelle favorise le retour à la paix.

De même, dans la reconstruction des sociétés, après des conflits qui souvent ont duré plusieurs années et où la société civile a disparu, les autorités sont déconsidérées.

Les ONG trouvent là un lieu privilégié d'action.

En effet, les organisations non gouvernementales ont très souvent l'avantage de n'avoir pas été des acteurs du conflit et leurs réseaux permettent d'avoir des contacts dans tous les camps.

P

Dès lors, elles peuvent développer des missions de paix et de reconstructions car, pour les belligérants, elles apparaissent comme des partenaires fiables, indépendants.

Dans ces conditions, des ONG se sont progressivement imposées comme des acteurs de la paix.

Les actions menées peuvent être préventives et des réseaux se sont mis en place pour cela comme FEWER (Early Warning and Early Response) International Alert, Life and Peace Institute, ou Conflict Prevention et cette liste est loin d'être exhaustive.

Il convient, toutefois, d'insister sur le rôle très important joué par les ONG religieuses ou proches des réseaux religieux dans ce rôle de médiation en faveur de la paix. Citons, à cet égard, l'ONG Sant'Egidio qui a joué pour la première fois un rôle de médiation au Liban dans les années 1980 puis, ensuite, dans la crise du Mozambique où elle a remporté quelques succès, ou bien encore son intervention dans le conflit algérien où cette communauté a organisé, mais sans succès cette fois-ci, dans le courant des années 1990, des tentatives de rencontre à Rome (Italie) entre les autorités algériennes et le FIS (Front islamique du Salut)

La communauté de Sant'Egidio est un groupe proche du Vatican qui compterait 20 000 adhérents.

PANOS

Date de création : 1986/1988.

Origine : États-Unis, Grande-Bretagne, France.

Historique et mission sociale : Panos est une organisation non gouvernementale qui a été créée simultanément en France, en Grande-Bretagne et aux États-Unis. Chacune de ces organisations s'occupe d'une zone géographique différente. Ainsi Panos

P

Londres s'occupe-t-il de l'Afrique de l'Est et australe ainsi que de l'Asie du Sud, Panos Paris de l'Afrique de l'Ouest du Centre et du Nord et Washington de la zone des Caraïbes.

Chaque Institut Panos s'efforce de faire émerger une entité locale de Panos qui doit être autonome.

Sont en cours de création des Instituts Panos à Kampala, Katmandou, etc.

Afin de coordonner l'ensemble de ces instituts, un conseil central a été mis en place : le Panos Council.

Panos a pour objectif de :

– Renforcer les médias des pays du Sud et leurs capacités à produire, en relation avec toutes les composantes de la société civile, une information pluraliste, gage d'une culture de paix et de démocratie ;

– Appuyer la production d'informations sur certains thèmes prioritaires, favoriser la circulation de cette information à l'échelle globale ;

– Susciter, alimenter et informer les débats publics au Nord comme au Sud sur ces thématiques ;

– Les principales thématiques auxquelles Panos souhaite se consacrer sont le pluralisme de l'information, le rôle des médias dans la prévention et la gestion des conflits, les relations entre migration et développement, le sida, la globalisation.

Budget : les ressources de Panos (France) proviennent soit de grandes fondations internationales (Ford Foundation, Fondation Charles Léopold Mayer, The Rockfeller Foundation) soit d'importantes ONG (NOVIB, CORDAID, Développement et paix Misereor, OXFAM) ou encore de coopérations internationales (Commission européenne, Unesco, Agence de la Francophonie) ou de coopérations bilatérales (France, Danemark, Suède).

P

Contact :

PANOS •France•
10, rue du Mail
75002 Paris
www.panosparis.org

Tél. : 01 40 41 13 31
Fax : 01 40 41 03 30
E-mail : communication@panosparis.org

PARTAGE

Date de création : 1973.

Origine : France.

Historique et mission sociale : association humanitaire qui a pour but de contribuer à atténuer, et si possible supprimer, la souffrance des enfants par la contribution de marraines et de parrains. À ce jour, Partage parraine 11 000 enfants et compte 19 000 parrains et marraines.

Lieux d'intervention : Amérique du Sud/Caraïbes. Afrique, Asie.

Budget 2000 : 8,9 M€ dont 90 % de fonds privés et 10 % de fonds publics.

Principale publication : *Partage Témoigne.*

Contact :

PARTAGE •France•
40, rue Vivenel – BP 70311
60203 Compiègne cedex
www.partage.org

Tél. : 03 44 20 92 92
Fax : 03 44 20 94 95
E-mail : partage@wanadoo.fr

P

PATA

(Pacific Asia Travel Association)

PATA est une plate-forme d'ONG, déjà ancienne, puisqu'elle remonte à 1951, et qui paradoxalement, pourrait préfigurer les plates-formes d'ONG modernes c'est-à-dire celles qui regroupent tous les acteurs non étatiques d'un même secteur économique, en l'occurrence le tourisme.

Cette ONG regroupe plus de 2 100 organisations du tourisme mondial incluant 40 gouvernements, 65 gouvernements provinciaux, 76 compagnies aériennes et de croisières maritimes, 850 tours opérateurs et approximativement 2 060 membres de l'industrie du Pacifique asiatique.

L'objet de cette ONG est de promouvoir la région pacifique comme zone touristique, les produits et les services de ses membres.

L'objet de PATA, qui ressemblerait pour nous à un syndicat professionnel, va en réalité bien au-delà de cet objectif.

En effet, PATA a aussi pour objectif d'être un lieu d'informations et de recherche, d'éducation et de préservation des différences culturelles pour ses membres et ce au sens scientifique des termes cités.

Le budget de cette ONG dépasse les 6 millions de dollars US annuels et elle participe aux négociations internationales relatives à l'environnement, comme les négociations du protocole de Madrid.

Contact : www.pata.org

P

Pays-Bas/ONG

Les Pays-Bas occupent une place à part dans le secteur des organisations non gouvernementales. En effet, ce pays qui compte moins de 17 millions d'habitants, enregistre trois ONG dont les ressources dépassent annuellement 90 millions d'euros alors que la France qui est quatre fois plus peuplée n'a aucune ONG dont les ressources soient supérieures à 100 millions !

Ceci traduit l'extraordinaire vitalité des ONG de ce pays. Les cinq principales ONG de solidarité internationale classées par ordre décroissant de ressources en 2000 sont :

NOVIB (150,02 M€), CORDAID (136 M€), Foster Plan (90,7 M€), Hivos (46,1 M€) et Terre des hommes (17 M€).

People in Aid

Comme le Code de conduite proposé par le Comité international de la Croix-Rouge, comme le projet *Sphère* ou encore la *Déclaration de Madrid*, le projet *People in Aid* qui a démarré en 1994 pour aboutir à un document final en 1996/1997, tente de mettre au point pour les ONG des règles éthiques et communes de gestion du personnel tant expatrié que local. Le Code *People in Aid* se veut un complément des règles dégagées par le COAH et Interaction mais diffère de ceux-ci sur trois points : ce code s'applique aussi bien aux organisations travaillant dans le développement qu'aux associations œuvrant dans l'urgence ; il contient des indicateurs mesurables par des auditeurs internes.

1er principe : les politiques que les ONG préconisent dans le secteur des ressources humaines visent les meilleures pratiques.

P

2e principe : les politiques préconisées par les ONG, dans le secteur des ressources humaines, se veulent effectives, efficaces, équitables et transparentes.

3e principe : les ONG s'engagent à consulter leurs agents de terrain lors de l'élaboration des politiques de gestion des ressources humaines.

4e principe : les plans et les budgets des ONG doivent refléter leurs responsabilités vis-à-vis des agents sur le terrain.

5e principe : les ONG s'engagent à fournir des formations et des soutiens appropriés.

6e principe : les ONG s'engagent à prendre toutes les mesures utiles pour assurer la sécurité et le bien-être du personnel.

Contact :

PEOPLE IN AID •Grande-Bretagne•
Regent's Wharf
8 All Saints Street   *Tél./Fax* : 00 44 (0) 20 7520 2548
Londres N1 9RL
www.peopleinaid.org   *E-mail* : info@peopleinaid.org

PHILANTHROPIC RESEARCH

Date de création : 1994.

Origine : États-Unis.

Philanthropic Research est une organisation non gouvernementale dont l'objet est de rendre des services aux adhérents des ONG ou aux donateurs en leur fournissant des informations légales administratives ainsi que des informations sur les ONG ou organisations du tiers secteur.

P

À cet effet, Philanthropic Research dispose d'un important site Internet « Guide Star : guidestar.org » qui recense plusieurs milliers d'associations.

Contact :

PHILANTHROPIC RESEARCH •États-Unis•
427 Scotland Street   *Tél.* : 757 229 46 31
Williamsburg, VA 23185   www.guidestar.org
USA

PHR

(Physicians for Human Rights)

Date de création : 1986.

Origine : États-Unis.

Historique et mission sociale : PHR est une ONG qui lutte pour le respect des Droits de l'homme. La particularité de PHR est d'être composée de médecins et d'effectuer des missions médicales en relation avec le respect des droits humains et aussi d'assurer la défense des médecins qui sont inquiétés, emprisonnés, torturés du fait de l'exercice de leur métier.

De 1987 à 2001, PHR a été présente au Chili, en Corée du Sud à Panama, etc.

Contact : www.phrusa.org

PINGOS

(Public Interest Non-Governmental Organizations)

Cet acronyme a été créé pour différencier les organisations sans but lucratif des organisations également sans but lucratif mais émanant du secteur marchand comme les syndicats patronaux, etc.

PLANET FINANCE

Date de création : 1998.

Origine : France.

Réseau international : Afrique, Belgique, Brésil, Chine, Inde, Italie, Maroc, Grande-Bretagne, États-Unis.

Historique et mission sociale : Planet Finance fait le constat que plus de deux milliards de personnes vivent avec moins de deux euros par jour, et pourtant beaucoup parmi eux pourraient développer une petite activité mais faute du minimum d'investissement nécessaire ne peuvent pas le faire. Planet Finance pense que la mise en place des banques des pauvres dans les pays en voie de développement peut être une réponse à cette problématique. Dans ces conditions, Planet Finance apporte un soutien aux banques des pauvres. Ce soutien peut prendre plusieurs formes : services techniques, formation, évaluation indépendante, soutien financier. Planet Finance s'inscrit donc dans le mouvement de promotion du micro-crédit comme outil de développement durable.

Budget 2001 : 2 millions d'euros.

P

Contact :

PLANET FINANCE •France•
76, rue du Faubourg-Saint-Denis   *Tél.* : 01 53 24 3131
75010 Paris   *Fax* : 01 53 24 11 57
www.planetfinance.org   *E-mail* : contact@planetfinance.org

Plate-forme française des ONG auprès de l'Union européenne

La plate-forme française des ONG auprès de l'Union européenne poursuit un objectif fondamental : celui de rassembler les ONG françaises autour de l'idée que l'échelon européen est politiquement nécessaire et approprié aux enjeux de développement des pays du Sud. La PFF s'emploie à mobiliser les ONG françaises sur les enjeux européens dans le domaine du développement. Elle est une composante active de Coordination Sud et du comité de liaison des ONG de développement auprès de l'Union européenne et participe ainsi au lobbying européen des ONG.

Créée en 1979, la PFF rassemble plus de 80 ONG françaises agissant dans le domaine de l'appui aux projets de développement, de l'éducation au développement et de l'aide humanitaire. La PFF est composée d'un Bureau de neuf délégués élus en assemblée générale, d'un secrétariat exécutif et de groupes de travail thématiques : financement du développement, éducation au développement, sécurité alimentaire etc.

La PFF est le pôle européen de Coordination Sud (coordination nationale des ONG françaises d'aide au développement et d'action humanitaire qui rassemble plus de 100 ONG françaises).

P   336

La PFF travaille en étroite collaboration avec les quatorze autres plates-formes nationales du comité de liaison représentant 900 ONG de développement européennes.

Ce réseau européen a pour vocation de susciter des échanges entre ONG européennes et de soutenir, en Europe, les positions des sociétés civiles du Sud afin de parvenir à réduire les inégalités Nord-Sud.

La PFF travaille avec les principales autres coordinations d'ONG françaises et avec un certain nombre d'autres réseaux européens.

Les principaux axes de travail de la PFF :

- Influencer les politiques françaises de coopération au développement des institutions françaises et européennes en faveur des sociétés civiles des pays du Sud ;
- Informer sur les cofinancements européens accessibles aux ONG, notamment grâce au programme RECIF (conseil, information et formation des ONG sur la ligne B7-6000) ;
- Promouvoir l'éducation au développement en Europe ;
- Être partie prenante dans le développement de relations extérieures de l'Union européenne.

Les services : la PFF offre aux ONG françaises une information et une expertise sur les financements et les enjeux européens.

La PFF oriente les ONG françaises dans leurs relations avec la Commission européenne (DG Développement, DG relations extérieures, ECHO), la Commission développement et coopération du Parlement européen et le conseil européen.

La PFF organise des séminaires sur des problématiques européennes avec les responsables européens.

La PFF produit et participe à un certain nombre de publications : *Les Échos de la PFF* (lettre bimensuelle d'information à destination des adhérents) et une contribution dans *Les Nouvelles de Sud.*

P

Contact :

PLATE-FORME FRANÇAISE •France•
14, passage Dubail   *Tél.* : 01 44 72 92 53
75010 Paris   *Fax* : 01 44 72 92 61
www.pff-ong-europe.org   *E-mail* : animation@pff-ong-europe.org

PREMIÈRE URGENCE

Date de création : 1992.

Origine : France.

Historique et mission sociale : Première Urgence est une association de solidarité internationale née pendant le conflit en ex-Yougoslavie de la volonté de quelques personnes d'apporter un soutien matériel aux victimes du siège de Sarajevo. Aujourd'hui, Première Urgence intervient dans plus de vingt pays et a un budget qui dépasse les 15 millions d'euros, budget qui est en très forte croissance depuis 1997.

Les principes d'action de Première Urgence sont : une action indépendante qui s'adresse prioritairement aux personnes les plus vulnérables : enfants, femmes, personnes âgées, handicapées, personnes déplacées ou réfugiées.

Première Urgence intervient aussi bien dans les situations d'urgence que de développement.

Pour les situations d'urgence cette association privilégie la remise directe de l'aide aux populations sinistrées.

Budget 2002 : 15 millions d'euros dont plus de 90 % de financements institutionnels.

Contact :

PREMIÈRE URGENCE •France•
9 bis, rue Georges   *Tél.* : 01 55 66 99 66
92250 La Garenne-Colombes   *Fax* : 01 55 66 99 60
www.premiere-urgence.org   *E-mail* : info@premiere-urgence.org

P

Prix Nobel de la paix

Plusieurs ONG ou coalitions d'ONG ont obtenu depuis 1901, date à laquelle fut décerné le premier prix Nobel de la paix, cette haute distinction.

- **1904 :** Institut de droit international.
- **1910 :** Bureau international pour la Paix.
- **1917, 1944** et **1963 :** Comité international de la Croix-Rouge.
- **1919 :** Ligue des Sociétés de la Croix-Rouge.
- **1947 :** The Friends Service Council & American Friends Service Committee.
- **1977 :** Amnesty International.
- **1985 :** Internationale des médecins contre la guerre nucléaire.
- **1995 :** Pugwash.
- **1997 :** Campagne internationale pour l'interdiction des mines terrestres.
- **1999 :** Médecins sans frontières.

Le premier prix Nobel de la paix en 1901 a été attribué à Henry Dunant, fondateur en 1863 du Comité international de la Croix-Rouge.

PSF-CI

(Pharmaciens sans frontières – Comité international)

Date de création : 1985.

Origine : France.

P

Réseau international/France : 17 délégations nationales et PSF Allemagne, Canada, Danemark, Luxembourg, Suède et Suisse.

Historique et mission sociale : l'accessibilité pour tous à des soins pharmaceutiques de qualité, pour des médicaments essentiels où il faut, quand il faut, comme il faut en développant des missions d'urgence et des missions de développement.

Lieux d'intervention : Asie, Afrique, Proche-Orient, Europe de l'Est.

Budget 2001 : 31 076 553 €.

Ressources humaines : 30 salariés, 8 bénévoles (France) et 50 expatriés, 250 volontaires (étranger).

Contact :

PHARMACIENS SANS FRONTIÈRES •France•
4, voie militaire des Gravanches   *Tél.* : 04 73 98 24 98
63100 Clermont-Ferrand   *Fax* : 04 73 98 24 90
www.psfci.org   *E-mail* : psf@psf-ci.org

QUAKERS

Quakers, ou Société religieuse des amis, est un mouvement religieux apparu dans les années 1650 dans le Nord-Ouest de l'Angleterre. Ce mouvement, qui peut être considéré comme une ONG, revendique environ 300 000 adhérents dont 105 000 aux États-Unis, 122 000 en Afrique, 55 000 en Amérique latine et environ 20 000 en Grande-Bretagne.

Les Quakers n'ont pas de dogme et croient dans le « sacerdoce de tous les croyants » et il n'y a pas de hiérarchie ou d'ordination particulière. Le mouvement Quaker est à l'origine de nombreuses campagnes internationales et, notamment, les campagnes pour la réforme des prisons en Angleterre ou l'abolition de l'esclavage.

Il faut surtout souligner, que le mouvement Quaker est à l'origine de la création de très grandes ONG et notamment OXFAM ou encore, quoique dans une moindre mesure, Amnesty International.

Contact : www.quaker.org

Q

Qualité

Au fur et à mesure que les organisations non gouvernementales sont devenues des partenaires des États ou des organisations internationales, au fur et à mesure que les ONG sont devenues des opérateurs, c'est-à-dire des organisations mettant en place des programmes d'aide d'urgence ou de développement dans le cadre d'opérations plus vastes, les bailleurs de fonds — organismes publics nationaux ou internationaux qui financent l'action des ONG soit à leur demande soit de leur propre initiative — ont demandé aux ONG de mettre en vigueur des normes de qualité. Des programmes comme *Sphère* ou *People in Aid* répondent, en partie, à ces préoccupations.

Parallèlement, des formations se sont mises en place pour le personnel des ONG, et les associations accordent une place de plus en plus importante à la formation.

Si l'exigence de qualité va de soi, elle n'en ouvre pas moins un débat politique de fond sur le rôle des ONG.

En effet, de nombreuses ONG pensent que l'exigence de qualité risque d'être plus qu'une exigence pour les moyens mis en œuvre mais une véritable fin en soi alors que le rôle des ONG, notamment dans des secteurs comme l'action humanitaire, est certes d'apporter des secours aux populations victimes de catastrophes naturelles ou humaines, mais aussi de dénoncer les situations de violations des droits humains pour placer les États en face de leurs responsabilités.

Certaines ONG craignent que le respect de la norme de qualité ne soit un prétexte pour écarter des financements les ONG qui dénoncent les situations.

R

Reconnaissance
d'utilité publique

Sous certaines conditions, les associations déclarées dans le cadre de la loi du 1er juillet 1901 peuvent demander à être reconnues d'utilité publique. Les associations reconnues d'utilité publique sont environ 2 000 par rapport à plus de 800 000 associations simplement déclarées. La reconnaissance d'utilité publique, qui est accordée par décret après avis du Conseil d'État, confère une notoriété certaine à l'association qui en bénéficie. Par ailleurs, les associations reconnues d'utilité publique bénéficient de certains avantages fiscaux comme la possibilité de recevoir des donations et des legs sans avoir de droits à payer.

R

RITIMO

(Réseau des centres de documentation pour la solidarité internationale)

RITIMO est un réseau décentralisé constitué de 41 centres de documentation et d'information sur le développement et la solidarité internationale et de 6 membres associés.

Ces centres ont pour objectif de permettre au public qui vient consulter de s'informer et de comprendre les mécanismes de la solidarité internationale, d'avoir des échanges avec des associations de solidarité internationale tant du Nord que du Sud.

Un important matériel est mis à disposition des visiteurs : livres, cédéroms, brochures des ONG, banques de données, accès Internet, etc.

Contact :

RSF •France•
21 ter rue Voltaire   *Tél.* : 0144 64 74 14
75011 Paris   *Fax* : 01 44 64 74 55
www.globenet.org/ritimo   *E-mail* : ritimo.voltaire@globenet.org

Royaume-Uni/ONG

Il existe un grand nombre d'organisations non gouvernementales au Royaume-Uni et les autorités soutiennent financièrement de nombreuses organisations. Mais, comme en Allemagne ou en France, quelques organisations concentrent l'essentiel des financements et des ressources collectées auprès du public.

Parmi les principales ONG anglaises, on note OXFAM avec un budget annuel de pratiquement 200 millions d'euros en 2000,

R

puis Save The Children avec des ressources pour l'année 2000 de 153,7 M€, Christian Aid 76,2 M€ et Cafod 36,7 M€ pour la même période.

Les organisations non gouvernementales du Royaume-Uni ont très vite construit d'importants réseaux internationaux.

Ainsi, OXFAM a-t-il un réseau de 17 délégations internationales dont certaines ont des budgets considérables comme NOVIB aux Pays-Bas avec un budget pour l'année 2000 de 150,2 millions d'euros ou encore Save The Children qui a un réseau de près de 30 délégations, délégations qui sont parfois les plus importantes ou parmi les plus importantes du pays comme en Suède où le budget de cette association dépasse les 12,4 M€.

(Sources : ministère français des Affaires étrangères)

RSF

(Reporters sans frontières)

Date de création : 1985.

Origine : France.

Réseau international France : présence de correspondants dans de nombreuses régions ou départements.

Réseau international : sections nationales : Allemagne, Autriche, Belgique, Espagne, Grande-Bretagne, Italie, Suède, Suisse.

Bureaux : Abidjan, Bangkok, Buenos Aires, Istanbul, Montréal, Moscou, Nairobi, New York, Tokyo, Washington.

Partenariats locaux : Afghanistan, Argentine, Bangladesh, Birmanie, Cuba, Érythrée, Haïti, Pérou, République démocratique du Congo, Russie, Tunisie, Ukraine.

R

Historique et mission sociale : depuis 17 ans, Reporters sans frontières se bat pour la liberté de la presse et le droit pour les journalistes d'informer. Pour cela, Reporters sans frontières :

– Dénonce les violations de la liberté de la presse dans le monde en informant les médias et l'opinion publique par des communiqués de presse et des campagnes de sensibilisation ;

– Défend les journalistes, collaborateurs et professionnels des médias emprisonnés ou persécutés pour leur activité professionnelle ;

– Dénonce les mauvais traitements et la torture qui sont encore des pratiques courantes ;

– Soutient les journalistes menacés dans leur pays et aide les familles privées de ressources ;

– Lutte pour faire reculer la censure et combat les lois visant à restreindre la liberté de la presse ;

– Agit pour améliorer la sécurité des journalistes, notamment dans les zones de conflit ;

– S'engage dans la reconstruction des médias et le soutien financier et matériel des rédactions mises en difficulté.

Par ailleurs, RSF s'est dotée depuis 2002 des moyens d'engager des procédures pour mieux soutenir son action au travers du réseau « Damoclès ». Le réseau intervient pour que les auteurs de crimes ou d'actes de torture contre des journalistes soient jugés à cet effet ; il intervient aux côtés des victimes, devant les juridictions nationales et internationales.

Par ailleurs, pour soutenir son action, chaque année RSF publie deux albums photos ainsi qu'un ouvrage sur l'état de la liberté de la presse dans le monde au travers de l'examen de la situation dans 150 pays.

L'association a aussi mis en place un réseau international de parrainage des journalistes emprisonnés et deux événements majeurs sont destinés à sensibiliser l'opinion publique : la journée internationale de la liberté de la presse, qui se déroule

R 346

chaque année le 3 mai et la remise le 10 décembre avec le soutien de la Fondation de France d'un prix Reporters sans fron-
tières/Fondation de France à un journaliste qui, pendant
l'année écoulée, s'est particulièrement illustré pour la défense
de la liberté de la presse dans son pays.

Contact :

RSF •France•
5, rue Geoffroy-Marie   *Tél.* : 01 44 83 84 84
75009 Paris   *Fax* : 01 45 23 11 51
www.rsf.org   *E-mail* : rsf@rsf.org

RUFFIN
Jean-Christophe

Jean-Christophe Ruffin, aujourd'hui président de l'ONG
Action contre la faim, a été pendant plusieurs années vice-président de Médecins sans frontières et membre du conseil
d'administration de plusieurs ONG humanitaires. Né en 1952 à
Bourges, Jean-Christophe Ruffin est l'auteur de nombreux
ouvrages sur le thème de l'humanitaire et l'auteur de romans,
dont le dernier *Rouge Brésil* a obtenu le prix Goncourt en 2001
tandis qu'en 1999 son ouvrage *Les causes perdues* obtenait le
prix Interallié.

Jean-Christophe Ruffin a été aussi conseiller pour les
affaires humanitaires du ministre de la Défense dans le gouvernement Balladur en 1993.

Jean-Christophe Ruffin, médecin et enseignant à l'Institut
d'Études Politiques de Paris, est probablement l'un des meilleurs connaisseurs de la problématique humanitaire dans
toutes ses dimensions à la fois techniques, politiques, etc.

R

S

Sans frontiérisme

Le « sans frontiérisme » marque une étape importante du rôle des organisations non gouvernementales dans les relations internationales et ce mouvement est aussi l'initiateur de la notion de droit d'ingérence (voir droit d'ingérence) ou de devoir d'ingérence.

Le « sans frontiérisme » est apparu à la fin des années 1960 et au début des années 1970 à l'occasion du conflit opposant les Ibos qui sont un peuple du Sud du Nigeria et le gouvernement central du pays qui siège à Lagos. Les revendications d'autonomie des Ibos, dont le territoire est situé sur une zone riche en pétrole, sont réprimées par le gouvernement du Nigeria.

Cette guerre intervient dans le contexte de la guerre froide où les accords de Yalta ont plus ou moins délimité les zones d'influence des vainqueurs de la Seconde Guerre mondiale et où les catastrophes naturelles ou humaines sont régies par cette dualité Est/Ouest et prises ou non en charge par les acteurs concernés.

L'aide humanitaire consiste essentiellement alors, en l'acheminement de secours, destinés à assurer la subsistance des populations concernées — eau, nourriture, vêtements, médicaments — comme le font depuis la Seconde Guerre mondiale de grandes ONG anglo-saxonnes comme CARE, OXFAM, World Vision, Catholic Relief, etc.

L'action humanitaire, c'est-à-dire le secours médical aux populations, est prise en charge par les sociétés nationales des Croix-Rouge ; le Comité international de la Croix-Rouge apporte son soutien conformément aux principes élaborés depuis 1863.

Dans ce contexte, les secours se font discrets et les ONG se contentent plus d'assurer une logistique « humanitaire » qu'une dénonciation des situations humainement inadmissibles.

La guerre du Biafra prend alors une signification particulière car le blocus, imposé par le gouvernement central à l'encontre des Ibos, entraîne une famine dramatique pour les populations où les enfants sont les plus touchés. Le monde entier à travers les caméras de télévision assiste, impuissant, à cette catastrophe humaine pendant que le Comité international de la Croix-Rouge, fidèle à ses principes fondateurs et à sa politique, tente de négocier, mais en vain, un droit de porter secours aux Ibos, ce que le gouvernement central refuse.

Pour venir en aide à cette population, de jeunes médecins français sont dépêchés par la Croix-Rouge française auprès du CICR mais ils se trouvent, du fait de la paralysie du Comité international, dans l'impossibilité d'apporter le moindre secours.

Parallèlement, des secours s'organisent sous l'égide de divers mouvements religieux chrétiens qui considèrent que la paralysie « formaliste » du CICR est inadmissible.

Ces Églises, regroupées au sein de ce que l'on appelle alors le Joint Church Aid, vont acheminer auprès des Ibos de la nourriture *via* un pont aérien à partir de l'île de Sao Tomé.

S

Dans cette mouvance, les médecins français, considérant que l'attitude strictement juridique du CICR ne pouvait pas perdurer et que l'objectif était le secours aux populations vont, de retour en France, créer diverses associations comme le Comité de lutte contre le génocide au Biafra, qui par la suite donnera naissance au Secours médical français, et enfin à Médecins sans frontières.

Cette démarche va s'inscrire à l'encontre des principes fondamentaux du CICR et de la Croix-Rouge car elle s'appuie sur une dénonciation publique des faits et la médiatisation de la situation humanitaire, sans aucune considération du respect du formalisme légal et des frontières avec, comme seul but, le secours aux populations.

D'autres conflits vont éclater ou se terminer et donner lieu à des actions humanitaires de plus en plus médiatiques.

Ainsi, la fin de la guerre du Viêtnam en 1975 est-elle l'occasion peu après d'une importante émigration par voie fluviale ou maritime et ces réfugiés d'un nouveau type sont l'objet d'agressions en mer de Chine et de regroupements dans des camps particulièrement sordides.

Des conflits dits « périphériques » naissent à partir des années 80 : Liban, Amérique centrale, Afrique, Afghanistan.

Partout les humanitaires sont présents.

D'importantes associations voient le jour : Médecins du monde, par une scission de Médecins sans frontières, Pharmaciens sans frontières, Handicap International, Enfants réfugiés du monde, Vétérinaires sans frontières, etc.

Les grandes organisations non gouvernementales d'aide au développement, conscientes de l'occultation de l'action des unes par les actions médiatiques et retentissantes des autres, vont rejoindre les associations « urgencières » en créant des départements dont la vocation est l'action d'urgence. L'aide

S

humanitaire, internationale et étatique, s'organise et finance l'action des ONG.

Le « sans frontiérisme » occupe le « vingt heures », comme on dit, et l'action humanitaire devient une composante essentielle de l'action militaro-diplomatique des États dans le dernier quart du XXe siècle.

Cette action « sans frontiériste » se fonde sur la primauté de l'action au profit des victimes des crises humanitaires que celles-ci soient dues aux catastrophes naturelles ou humaines c'est-à-dire les guerres, qu'elles soient internationales ou nationales, sans considération des frontières étatiques et sans considération des règles habituelles de discrétion, de confidentialité et d'absence de témoignage public qui étaient les règles de base de l'action humanitaire codifiée dans les principes de Genève.

Dans cet espace qui allait donner lieu au droit d'ingérence, les organisations non gouvernementales françaises ont joué et jouent encore un rôle essentiel.

SANTÉ SUD

Date de création : 1984.

Origine : France (Marseille).

Réseau international/France : partenariat avec 26 associations locales.

Historique et mission sociale : Santé Sud est l'exemple d'une petite ONG de province qui a su développer des partenariats originaux dans le Sud et notamment autour de la Méditerranée. Santé Sud a un triple objectif : l'amélioration des services de santé par la réhabilitation, l'équipement et la formation ; le développement de la santé communautaire ; le soutien aux associations œuvrant dans le champ sanitaire et social. Santé

S

Sud œuvre dans le secteur du développement en cherchant à jouer un rôle « facilitateur » auprès d'acteurs nationaux engagés dans une stratégie de changement : « Agir sans remplacer. »

Lieux d'intervention : Afrique, Asie, Proche-Orient, Amérique latine, Europe de l'Est/Russie.

Budget 2000 : 1,5 million d'euros dont 72 % de fonds publics et 28 % de fonds privés.

Ressources humaines : 8 salariés, 140 bénévoles, 3 volontaires expatriés.

Principale publication : *La Lettre*.

Contact :

SANTÉ SUD •France•
200, bd National-Le-Gyptis
Bât N
13003 Marseille
www.santesud.org

Tél. : 04 91 95 63 45
Fax : 04 91 95 68 05
E-mail : santesud@wanadoo.fr

SAVE THE CHILDREN FUND

Date de création : 1919.

Origine : Grande-Bretagne.

Réseau international : 29 organisations à travers le monde.

Historique et mission sociale : Save The Children est une association qui a été créée en 1919 pour venir en aide aux enfants victimes de la Première Guerre mondiale. Les fondateurs avaient été profondément choqués par la situation des enfants en Autriche et en Allemagne.

S

Aujourd'hui, *Save The Children* est la première organisation mondiale indépendante de défense des droits de l'enfant.

Save The Children intervient dans plus de 120 pays à travers le monde.

Save The Children œuvre en faveur :

– d'un monde qui respecte et apprécie chaque enfant ;
– d'un monde à l'écoute des enfants et qui tire les leçons du passé ;
– d'un monde qui offre espoir et perspectives d'avenir à tous ses enfants.

Quelques grandes dates jalonnent l'histoire de cette association, comme dans les années 1920 la distribution de plus de 122 millions de repas à 650 000 enfants en Union soviétique pour lutter contre la famine qui fait des dizaines de milliers de morts ; l'adoption par la toute jeune Société des Nations à Genève de la déclaration des droits de l'enfant inspirée directement de la charte élaborée par l'association, ou encore la création en 1930, du premier centre pour les enfants en Éthiopie. Pendant ces mêmes années, *Save The Children* aidera à faire venir en Grande-Bretagne de nombreux enfants dont les parents étaient poursuivis dans leur pays d'origine comme les Juifs en Allemagne.

Save The Children est la seconde ONG anglaise en importance financière après OXFAM avec un budget en 2000 de 153,7 M€.

S

SCOUTS DE FRANCE

Date de création : 1920.

Origine : mouvement mondial.

Réseau international : mondial.

Programmes : le rôle principal du service international des Scouts de France est d'éduquer à la solidarité internationale dans deux directions : des campagnes de sensibilisation aux problématiques internationales, formation de jeunes aux réalités internationales.

Lieux d'intervention : Scouts de France, Afrique, Asie, Amérique/Caraïbes, Europe de l'Est.

Budget 2000 : 34 millions d'euros et 3,7 millions consacrés à l'action internationale dont 60 % de fonds privés et 40 % de fonds publics.

Ressources humaines : 120 salariés et 20 000 bénévoles. 4 salariés dont 4 salariés affectés à l'action international, 11 volontaires expatriés, et 20 bénévoles.

Contact :

SCOUTS DE FRANCE •France•
54, avenue Jean-Jaurès   *Tél.* : 01 44 52 37 37
75940 Paris cedex 19   *Fax* : 01 44 52 37 53
www-scouts-France.org   *E-mail* : scouts@scouts-france.fr

S

SECOURS CATHOLIQUE/
Caritas FRANCE

Date de création : 1946.

Origine : France.

Réseau international : 106 délégations en France. International : membre du réseau Caritas Internationalis 154 membres. Premier réseau de solidarité internationale.

Historique et mission sociale : le Secours catholique qui fait partie du réseau Caritas Internationalis a été créé en 1946 par Monseigneur Rhodain sous la forme d'une association régie par la loi du 1er juillet 1901. Le Secours catholique appelé aussi Caritas France a été reconnu d'utilité publique en 1962.

L'action du Secours catholique se regroupe autour de trois axes :

- Promouvoir dans un réseau ouvert à tous, la place et la parole des pauvres par des actes créateurs de dignité, de solidarité et de partage ;
- Agir pour la transformation sociale et la justice à partir de l'échange avec les pauvres, par la réalisation de projets et l'action institutionnelle, au plan local, national, et, au sein du réseau Caritas au plan international ;
- Vivre, par l'action et la parole des pauvres, la mission reçue en Église, pour rendre Dieu présent dans la vie des hommes et témoigner de l'Évangile.

Le Secours catholique définit ainsi son identité :

« Apporter, partout où le besoin s'en fera sentir, à l'exclusion de tout particularisme national ou confessionnel, tout secours et toute aide directe ou indirecte, morale ou matérielle, quelles

S

que soient les options philosophiques ou religieuses des bénéficiaires. »

Programmes : 132 projets dans les domaines de l'aide d'urgence, de la réhabilitation, de l'aide sociale, du développement et de la réconciliation.

Lieux d'intervention : France et étranger (Afrique, Amérique latine et Caraïbes, Europe, Moyen-Orient et Nord de l'Afrique, Asie et Océanie).

Budget 2000 : 100 millions d'euros dont 20 % consacrés à l'aide internationale.

Ressources humaines : 800 salariés, 74 600 bénévoles.

Principale publication : *Messages. Rapport sur la précarité.*

Contact :

SECOURS CATHOLIQUE •France•
106, rue du Bac   *Tél.* : 01 45 49 75 72
75341 Paris cedex 07   *Fax* : 01 45 49 73 17
www.secours-catholique.asso.fr
E-mail : accueil-info-national@secours-catholique.asso.fr

SIDACTION/ECS
(Ensemble contre le sida)

Date de création : 1994.

Origine : France.

Programmes : 50 % des financements de la recherche pour la lutte contre le sida et 50 % aux programmes de prévention et d'aide aux malades en France et à l'étranger.

Lieux d'intervention : soutien à environ 30 associations dans 20 pays.

Budget : 9 798 246 d'euros dont plus de 99 % de fonds privés.

Ressources humaines : 20 salariés, 6 bénévoles.

Contact :

SIDACTION/ECS •France•
228, rue du Faubourg-Saint-Martin   *Tél.* : 01 53 26 45 55
75010 Paris   *Fax* : 01 53 26 45 75
www.sidaction.org   *E-mail* : sidaction@sidaction.org

SIERRA CLUB

Date de création : 1892.

Origine : États-Unis.

Le Sierra Club est l'une des plus importantes ONG américaines œuvrant dans le domaine de la protection de l'environnement. Sierra Club a plus de 700 000 membres.

Cette ONG, créée en 1892, a pour but de protéger les ressources naturelles et de restaurer la qualité des environne-
ments naturels et humains.

Son budget annuel dépasse les 40 millions de dollars. Ce
chiffre, à titre d'exemple, est à rapprocher des principales ONG
humanitaires françaises dont le budget dépasse difficilement
les 50 millions de dollars.

Le Sierra Club dispose du statut consultatif auprès du Comité économique et social des Nations unies et a participé à de
nombreuses négociations internationales.

Principale publication : *Sierra magazine* (mensuel).

SOLAGRAL

Date de création : 1980.

Origine : France.

Historique et mission sociale : faciliter le débat entre le monde scientifique, les mouvements sociaux et associatifs et les décideurs.

Renforcer la capacité de négociation des acteurs habituellement exclus, contribuer à la définition de politiques publiques plus démocratiques.

Quatre domaines d'intervention : sécurité alimentaire, agriculture et environnement, démocratisation et mouvements sociaux, coopération, coopération internationale.

Lieux d'intervention : France.

Budget 2000 : 1,2 million d'euros dont 90 % de fonds publics.

Ressources humaines : 17 salariés et 10 bénévoles.

Principale publication : *Courrier de la Planète.*

Contact :

SOLAGRAL •France•
45bis, av. de la Belle-Gabrielle
94736 Nogent-sur-Marne cedex
www.solagral.org

Tél. : 01 43 94 73 33
Fax : 01 43 94 73 36
E-mail : solagral@solagral.assofr

SOLIDARITÉ

Date de création : 1980.

Origine : France.

Historique et mission sociale : Solidarité est une association humanitaire qui intervient essentiellement auprès de populations victimes de guerres et de conflits armés. Spécialisée depuis plus de 20 ans dans la couverture des besoins vitaux — manger, boire et s'abriter — elle prend en charge des programmes d'urgence puis de reconstruction.

Dans le respect des cultures, Solidarité met en œuvre ses programmes en unissant les compétences d'une cinquantaine de volontaires français expatriés à celles de près d'un millier d'employés et de cadres locaux.

Ressources humaines : 15 salariés.

Principale publication : *Solidarités.*

Contact :

SOLIDARITÉ •France•
Villa Souchet
105, avenue Gambetta   *Tél.* : 01 43 15 13 13
75020 Paris   *Fax* : 01 43 15 08 09
www.solidarites.org   *E-mail* : diraction@solidarites.org

Sphère (projet)

Ce projet concerne les ONG qui agissent dans le secteur de l'assistance humanitaire.

Né en 1997 de l'initiative de grandes ONG ainsi que du mouvement de la Croix-Rouge et du Croissant-Rouge, le projet *Sphère* a pour objectif d'élaborer des indicateurs et des normes

S

minimales applicables à toutes les organisations intervenant dans le domaine de l'action humanitaire.

Ces normes et indicateurs se trouvent codifiés dans des manuels dont certains sont encore en cours d'élaboration.

L'objectif est de fournir une meilleure « prestation » entre les besoins réels des populations secourues et l'aide apportée par les ONG.

Les problématiques traitées sont : eau et assainissement, nutrition, aide alimentaire, aménagement des abris et des sites, services médicaux. Ces normes et indicateurs sont précédés d'une première partie qui s'intitule la *Charte humanitaire*.

Aujourd'hui, plus de 228 ONG participent au projet *Sphère* qui est soutenu par de nombreux gouvernements et agences internationales.

Le projet *Sphère* est animé par un comité de gestion qui est composé d'importantes ONG : Save the children, Comité de direction pour l'action humanitaire, Fédération luthérienne mondiale, CARE international, Comité international de la Croix-Rouge, Conseil œcuménique des églises, OXFAM UK, Fédération internationale des sociétés de la Croix-Rouge et du Croissant-Rouge, Caritas internationalis, Mercy Corps, Interaction, Voice, ICVA (Conseil International des agences bénévoles).

Le projet *Sphère* est, en partie, financé par des gouvernements comme ceux de l'Australie, la Belgique, le Canada, le Danemark, les États-Unis, la Finlande, l'Irlande, la Norvège, la Nouvelle-Zélande, les Pays-Bas, le Royaume-Uni, la Suède, la Suisse et l'Union européenne.

Contact :

PROJET SPHÈRE •Suisse•
BP 372
1211 Genève 19
www.sphereproject.org

Tél. : 41227304501
Fax : 41227304905
E-mail : sphere@ifrc.org

S

Subvention

Les États ou les organisations internationales versent des fonds importants aux organisations non gouvernementales.

Ainsi, dans les pays du Nord, ce sont plusieurs milliards d'euros ou de dollars qui sont donnés aux ONG par l'État lui-même, les collectivités locales ou les démembrements des États comme les agences de coopération.

Parmi les plus importantes, citons USAID qui est l'agence de coopération du gouvernement des États-Unis, ou la GTZ qui est l'agence de coopération au développement du gouvernement allemand, ou ODI qui représente le gouvernement britannique.

En France, les financements pour les ONG en provenance de l'État ou de l'Agence française de développement sont relativement faibles comparés aux exemples précités.

Le gouvernement français préfère la coopération bilatérale, c'est-à-dire directement avec un autre État, ou multilatérale, c'est-à-dire qui passe à travers les organisations internationales comme le Haut Commissariat des Nations unies pour les réfugiés ou l'Union européenne pour ne citer que ces deux cas. La France, dans le classement des quinze pays membres de l'Union européenne plus la Suisse, est le pays qui fait le moins transiter son aide par les ONG.

Les subventions internationales, en provenance des organisations internationales gouvernementales, peuvent être très importantes. Ainsi, ECHO qui est l'Office d'aide humanitaire d'urgence de l'Union européenne verse-t-il chaque année des centaines de millions d'euros aux ONG pour financer les programmes d'urgence nécessaires à la suite des catastrophes humanitaires que celles-ci aient pour origine un désastre naturel ou humain.

Ces subventions sont destinées à réaliser des programmes d'urgence ou de développement qui sont soit « commandés »

S

par les États ou les organisations internationales gouvernementales, soit proposés à ceux-ci par les ONG.

Ces fonds publics servent à financer des programmes et très
rarement à permettre le fonctionnement administratif des ONG.
Les subventions peuvent représenter parfois, soit la totalité des
fonds nécessaires à la réalisation d'un programme, soit une
partie de celui-ci. En règle générale, et ceci est vrai pour la
quasi-totalité des bailleurs, les programmes d'urgence sont
financés à 100 % tandis que les programmes de développement
sont abondés, c'est-à-dire que l'ONG doit financer une partie de
ceux-ci sur ses fonds privés ou ses fonds propres. La proportion
est variable d'une agence de développement à l'autre.

Chaque État, chaque organisation internationale gouvernementale a ses règles de fonctionnement et ses critères d'attribution. Ainsi, seules les organisations non gouvernementales qui
ont signé le contrat-cadre de partenariat avec ECHO, plus de
230 au total, peuvent prétendre recevoir des fonds de cette institution. Chaque bailleur établit ses ratios de « bonne » gestion
et les organisations qui ne les respectent pas peuvent se voir
interdire l'accès à leurs financements. Pour les frais de gestion,
les bailleurs publics sont plus ou moins généreux ou réalistes
selon le point de vue où l'on se place. Ainsi, en Europe, rares
sont les bailleurs qui acceptent des frais de gestion supérieurs à
10 % tandis que USAID admet, sur justificatif, jusqu'à 20 %. Il
est évident que, si les frais de gestion sont insuffisants pour
tenir compte de la réalité financière, ce sont les fonds privés de
l'association qui doivent y suppléer et seules les associations
« riches » en fonds privés peuvent se permettre de solliciter des
fonds publics.

Par ailleurs, les bailleurs publics deviennent de plus en plus
exigeants sur la gestion des fonds qu'ils confient aux ONG, et
s'agissant de fonds publics, les contrôles par divers organismes
publics sont nombreux. En France, les organismes habilités à
contrôler l'emploi des fonds publics par les ONG sont plusieurs

S

dizaines : Cour des comptes, Inspection des finances, services de contrôle des collectivités qui ont financé, etc.

Par ailleurs, les bailleurs publics exigent désormais des évaluations des programmes réalisés pour apprécier la pertinence de ceux-ci et demandent aussi la mise en place d'indices ou d'indicateurs.

Toutes ces exigences légitimes, s'agissant de fonds publics, entraînent des frais de gestion élevés d'autant plus que les ONG doivent faire certifier leurs comptes annuels par des cabinets de commissaires aux comptes.

Par conséquent, contrairement à une idée qui est parfois émise, les organisations non gouvernementales reçoivent bien des fonds publics sous forme de subventions. D'ailleurs, ceci n'est pas contraire aux principes du statut consultatif auprès des Nations unies et certaines ONG fonctionnent essentiellement avec des fonds publics. Le problème est de savoir si l'origine publique des fonds compromet ou non l'indépendance des ONG qui les reçoivent.

En effet, certaines organisations non gouvernementales qui ne disposent pratiquement d'aucunes ressources privées ont une marge de manœuvre relativement faible pour accepter ou refuser les programmes qui leur sont proposés, demandés voire imposés par des États ou des organisations internationales gouvernementales. Ceci pose un problème éthique.

Les organisations non gouvernementales sont toujours à la recherche d'un équilibre entre les fonds publics et les fonds privés et ce afin de préserver leur indépendance. En effet, une trop forte dépendance par rapport aux fonds publics, et l'association se trouve dans l'obligation de respecter les règles politiques qui sont dictées par le bailleur car elle ne peut pas se permettre de refuser un programme. C'est pourquoi les ONG qui ont recours aux financements publics s'efforcent de diversifier l'origine des bailleurs : USAID, États étrangers, État français, organisations internationales, Union européenne, de façon à ne jamais se trouver sous la dépendance d'un seul bailleur et conserver ainsi leur indépendance.

Ainsi, une association comme Équilibre, dont le budget qui dépassait les 25 millions d'euros, dépendait à plus de 90 % de l'Union européenne a-t-elle été obligée de déposer son bilan et s'est trouvée purement et simplement mise en liquidation judiciaire à la fin des années 1990 lorsque les programmes du bailleur ont été réorientés vers d'autres priorités.

Certaines associations ont ainsi fait le choix de refuser toutes les subventions publiques pour conserver une totale indépendance. C'est le cas d'Amnesty International.

Une ONG comme Médecins sans frontières a publiquement fait part de son choix de renoncer aux fonds publics et de devenir ainsi la plus grande agence d'aide humanitaire privée.

Toutefois, la plupart des ONG essaient de diversifier leurs fonds de façon à ne dépendre d'aucune source spécifique. En effet, les fonds privés doivent aussi être diversifiés pour faire face aux crises qui peuvent survenir et ne pas reposer exclusivement sur le grand public. En effet, en 1995 le scandale qui a frappé le monde associatif en France avec la révélation des détournements de fonds dans une très grande association (Association pour la recherche sur le cancer) a suscité une grave crise de confiance chez les donateurs privés particuliers et provoqué une baisse significative des dons.

Suède/ONG

La Suède compte 380 ONG et parmi celles-ci 13 ont un soutien direct financier de la part de l'État et redistribuent à d'autres ONG les financements qu'elles reçoivent.

S

Le budget de la principale ONG suédoise est inférieur à 20 millions d'euros. Parmi les principales ONG suédoises, on relève Forum Syd avec un budget de 16,5 millions d'euros en 2000, puis Swedish Missionary Council avec pour la même année un budget de 14,8 M€ et ensuite Save The Children avec 12,4 M€.

(Source : ministère français des Affaires étrangères)

Suisse/ONG

La Suisse abrite de nombreuses organisations non gouvernementales notamment à Genève, ville où se trouvent plus de 20 organisations internationales gouvernementales, dont le siège européen des Nations unies.

Par ailleurs, notons la présence, à Genève, de la Commission des droits de l'homme des Nations unies qui siège une fois par an en présence de nombreuses ONG de défense des droits humains.

En ce qui concerne les organisations non gouvernementales suisses, on en dénombre 1 000 selon les autorités de ce pays.

Parmi celles-ci une cinquantaine reçoit un appui financier de l'État confédéral, des villes ou des cantons.

Les organisations non gouvernementales les plus importantes sont la fondation Terre des hommes avec un budget de plus de 20 M€ ainsi que Caritas avec un budget légèrement supérieur à 21 M€.

(Source : ministère français des Affaires étrangères)

S

TDHF

(Terre des hommes France)

Date de création : 1963.

Origine : France (Guerre d'Algérie).

Réseau international : Fédération internationale Terre des hommes qui regroupe 9 associations nationales.

Programmes : contribuer par l'engagement de ses membres à promouvoir un développement durable, socialement juste, économiquement viable ici et dans les pays en voie de développement. Aucune action d'urgence.

Lieux d'intervention : Afrique, Palestine, Asie, Amérique latine.

Budget 1999 : 1,7 million d'euros dont fonds publics : 27 % et fonds privés : 73 %.

Ressources humaines : 5 salariés, 2 bénévoles (pas d'expatriés, uniquement des partenaires locaux).

Principale publication : *Peuples en marche.*

T

Contact :

TDHF •France•
4, rue Franklin
93200 Saint-Denis
www.terredeshommes.asso.fr

Tél. : 01 48 09 09 76
Fax : 01 48 09 15 75
E-mail : tdh@terredeshommes.asso.fr

TEAR FUND

Date de création : 1960.

Origine : Grande-Bretagne.

Réseau international/national : Écosse, Irlande, pays de Galles.

Historique et mission sociale : Tear Fund est une organisation non gouvernementale qui se veut une association chrétienne qui agit auprès des pauvres du monde. Tear Fund est d'abord intervenue auprès des réfugiés et, progressivement, a étendu son action à d'autres populations et à de nombreux secteurs. Tear Fund est l'une des principales organisations anglaises. Aujourd'hui, Tear Fund intervient dans des missions d'urgence de développement et notamment de développement communautaire. Tear Fund a mis en place un important département de commerce équitable.

Contact :

TEAR FUND •Grande-Bretagne•
100 Church Road
Teddington. TW11 8QE
www.tearfund.org

Tél. : 020 8977 9144
Fax : 020 8943 3594
E-mail : enquiry@tearfund.org

T

TFD
(Tourism For Development)

Date de création : 1998.

Origine : France.

Historique et mission sociale : l'ONG a été créée en 1998 peu après les attentats de Louxor en Égypte. Dans ce contexte, les fondateurs de TFP ont fondé leur action sur quelques principes :

– Il n'est pas tolérable que des êtres humains ne disposent pas au moins du minimum vital ;

– Le droit fondamental des voyageurs de se déplacer partout et en toute sécurité ne peut être défendu qu'en favorisant le développement des populations les plus démunies ;

– L'industrie du tourisme doit légitimement contribuer au développement des pays dans lesquels elle exerce son activité.

Pour que l'ensemble de cette industrie accepte de s'investir efficacement et massivement, il est indispensable que ses clients, les voyageurs, le demandent.

Pour réaliser ses objectifs, TFP accorde son label aux professionnels du tourisme qui acceptent de redistribuer une partie de leurs bénéfices pour le financement de micro-projets de développement.

Depuis 1998, TFP a participé grâce aux fonds récoltés auprès des consommateurs, c'est-à-dire des touristes, et des professionnels à la mise en place de 13 micro-projets dans 11 pays.

Depuis quelques mois, l'ONG a lancé un nouveau programme sous forme d'une carte, la carte TFP qui permet au consommateur de voyages d'acheter ses déplacements chez les professionnels labellisés c'est-à-dire ceux qui acceptent de

T

reverser une partie de leur chiffre d'affaires pour des programmes de micro-crédit.

TFP espère qu'une partie des quelque 500 milliards de dollars qui représentent le chiffre d'affaires de cette industrie pourra revenir aux actions de développement durable *via* les programmes de micro-crédit.

Contact :

TOURISM FOR DEVELOPMENT •France•
59, boulevard Saint-Michel   *Tél.* : 01 46 34 17 16
75005 Paris
www.tourismfordevelpment.com   *E-mail* : TFD@wanadoo.fr

TRANSPARENCY

Réseau international : présence dans 90 pays.

Historique et mission sociale : Transparency est une organisation non gouvernementale dont l'objet est de réaliser des études sur la transparence financière et la corruption et de les publier. Transparency, à partir de ces études, entend lutter contre la corruption dans les affaires et les marchés internationaux. Il s'agit de la seule ONG œuvrant dans ce secteur. Transparency considère que la corruption est une cause profonde de maintien des injustices ayant des conséquences économiques désastreuses, d'autant plus qu'elle interdit les réformes.

Pour atteindre ses objectifs au niveau national et international, Transparency lutte pour l'introduction de normes plus strictes et surtout l'accès le plus large à l'information.

Les actions de Transparency sont financées par des institutions privées, des États, des organisations non gouvernementales et des organisations internationales gouvernementales.

Contact :

Secrétariat International

TRANSPARENCY •Allemagne•
Otto-Suhr-Allee 97/99   *Tél.* : 49 30 343 8200
10585 Berlin   *Fax* : 49 30 3470 3912
www.transparency.org   *E-mail* : ti@transparency.org

Center for Innovation and Research

TRANSPARENCY •Grande-Bretagne•
27 The Quadrangle
49 Atalanta Street   *Tél.* : 44 207 610 1400
London, SW6 6TU   *Fax* : 44 207 610 1550
www.transparency.org
E-mail : london-office@transparency.org

TRIALOG

Trialog est un réseau européen d'ONG créé en 1998 dans le but d'établir des liens avec les ONG de développement des pays candidats à l'adhésion à l'Union européenne et les ONG de développement des pays membres.

En effet, il est apparu très rapidement que les ONG des pays candidats n'avaient pas les compétences suffisantes pour pouvoir jouer leur rôle c'est-à-dire élaborer des programmes, construire des budgets, réaliser des évaluations, mettre en place les audits, etc.

Dans ces conditions, il est très vite apparu que les ONG des pays candidats risquaient de ne pas pouvoir prétendre aux financements européens dans le domaine du développement sauf celles qui allaient devenir de simples émanations des ONG des pays membres.

T

D'autre part, l'intégration de 15 nouveaux pays dans l'Union européenne inquiétait aussi les ONG du Sud et il était nécessaire de mettre en place une structure de dialogue.

C'est pour répondre à ces problèmes et à ces inquiétudes que le réseau Trialog a vu le jour.

Les objectifs de Trialog sont :

– Intensifier systématiquement la coopération et l'échange d'expériences et d'informations entre les ONG des États-membres de l'Union européenne, des pays candidats et du Sud dans son ensemble ;

– Soutenir l'établissement d'ONG nationales et de plates-formes nationales des ONG de développement dans les pays candidats ;

– Accroître la sensibilisation du public au sein de l'Union européenne et dans les pays candidats quant à la nécessité de la coopération entre la future Europe élargie et le Sud dans son ensemble ;

– Renforcer les ressources humaines disponibles dans les pays candidats en soutenant des programmes de développement des capacités ;

– Augmenter la capacité des sociétés civiles dans les pays candidats à influencer leur propre gouvernement concernant les questions de développement Nord/Sud ;

– Éviter que se développe une opposition entre la coopération au développement et l'élargissement.

Pour atteindre ces objectifs, le réseau Trialog, qui travaille en étroite concertation avec le Comité de liaison des ONG de développement (CLONGDE), met en place des moyens techniques qui sont :

– Création d'un site Internet ;

– Traduction des principaux documents de l'Union européenne sur le développement dans les onze langues ;

– Édition d'un bulletin ;

T

- Mise en place de séminaires d'information et de formation dans les secteurs essentiels ;
- Construction d'une base de données sur les ONG de développement des pays candidats.

Contact :

TRIALOG •Autriche•
Wohllebengasse
12-14 A - 1040 Wien
www.trialog.or.at

Tél. : 00 43 1 319 79 49
Fax : 00 4 3 1 319 79 15
E-mail : office@trialog.or.at

TULIPE
(Transferts d'urgence de l'industrie pharmaceutique)

Date de création : 1982.

Origine : France.

Tulipe est une organisation non gouvernementale originale dans la mesure où elle est issue du monde de l'industrie pharmaceutique et qu'elle a pour but d'être l'interface entre les laboratoires pharmaceutiques et les organisations non gouvernementales qui agissent sur le terrain.

Tulipe, à la différence d'autres organisations, ne donne que des médicaments neufs pour assurer la distribution desdits médicaments, elle signe des partenariats avec les plus grandes organisations non gouvernementales comme l'Ordre de Malte, Médecins du monde, Médecins sans frontières, Pharmaciens sans frontières, etc.

Progressivement, Tulipe s'est dotée d'un réseau et dote directement certains États après avoir évalué les besoins.

Ressources humaines : 3 salariés et 60 adhérents.

Budget : 150 000 euros.

T

Contact :

TULIPE •France•
200, bd National-Le-Gyptis
15, rue Rieux   *Tél.* : 01 47 12 08 97
92100 Boulogne-Billancourt   *Fax* : 01 46 84 04 06
www.tulipe.org   *E-mail* : asso.tulipe@imaginet.fr

T   374

U

UIA
(Union internationale des associations)

Date de création : 1910.

Origine : Belgique.

Il s'agit probablement de l'une des premières manifestations d'un cadre organisationnel des organisations non gouvernementales au niveau mondial et de la prise de conscience de leurs intérêts communs.

L'UAI a été créée officiellement en 1910 à Bruxelles au cours du premier congrès mondial des associations internationales. Ses fondateurs, le sénateur Henri La Fontaine, prix Nobel de la paix en 1913 et Paul Otlet, secrétaire général de l'Institut international de bibliographie, avaient mis sur pied en 1907 l'Office central des institutions internationales auquel l'UAI succéda sous la forme de fédération.

En 1914, elle regroupait 230 organisations, soit un peu plus de la moitié de celles qui existaient à l'époque. L'UAI devait incarner, dans l'esprit de ses fondateurs, les aspirations internationalistes et les idéaux de paix qui animaient les associa-

U

tions et qui allaient aboutir en 1920 à la création de la Société des Nations.

Les premières années d'activité de l'UAI furent associées à l'Institut international de bibliographie – qui devint plus tard la Fédération internationale de documentation – et à l'Institut international de la paix.

L'UAI fut également associée à la création de la Société des Nations et de l'Institut international de coopération intellectuelle, qui précéda l'UNESCO. Elle créa en 1920 la première Université internationale, dont les activités s'exercèrent jusqu'en 1927.

Contact :

UIA •Belgique•
40, rue Washington
B-1050 Bruxelles
www.uia.org

Tél. : 00 32 2 640 18 08
Fax : 00 32 2 643 61 99
E-mail : uia@uia.be

Union européenne

L'Union européenne entretient, depuis longtemps, des relations étroites avec les organisations non gouvernementales européennes mais aussi ressortissantes de pays non membres de l'Union, comme par exemple, la Suisse ou les États-Unis. Ces relations peuvent être consultatives ou opérationnelles et se situer aussi bien dans l'action d'urgence que dans le développement. Les organisations non gouvernementales travaillent dans tous les domaines : action médicale humanitaire, droits humains, environnement, développement, social.

À la différence des Nations unies ou du Conseil de l'Europe, l'Union européenne n'a établi aucun cadre formel de consultation. Certes, il existe des agréments, comme dans le cadre d'ECHO, agrément qui n'a d'autre but que d'identifier les partenaires potentiels et fiables de l'Union et de prévoir le cadre légal et contractuel de leurs relations mais aucun cadre de consultation politique comme c'est le cas auprès du Conseil économique et social des Nations unies ou bien auprès des autres instances onusiennes, même si aujourd'hui le cadre de cette concertation apparaît comme trop étroit à nombre d'organisations non gouvernementales.

Consultée sur une évolution possible de cette situation et sur la possibilité de créer un statut consultatif des organisations non gouvernementales, la Commission européenne, dans un livre blanc consacré au renforcement du partenariat entre les organisations non gouvernementales et les différentes instances de l'Union européenne, a fait savoir qu'elle n'entendait pas modifier sa position.

À l'appui de celle-ci, la Commission fait valoir que le statut consultatif n'est prévu que dans des instances internationales où seuls les États sont représentés et que par ce biais on associe les citoyens. Ainsi, auprès des Nations unies où seuls les États siègent, y compris au Conseil économique et social, ou encore devant le Conseil de l'Europe où malgré la présence d'une assemblée parlementaire, il existe un statut consultatif des organisations non gouvernementales car les parlementaires sont désignés par les parlements nationaux et non directement élus par les citoyens au suffrage universel direct.

Or, dans les instances européennes, il y a d'une part un Parlement, élu au suffrage universel direct par l'ensemble des citoyens européens, et d'autre part, un Conseil économique et social qui siège à Bruxelles.

Pour la Commission européenne, ces deux instances représentent la société civile.

De nombreuses organisations non gouvernementales contestent cette position de principe de la Commission en faisant

U

valoir que les deux instances sont strictement politiques et partisanes pour l'une, purement professionnelles pour l'autre.

Le débat n'est pas clos.

UNOGEP

(Union nationale des organismes faisant appel
à la générosité du public)

Date de création : 1998.

Origine : France.

L'Union nationale des organismes faisant appel à la générosité du public, qui regroupe aujourd'hui plus de 50 fondations, associations ou organisations non gouvernementales, a pour objet d'assurer la promotion des organismes à but non lucratif, d'intérêt général, faisant appel à la générosité du public c'est-à-dire recueillant auprès des personnes physiques des dons, donations ou legs selon les cas.

Si l'on considère, avec la Cour des comptes dans son dernier rapport (2002), qu'il y a en France un peu plus de 100 organisations sans but lucratif qui collectent des fonds nationalement auprès du public, l'Unogep regrouperait donc environ 50 % des associations concernées ce qui est un chiffre très important et très significatif.

Cet organisme représente ses adhérents auprès des pouvoirs publics et assure la défense de leurs intérêts.

L'UNOGEP mène aussi des études visant à mieux connaître les raisons de la générosité du public et a également pour objectif de mettre en œuvre des campagnes collectives pour promouvoir la générosité.

L'UNOGEP est organisée sous la forme d'un syndicat professionnel et non pas d'une association.

U

Contact :

UNOGEP •France•
133, rue Saint-Maur
75541 Paris cedex 11
www.unogep.org

Tél. : 01 53 36 35 25
Fax : 01 47 00 84 83
E-mail : info@unogep.org

URD

(Urgence Réhabilitation Développement)

Date de création : 1993.

Origine : France.

Historique et mission sociale : l'idée est venue en 1993 à un groupe d'experts, de faire se rencontrer dans une même structure les membres des organisations non gouvernementales œuvrant dans le domaine de l'urgence et celles travaillant plus spécifiquement dans le développement.

En effet, fréquemment, ces organisations s'ignoraient alors qu'elles devaient affronter des problèmes identiques dans de nombreux domaines comme celui du passage des programmes d'urgence aux programmes de développement et du lien financier entre ces deux types d'intervention les bailleurs n'étant pas les mêmes.

Dans ce contexte, la mission du groupe URD est de favoriser la pénétration d'idées novatrices tant dans le monde associatif que chez les acteurs administratifs ou les bailleurs privés.

Le groupe URD poursuit des recherches théoriques et pratiques sur l'action des ONG de développement et d'urgence dans les situations de crise.

Par ailleurs, Urgence Réhabilitation Développement assure des formations à destination des acteurs de l'humanitaire, mène aussi des missions d'expertise pour les organisations non gouvernementales et les organisations internationales, ainsi que les administrations nationales.

Parallèlement, URD assure des missions d'évaluation des actions.

Contact :

URD •France•
La Fontaine des marins   *Tél.* : 04 75 28 29 35
26170 Plaisians   *E-mail* : urd@urd.org
www.urd.org

USAID

(Agency for International Development)

Il s'agit de l'Agence américaine pour le développement international.

Cette agence est la continuation du plan Marshall mis en place après la Seconde Guerre mondiale pour venir en aide à l'Europe dévastée et aussi la continuation du programme Point 4 du président Harry Truman. L'agence USAID proprement dite a été créée par un décret de 1961 du président John Kennedy.

USAID est avec ECHO (l'Office d'aide humanitaire de la Commission européenne) l'autre grand bailleur de fonds de l'aide internationale qu'elle soit une aide d'urgence ou une aide au développement. USAID a un double objectif : appuyer les intérêts de la politique étrangère des États-Unis afin d'étendre la démocratie, l'économie de marché, et parallèlement améliorer le niveau de vie des habitants des pays en voie de développement.

USAID consomme environ 1 % du budget fédéral américain.

Comme l'organisation européenne, USAID a peu d'actions directes de terrain et développe ses programmes à travers des partenariats mais, à la différence d'ECHO, USAID a des partenariats avec plus de 3 500 entreprises commerciales et seulement 300 ONG alors qu'ECHO n'entretient de partenariats qu'avec des ONG qui sont au nombre de 250 environ.

Les partenaires ONG de USAID ne sont pas exclusivement américains et de nombreuses ONG étrangères aux États-Unis bénéficient de financements en provenance de ce bailleur.

Contact :

USAID •États-Unis•
Ronald Reagan Building
Washington DC 20523-1000
www.usaid.gov

Tél. : 202 712 4810
Fax : 202 216 3524
E-mail : webmaster@info.usaid.gov

U

V

VOICE

(Voluntary Organisations In Cooperation in Emergencies)

VOICE est un réseau européen de plus de 80 ONG d'aide humanitaire appartenant à des pays membres de l'Union européenne ainsi qu'à la Suisse.

Sous le terme aide humanitaire, on comprend l'aide d'urgence, l'aide à la réhabilitation et l'aide à la préparation et à la prévention de catastrophes.

VOICE a été fondée en 1992, et son secrétariat en 1993. La mission de Voice est d'encourager les liens entre ONG d'aide humanitaire et de contribuer de manière efficace à l'élaboration et à la surveillance de la politique humanitaire principalement de l'Union européenne.

Pour atteindre ce but :
- VOICE veut veiller à ce que l'aide humanitaire reçoive de la part de la communauté internationale, et de l'Union européenne en particulier, l'attention et les réponses appropriées par rapport aux besoins existants et aux situations de crise variées et complexes ;

V

- VOICE veut accroître la qualité et l'efficacité des stratégies humanitaires mises en place par la communauté internationale et plus particulièrement européenne ;
- VOICE veut faciliter l'accès des ONG membres auprès de l'Union européenne, plus particulièrement la Commission et ECHO, et défendre les intérêts, la connaissance et l'expérience des ONG membres et leur accès aux fonds humanitaires de l'Union européenne. VOICE est organisé avec, à sa tête, une présidence puis un Sous-Comité Aide humanitaire (SCAH), un secrétariat et le forum (assemblée générale).

Contact :

VOICE ·Belgique·
43, avenue Louise
B 1050 Bruxelles
www.ngovoice.org

Tél. : 32 25 41 13 60
Fax : 32 2 534 99 53
E-mail : voice@ngovoice.org

Volontaire (statut)

Afin de permettre l'action de solidarité internationale des associations, le gouvernement français a mis en place depuis plusieurs années un statut du volontaire. Ce statut concerne à la fois les droits et devoirs des volontaires et les relations des volontaires avec les associations ainsi que les relations des associations avec l'État.

Ce statut ou ces statuts sont aujourd'hui prévus par le décret n° 95-94 du 30 janvier 1995.

Ce statut prévoit notamment que :

« *La qualité de volontaire pour la solidarité internationale est accordée par les ministres compétents à toute personne physique majeure possédant la nationalité française ou celle d'un État membre de l'Union européenne.* »

Le volontaire doit remplir trois conditions :

1. Être engagé par contrat de volontariat avec une association de volontariat pour la solidarité internationale reconnue par le ministre des Affaires étrangères, le ministre de la coopération ou le ministre délégué à l'Action humanitaire et aux droits de l'homme ;
2. Participer, dans ce cadre, à une action de solidarité internationale ;
3. Accomplir une ou plusieurs missions d'intérêt général dans un pays ne figurant pas sur la liste fixée par arrêté interministériel.

Le statut de volontaire est limité dans le temps dans les conditions suivantes : les volontaires pour la solidarité internationale doivent effectuer des missions d'une durée totale minimum supérieure ou égale à un an et limitée à six ans. Au-delà d'une durée de six ans, le volontaire perd ses avantages mais peut, dans un délai d'un an à compter de la fin de sa mission, faire valoir ses droits à la prime forfaitaire de réinsertion prévue à l'article 5 pour son retour en France.

Les associations de volontariat pour la solidarité internationale doivent garantir aux volontaires :

– Une formation préalable à leur affectation ;
– Une indemnité de subsistance et des avantages en nature susceptibles de leur assurer des conditions d'installation et de vie décentes compte tenu des situations locales ;
– La prise en charge des frais de voyage et de rapatriement ;
– Une assurance responsabilité civile ;
– Un soutien technique pour leur réinsertion en fin de mission.

Une couverture sociale pour eux-mêmes et leurs ayants droit présents sur le lieu de mission dans le cadre des dispositions relatives à l'assurance volontaire des Français expatriés. Par ailleurs, le statut spécifique des volontaires prévoit que la couverture sociale s'exerce dans les conditions suivantes et ce à partir de la date d'effet du contrat :

V

Pour les volontaires : la couverture maladie, maternité, invalidité, décès, accident du travail, maladie professionnelle, vieillesse, ainsi qu'une mutuelle complémentaire et une assurance rapatriement sanitaire.

Pour leurs ayants droit à charge : une couverture prestations en nature maladie, maternité, invalidité, ainsi qu'une mutuelle complémentaire et une assurance rapatriement sanitaire.

Par ailleurs, pour permettre une bonne réinsertion des volontaires lors de leur retour, le décret prévoit que ceux qui ne remplissent pas les conditions d'attribution du revenu minimum d'insertion prévu par la loi et sont inscrits sur la liste des demandeurs d'emploi de l'Agence nationale pour l'emploi reçoivent une prime forfaitaire de réinsertion.

Le versement de cette prime, prise en charge par l'État, est effectué dans la limite d'une durée maximale de neuf mois, son revenu est exclusif de toute autre aide liée à la situation de recherche d'emploi. Toutefois, les volontaires de solidarité internationale dont le contrat est rompu avant terme ne peuvent prétendre au bénéfice de cette prime, à l'exception des cas de force majeure ou de rupture de contrat du fait de l'employeur.

La qualité d'association de volontariat pour la solidarité internationale est reconnue par les ministres compétents, après avis de la commission du volontariat instituée à l'article 15 du présent décret, à toute association de droit français qui participe à la mise en œuvre d'un programme ou d'un projet de solidarité internationale dans un pays ne figurant pas sur la liste fixée par arrêté, et qui fait appel au concours bénévole d'une ou plusieurs personnes physiques liées à elle par contrat conclu en conformité avec les dispositions du titre 1er du présent texte.

La commission du volontariat pour la solidarité internationale est une commission paritaire qui est composée de représentants des associations et des ministères intéressés. Cette commission donne notamment son avis sur les demandes de reconnaissance en qualité d'association de volontariat, sur les contrats conclus entre les associations et les volontaires ainsi que sur le choix de l'organisme de gestion paritaire.

Cette qualité peut, à tout moment, être retirée dans les mêmes formes s'il apparaît que l'association bénéficiaire cesse de remplir les conditions énoncées à l'alinéa précédent.

La reconnaissance d'une association de volontariat pour la solidarité internationale donne lieu à l'établissement d'une convention à durée limitée, renouvelable, entre l'association et le ou les ministères compétents.

Pour les volontaires qu'elle recrute dans les conditions fixées par le décret, l'association s'engage dans la convention précitée à leur assurer la couverture sociale prévue.

La convention elle-même doit prévoir les modalités de contrôle et d'évaluation des dispositions prévues par le décret.

Le décret prévoit également que les associations de solidarité internationale assurent aux volontaires qu'elles recrutent, dans le cadre du présent décret, toutes les garanties sociales qui figurent dans ledit décret et qu'au surplus, elles assurent aux volontaires la communication de toutes les informations utiles pour les conditions de leur séjour à l'étranger et de leur retour en France, et en particulier des dispositions dudit décret et des arrêtés d'application.

Enfin, les associations de solidarité internationales s'engagent à ne pas envoyer en mission les autres personnels qu'elles emploient s'ils ne disposent pas d'une couverture sociale comprenant au minimum : les prestations en nature maladie, maternité, invalidité ; la couverture accident du travail ; l'assurance rapatriement sanitaire.

V

• Les engagements de l'État

Dans le cadre du présent décret, l'État contribue forfaitairement, pour chaque volontaire dont la qualité est reconnue, à la couverture sociale maladie, maternité, invalidité, décès, accident du travail, maladie professionnelle et vieillesse.

Cette contribution est accordée sous réserve que l'intéressé ait perdu ses droits antérieurs à la protection sociale et qu'il soit affilié à la Caisse des Français de l'étranger.

La contribution forfaitaire est effective : à compter du premier jour de mission pour les volontaires qui ont conclu un contrat d'une durée supérieure ou égale à 365 jours ; à compter du 366e jour de mission pour les volontaires qui ont cumulé plusieurs contrats de courte durée.

Les contrats conclus pour une durée supérieure ou égale à 365 jours et qui sont rompus dans un délai inférieur donnent lieu, sauf cas de force majeure, au remboursement intégral par les associations de l'ensemble des dépenses effectuées indûment par l'État pour la période considérée.

De même, dans le cadre du statut du volontaire, l'État s'engage à prendre en charge la prime forfaitaire de réinsertion.

Enfin, toujours pour faciliter l'envoi sur le terrain de volontaires, il est prévu que l'État apporte une contribution forfaitaire aux dépenses générales de l'association relatives à l'envoi et à la gestion des volontaires.

La gestion des fonds versés par l'État est confiée à un organisme mandaté à cet effet par les ministres concernés et ce après avis de la commission du volontariat.

V

Volontariat civil

Parallèlement au volontariat issu du décret du 30 janvier 1995, une nouvelle possibilité de volontariat a été mise en place après la disparition du service militaire et du régime spécifique qui avait été prévu à cet effet, système qui était connu sous le nom de VSN (volontaires du service national).

La loi du 14 mars 2000 a mis en place un volontariat civil pour les jeunes de 18 à 28 ans.

Les secteurs dans lesquels le volontariat civil peut s'exercer sont la protection des personnes des biens et de l'environnement ainsi que des missions d'intérêt général en matière de cohésion sociale et de solidarité.

Pour cette dernière catégorie qui vise directement les ONG il s'agit de :

- Actions humanitaires et actions en faveur des droits de l'homme, de l'éducation de la citoyenneté et de la lutte contre les discriminations ;
- Prévention et lutte contre les exclusions.

VSF

(Vétérinaires sans frontières)

Date de création : 1983.

Origine : France.

Programmes : promotion de l'élevage, préservation de l'environnement et des ressources naturelles, formation, échanges et valorisation des savoir-faire.

Lieux d'intervention : Afrique australe, océan Indien, Afrique centrale, Afrique de l'Ouest, Amérique centrale/Caraïbes

V

Amérique du Sud, Asie du Sud-Est, Proche-Orient/Afrique du Nord.

Budget 2000 : 4 millions d'euros dont 83 % de fonds publics et 17 % de fonds privés.

Ressources humaines : 18 salariés, 2 bénévoles. Expatriés : 6 salariés, 30 volontaires, 200 collaborateurs locaux.

Principale publication : *Habbanae.*

Contact :

VÉTÉRINAIRES SANS FRONTIÈRES •France•

14, avenue Berthelot   *Tél.* : 04 78 69 79 59

69361 Lyon cedex 07   *Fax* : 04 78 69 79 56

www.vsf-France.org   *E-mail* : vsf@vsf-France.org

WCGJ

(Women'S Caucus for Gender Justice)

Date de création : 1997.

Origine : États-Unis.

Historique et mission sociale : le WCGJ a vu le jour en 1997 lorsque divers groupes d'associations féministes se sont réunis dans le cadre de la campagne des organisations non gouvernementales pour l'établissement d'une Cour pénale internationale.

L'objectif du « caucus » était de réunir le plus grand nombre possible d'organisations pour faire valoir les revendications proprement féminines, lors des négociations du statut de la future Cour pénale internationale aux Nations unies.

Le Women Caucus regroupe aujourd'hui plus de 300 ONG.

Les demandes du Women Caucus ont été, en partie, prises en considération.

W

Contact :

WCGI •États-Unis•
P.O. Box 3541 Grand Central P.O
New York
NY 10163
www.iccwomen.org

Tél. : 212 675 7648
Fax : 212 675 7826
E-mail : caucus@iccwomen.org

WFUNA

(World Federation of United Nations Associations)

Date de création : 1946.

Réseau international : plus de 150 associations membres dans le monde.

Historique et mission sociale : la WFUNA, c'est-à-dire la Fédération mondiale des associations pour les Nations unies, a été créée en 1946 au Luxembourg soit une année après la création de l'Organisation des Nations unies. La WFNAU est la seule organisation non gouvernementale dont l'objet est le soutien à l'action des Nations unies. La WFNAU a joué un rôle très important dans le domaine de la défense des droits humains, notamment en organisant de nombreux séminaires sur ces thèmes et particulièrement dans les pays où la situation en matière de respect des Droits de l'homme était plus que précaire. Elle s'est aussi efforcée de rapprocher les peuples qui étaient séparés, comme en Allemagne.

Plus récemment, la Fédération a joué un rôle important dans la sécurité et la coopération en Europe en organisant en 1967 une conférence sur ce thème, conférence qui ouvrait en partie la voie aux accords d'Helsinki quelques années plus tard.

Sur le plan de la réforme de l'Organisation des Nations unies, la WFNAU a aussi joué un rôle en engageant des

W

réflexions sur ce thème et notamment sur celui de la démocratisation du fonctionnement du système onusien.

Contact :

WFUNA (International Palais des Nations) •Suisse•
Room E4-2A   *Tél.* : 00 41 22 917 32 39
1211 Genève 10   *Fax* : 00 41 22 917 0185
www.wfuna.org   *E-mail* : wfuna@unog.ch

France

AFNU (Association française pour les Nations unies)
1, avenue de Tourville   *Tél.* : 01 45 55 71 73
75007 Paris   *Fax* : 01 45 56 19 88

WILPF

(Women's International League for Peace and Freedom)

Date de création : 1915.

Origine : États-Unis.

Bureaux à : Genève, New York, Washington.

Historique et mission sociale : WILPF est l'une des ONG les plus anciennes et probablement la plus ancienne des ONG internationale féministe. En effet, WILPF est née en 1915 pendant la Première Guerre mondiale. Les objectifs de cette ONG sont de travailler pour atteindre la paix et un désarmement mondial, des droits complets pour les femmes et une justice sociale et économique pour tous et la fin de toutes formes de violence. Par ailleurs, la nouvelle ONG veut établir les conditions politique, sociale et psychologique qui sont seules susceptibles d'apporter la paix, la liberté et la justice pour tous.

L'acte de naissance de la WILPF se situe à La Haye aux Pays-Bas, le 28 avril 1915, lorsqu'un millier de femmes sont réunies

W

à l'initiative de The International Suffrage Alliance qui voulait mettre en évidence le lien étroit entre leur combat pour l'égalité des droits entre les hommes et les femmes et leur combat pour la paix.

La première présidente de l'ONG fut Jane Addams qui fut la première femme américaine à obtenir le prix Nobel de la paix.

Les fondatrices de l'ONG considéraient aussi que la paix ne pouvait pas seulement reposer sur la paix et le désarmement mais aussi sur la justice pour tous, la liberté, la non-violence et l'égalité des droits.

Après la Première Guerre mondiale, la WILPF a participé activement aux opérations de lobbying qui se déroulaient autour des négociateurs du traité de Versailles.

Aujourd'hui, les principes fondamentaux défendus par la WILPF sont :

- L'égalité pour tous dans un monde sans sexisme, sans racisme, sans homophobie ;
- Un monde de respect des droits humains fondamentaux y compris le droit au développement durable ;
- La fin de toute forme de violence, viol, exploitation, intervention et guerre ;
- Le transfert des ressources mondiales des besoins militaires vers les besoins civils pour atteindre une justice économique entre les nations et dans les nations ;
- Atteindre un désarmement mondial, la résolution des conflits et le maintien de la paix *via* les Nations unies.

Contact :

WILPF •États-Unis•
1213 Race Street
Philadelphia
PA 19107-1691
www.wilpf.org

Tél. : 215 563 7110
Fax : 215 563 5527
E-mail : santesud@wanadoo.fr

W

WORLD VISION

Date de création : 1947.

Origine : États-Unis.

Réseau international : Canada, Grande-Bretagne, Irlande, Australie, Nouvelle-Zélande.

Historique et mission sociale : World Vision, qui se réclame de la mouvance chrétienne, intervient dans le domaine du secours d'urgence de la réhabilitation et du développement, ainsi que du parrainage d'enfants.

Cette organisation s'occupe également de déminage. Depuis plusieurs années, World Vision développe des programmes dits d'*advocacy* autour des droits des enfants, du droit au développement, du HIV/AIDS, de la paix et des conflits.

Lieux d'intervention : une centaine de pays en Afrique, Asie, Amérique latine, Europe de l'Est au profit d'environ 75 millions de personnes.

Contact : www.worldvision.org.uk

WSP INTERNATIONAL

Date de création : 2000.

Origine : Suisse.

Historique et mission sociale : WSP international est une ONG créée à l'initiative de l'Organisation des Nations unies par la fusion de deux ONG. L'objet de cette ONG est de mieux comprendre et d'analyser les phénomènes complexes des sociétés divisées par la guerre et les crises, et de faciliter l'accès des

W

acteurs locaux de tous niveaux aux réseaux internationaux. WSP se veut aussi un instrument pour mieux définir le rôle des Nations unies et des autres acteurs extérieurs pour aider une société à vaincre les conflits. Mieux définir les approches de la construction de la paix.

Pour atteindre ses objectifs, WSP a conclu de nombreux accords de partenariats avec des agences ou programmes des Nations unies comme le Département des affaires politiques, le Département des affaires humanitaires ou encore, pour ne citer que le principal, le programme des Nations unies pour le développement.

Les principales sources de financement de WSP viennent de nombreux pays européens ainsi que de la Commission européenne ou encore des États-Unis.

Actuellement, WSP international développe une analyse de vision à long terme des crises (2002-2007).

Contact :

WSP INTERNATIONAL ·Suisse·
11-13, Chemin des Anémones   *Tél.* : 00 41 0 22 917 85 93
1219 Châtelaine – Genève   *Fax* : 00 41 0 22 917 80 39
www.wsp-international.org   *E-mail* : info@wsp-international.org

---

WWF

(World Wide Fund for Nature)

Date de création : 1961.

WWF est l'organisation la plus importante pour la conservation de la nature. Le WWF est présent dans plus de 96 pays et compte 4,7 millions d'adhérents.

En France, le WWF revendique 3 000 adhérents et emploie 28 salariés.

W

Le budget annuel du WWF France est de 3,8 millions d'euros.

Les objectifs du WWF sont de conserver la nature et les processus biologiques :

- En préservant la diversité génétique, celle des espèces et celle des écosystèmes ;
- En garantissant une utilisation durable des ressources naturelles renouvelables, dans l'immédiat comme le long terme ;
- En encourageant des mesures visant à réduire la pollution, ainsi que la surexploitation, la surconsommation et le gaspillage des ressources et de l'énergie ;
- Pour atteindre ces objectifs, le WWF s'engage dans d'importantes campagnes de communication dans le but de sensibiliser les gouvernements, les consommateurs et les agents économiques en particulier les industriels pour qu'ils collaborent dans des programmes de réduction des émissions polluantes ;
- Le WWF participe aussi activement à l'élaboration de traités internationaux de protection de la nature ;
- Enfin, le WWF s'engage directement en faisant parfois l'acquisition de domaines pour assurer leur protection, comme en France les étangs d'Orx dans les Landes.

Les moyens utilisés par le WWF sont donc radicalement différents de ceux utilisés par d'autres associations de défense de l'environnement, comme par exemple Greenpeace, dont la nature activiste fait partie intégrante de la lutte.

Principales publications : *Panda Magazine* (trimestriel) ; *Trace* (lettre d'information trimestrielle).

Contact :

WWF •France•
188, rue de la Roquette
75011 Paris
www.wwf.fr

Tél. : 01 55 25 84 84
Fax : 01 55 25 84 74
E-mail : accueil@www.wwf.fr

W

YMCA

Date de création : 1844.

Origine : Grande-Bretagne.

Réseau international : présence dans 120 pays. Quartier général de la fédération des YMCA à Genève (Suisse).

Historique et mission sociale : la YMCA est une ONG qui regroupe aujourd'hui plus 18 millions de membres à travers le monde et dont le budget dépasse les 4 milliards de dollars US.

Cette association a d'abord été une association dont le but était de permettre à des jeunes de trouver le chemin de Dieu. YMCA se situait dans la mouvance de l'Église évangélique protestante.

Progressivement, cette association est aussi devenue une ONG d'entraide qui accueillait des jeunes, puis des réseaux internationaux se sont organisés et, aujourd'hui, YMCA agit dans les domaines de la protection de l'environnement, dans l'aide aux familles en détresse, dans le secteur des soins de santé primaire, etc.

La section nationale la plus importante des YMCA est la section américaine dont le siège se trouve à Chicago.

Y

YVES ROCHER (fondation)

La fondation Yves Rocher est un exemple de petite fondation d'entreprise qui a une action particulièrement ciblée en faveur de l'environnement, grâce à divers partenariats en Afrique et notamment au Burkina Faso depuis 1980. La fondation est une fondation dite « abritée », en l'occurrence par l'Institut de France.

Ce partenariat se développe sous divers programmes : « 8 000 villages, 8 000 forêts » ou encore « Une école, un bosquet ». Parallèlement, des campagnes d'information sont lancées sur la problématique de la déforestation. Pour réaliser ces divers programmes, la fondation reçoit l'appui des autorités locales ainsi que de diverses autres associations comme le Rotary ou le Lion's Club, mais aussi de bailleurs publics. Par ailleurs, la fondation Yves Rocher a mis en place un concours pour les grandes écoles : « Planète bleue cherche idées vertes » doté de plusieurs prix dont l'objet est la promotion de la nature pour le bien-être de tous. Ainsi, le premier prix en 2002 a été attribué à une association menée par huit étudiantes de l'EDHEC-Nice, *Les cigognes de Mada* qui développe des projets d'amélioration des maternités en Afrique.

Contact :

FONDATION YVES ROCHER •France•
101, quai du président Roosevelt   *Tél.* : 01 41 08 55 00
92444 Issy-les-Moulineaux cedex   *Fax* : 01 41 08 58 55
www.yves-rocher-fondation.org
E-mail : contact@yves-rocher-fondation.org

Z

ZERO POPULATION GROWTH

Date de création : 1968.

Origine : États-Unis.

Historique et mission sociale : Zero Population est une organisation non gouvernementale dont les objectifs sont de maîtriser la croissance de la population mondiale pour atteindre un équilibre harmonieux entre la population et les ressources naturelles, de protéger l'environnement et d'assurer un haut niveau de qualité de vie pour les générations présentes et futures. Zero Population Growth est devenu depuis peu Population Connection. ZPG mène des campagnes à travers le monde pour que les familles se limitent à deux enfants. ZPG a 55 000 membres.

Contact :

ZÉRO POPULATION GROWTH •États-Unis•
1400. 16th Street NW
Suite 320
Washington, DC 20036
www.zpg.org

Tél. : 202 332 2200
Fax : 202 332 2302
E-mail : info@populationconnection.org

Z

Bibliographie

AFFRE, Nathalie, *Les ONG et l'État. L'exemple du Guatemala*, L'Harmattan, coll. « Logiques politiques », Paris, 2001.

AGRIKOLIANSKY, Éric, *La Ligue française des Droits de l'homme et du citoyen depuis 1945*, L'Harmattan, coll. « Logiques politiques », Paris, 2002.

Arrangements et pratiques régissant l'interaction des organisations non gouvernementales dans toutes les activités du système des Nations unies. Rapport du secrétaire général à la 53ᵉ session de l'Assemblée générale, 10 juillet 1998, Documentation des Nations unies.

Associations et fondations, Éditions du Conseil de l'Europe, Strasbourg, 1998.

Les Associations et l'Europe en devenir, Actes du colloque de Bruxelles, La Documentation française, Paris, 2001.

Associations, Fondations, Congrégation 2003/2004, Éditions Mémento Francis Lefebvre, Paris, 2002.

Les Associations et l'Europe en devenir, Actes du colloque de Bruxelles, La Documentation française, Paris, 2001.

Attac : tout sur Attac 2002, Mille et une nuits, Fayard, coll. « Les Petits libres », n° 38, Paris, 2002.

BADIE, Bertrand, *La Diplomatie des Droits de l'homme. Entre éthique et volonté de puissance*, Fayard, coll. « L'espace du politique », Paris, 2002.

Banque mondiale (rapport uniquement en anglais), *NGOs and the Bank : incorporating FY95*, Progress Report on Cooperation Between The World Bank and *NGOs*, juin 1996.

Banque mondiale (rapport uniquement en anglais), *World Bank-Civil Society*, Progress Report for Fiscal Years 2000 and 2001, juin 2002.

BARTHÉLÉMY, Martine, *Associations, Un nouvel âge de la participation ?*, Presses de Sciences PO, Paris, 2000.

BEIGBEDER, Yves, *Le Rôle international des organisations non gouvernementales*, Bruylant/LGDJ, Bruxelles, 1992.

BELLION-JOURDAN, Jérôme, *Le Médecin, le militant et le combattant : figures contemporaines de l'engagement dans la « société islamique »*, colloque international et interdisciplinaire « ONG et action humanitaire : entre militantisme transnational et action publique », 12 et 13 avril 2001, Faculté de droit et de sciences politiques de La Rochelle.

BEN NÉFISSA, Sarah (sous la direction de) et HANAFI, Sari, *Pouvoirs et associations dans le Monde arabe*, CNRS Éditions, Paris, 2002.

BETTATI, Mario, *Le Droit d'ingérence, mutation de l'ordre international*, Odile Jacob, Paris, 1996.

BETTATI, Mario et DUPUY, Pierre-Marie, *Les ONG et le droit international*, Éditions Economica, Paris, 1986.

BIMPAGE, Serge, *Moi, Henry Dunant, j'ai rêvé le monde. Mémoires imaginaires du fondateur de la Croix-Rouge*, Albin Michel, Paris, 2003.

BONARD, Paul, *Les Modes d'action des acteurs humanitaires. Critères d'une complémentarité opérationnelle,* Éditions du Comité international de la Croix-Rouge, Genève, 1998.

BOUCHET-SAULNIER, Françoise, *Dictionnaire pratique de droit humanitaire*, Éditions de La Découverte, Paris, 1998.

BRAUMAN, Rony, *L'Action humanitaire*, Flammarion, Paris, 2000.

BRETON LE GOFF, Gaëlle, *L'Influence des organisations non gouvernementales (ONG) sur la négociation de quelques instruments internationaux*, Éditions Bruylant, Paris/Montréal, 1999, Bruxelles, 2001.

BUSSIÈRE, Robert (sous la direction de), *L'Europe et la prévention des crises et des conflits. Le long chemin de la pratique à la réalité*, L'Harmattan, Paris, 2000.

Centre Tricontinental (ouvrage collectif), *Les ONG : instruments du néo-libéralisme ou alternatives populaires ?*, L'Harmattan, Paris, 1998.

Charte des Nations unies et statut de la Cour internationale de justice, Service de l'information des Nations unies. New York.

CHARVIN, Robert, *Relations internationales droit et mondialisation. Un monde à sens unique,* L'Harmattan, Paris, 2000.

CHAUPRADE, Aymeric et THUAL, François, *Dictionnaire de géopolitique*, Ellipses, Paris, 1999.

CHAUPRADE, Aymeric, *Géopolitique. Constantes et changements dans l'histoire*, Ellipses, Paris, 2001.

CHIFOLO, U., *Le Miroir humanitaire*, L'Harmattan, 1996.

COLLOVALD, Annie (sous la direction de), *L'Humanitaire ou le management des dévouements. Enquête sur un militantisme de solidarité internationale en faveur du Tiers-Monde*, Presses universitaires de Rennes, Rennes, 2002.

Commissariat général du plan, *L'État et les ONG : pour un partenariat efficace. Rapport du groupe présidé par Jean-Claude Faure*, La Documentation française, février 2002.

Commission des communautés européennes, *Renforcer le partenariat avec les ONG*, Bruxelles, 2000.

Commission des Communautés européennes, *Communication de la Commission au Conseil, au Parlement européen et au Comité économique et social. Participation des acteurs non étatiques à la politique communautaire de développement*, COM (2002) 598 final. Bruxelles.

Commission Coopération Développement, *Pour un volontariat d'avenir*, La Documentation française, Paris, 2001.

Comité international de la Croix-Rouge, *Humanitarian Rights and Humanitarian Organizations*, Éditions du CICR, Genève, 1999.

Comité international de la Croix-Rouge, *L'Humanitaire en échec ?*, Éditions du CICR, Genève, 1999.

CONDAMINES, Charles, *L'aide humanitaire entre la politique et les affaires*, L'Harmattan, 1989.

Conseil d'État, Rapport 2000, *Les associations et la loi de 1901. Cent ans après*, La Documentation française, coll. « Études et documents », Paris, 2000.

COURSIN, François, *Rapport sur la contribution de la France au progrès des pays en développement. Conseil Économique et social*, Journaux Officiels, Paris, 2001.

COT JEAN, Pierre et PELLET, Alain, *La Charte des Nations unies*, Éditions Economica, Paris, 1991.

DAUVIN, Pascal et SIMÉANT, Johanna et, *Le travail humanitaire. Les acteurs des ONG, du siège au terrain*, Presses de Sciences PO, Paris, 2002.

DENOIT, Nicole, *Le Pouvoir du don* (2 tomes : Tome I. *Le paradoxe d'une communication d'entreprise par le mécénat*, Tome II. *Les années 90*), L'Harmattan, coll. « Communication des Organisations », Paris, 2002.

DESTEXHE, Alain, *L'Humanitaire impossible ou deux siècles d'ambiguïté*, Armand Colin, Paris, 1993.

DÉSIR, Harlem, *La Situation et le devenir des associations à but humanitaire*, Rapport au conseil économique et social, Journaux Officiels, Paris, 1994.

DE SENARCLENS, Pierre, *La Mondialisation. Théories, enjeux et débats*, 3e édition, Armand Colin, Paris, 2002.

DONSIMONI, Myriam, *Du don à l'aide. Le marché de l'altruisme*, L'Harmattan, coll. « Bibliothèque du développement », Paris, 1995.

DOUCIN, Michel (sous la direction de), *Guide de la liberté associative dans le monde, Haut Conseil de la coopération internationale*, La Documentation française, Paris, 2000.

DUBOS, Alain, *Sans-frontières. De la clandestinité au Nobel*, Presses de la Cité, Paris, 2001.

DUPUY, Pierre-Marie et BETTATI, Mario, *Les ONG et le droit international*, Éditions Economica, Paris, 1986.

ETIKUMA 99 : *Actes du colloque européen de l'éthique humanitaire*, Éditions Bioforce, Lyon, 2001.

EVANS, Graham et NEWNHAM, Jeffrey, *The Penguin Dictionary of International Relations*, Penguin Books, London, 1998.

FARAH, Nuruddin, *Dons*, Le Serpent à Plumes, Paris, 2002.

Fondations reconnues d'utilité publique, brochure n° 1351, Journaux Officiels, coll. « Législation et réglementation », Paris, 2000.

Forum. War and accountability, Éditions du Comité international de la Croix-Rouge, Genève, 2002.

GALIMARD FLAVIGNY, Bertrand, *Les Chevaliers de Malte. Des hommes de fer et de foi*, Gallimard, coll. « Découvertes », Paris, 2000.

GHANDOUR, Abdel-Rahman, *Jihad humanitaire, Enquête sur les ONG islamiques*, Flammarion, Paris, 2002.

GODBOUT, Jacques, *Le Don, la dette et l'identité. Homo donator vs homo œconomicus*, Éditions de La Découverte/MAUSS, Paris, 2000.

Guide du bénévole. Vos droits. Les dispositions les plus récentes, Éditions du ministère de la Jeunesse et des Sports, Paris, 2001.

Guide Ibiscus, édité par COCODEV.

GUILLET, Sara, *Nous, peuples des Nations unies. L'action des ONG au sein du système de protection international des Droits de l'homme*, Éditions Montchrestien, Paris, 1995.

HAGNOLLAUD, Jean-Paul, *Relations internationales contemporaines. Un monde en perte de repères*, L'Harmattan, coll. « Logiques politiques », Paris, 1999.

Haut Conseil de la Coopération internationale, *La Nouvelle dynamique des crises humanitaires, penser et agir autrement*, Karthala, Paris, 2002.

HAZAN, Pierre, *La Justice face à la guerre. De Nuremberg à La Haye*, Stock, Paris, 2000.

HOURS, Bernard, *L'Idéologie humanitaire ou le spectacle de l'altérité perdue*, L'Harmattan, Paris, 1998.

Humanitaire ; *La Politique du moindre pire ?*, Dossier spécial de la revue Mouvements, n° 12, novembre-décembre, Éditions de La Découverte, Paris, 2000.

JEAN, François et RUFIN, Jean-Christophe (sous la direction de), *Économie des guerres civiles*, Hachette, coll. « Pluriel », Paris, 1996.

KOUCHNER, Bernard, *Le Malheur des autres*, Odile Jacob, Paris, 1991.

KREIJEN, Gérard (sous la direction de), *State, Sovereignty, and International Governance*, Oxford University Press, Oxford, 2002.

LAVILLE, Jean-Louis, CAILLÉ, Alain, CHANIAL, Philippe, DACHEUX, Éric, EME, Bernard et LATOUCHE, Serge, *Association, démocratie et société civile*, Éditions de La Découverte/MAUSS.CRIDA., Paris, 2001.

LEGROS, Pierre et LIBERT, Marianne, *L'Exigence humanitaire. Le devoir d'ingérence*, Éditions LPM, Paris, 2000.

MARRET, Jean-Luc, *La Fabrication de la paix. Nouveaux conflits, nouveaux acteurs, nouvelles méthodes*, Ellipses, coll. « Perspectives stratégiques », Paris, 2002.

MASSENET, Michel, *Les Guerriers humanitaires. De l'humanitarisme à la guerre*, Éditions François-Xavier de Guibert, Paris, 2001.

MERLET, Jean-François, *Le Financement public des associations*, Éditions Juris Service, Lyon, 2001.

MEZZALAMA, Francesco, *Participation des organisations de la société civile autres que les ONG et le secteur privé aux activités de coopération technique : expérience et perspectives des Nations unies*. Éditions des Nations unies, Genève, 2002 (Réf. : JIU/REP/2002/1).

Militaires/Humanitaires. À chacun son rôle (ouvrage collectif), Les livres du Grip, Éditions complexes, Paris, 2002.

MOORE, Jonathan (sous la direction de), *Des choix difficiles, les dilemmes moraux de l'humanitaire*, Gallimard, coll. « NRF Essais », Paris, 1998.

MOOREHEAD, Caroline, *Dunant's Dream (War, Switzerland and the History of the Red Cross)*, Harper Collins Publishers, London, 1999.

MOREAU DEFARGES, Philippe, *Relations internationales : T1 Questions régionales ; T2 Questions mondiales*, Le Seuil, coll. « Essais », Paris, 1997.

MULLER, Jean Daniel, *Les ONG ambiguës. Aides aux États, aides aux populations ?*, L'Harmattan, Paris, 1989.

ONG et Développement, ouvrage collectif, Karthala, Paris, 1998.

Parlement européen, Rapport annuel sur les Droits de l'homme dans le monde en 2000 et la politique de l'Union européenne en matière de Droits de l'homme. Mattei Wuori. 30 mai 2001, (Doc RR\441196FR.doc.), Bruxelles.

PENNE, Guy, DULAIT, André et BRISEPIERRE, Paulette, *La Réforme de la coopération à l'épreuve des réalités. Un premier bilan 1998-2001.* Les Rapports du Sénat, Paris, 2001.

PÉROUSE DE MONTCLOS, Marc-Antoine, *Aide humanitaire, aide à la guerre ?,* Éditions Complexes, coll. « Enjeux du XXIe siècle », Paris, 2001.

PERRIN DE BRICHAMBAUT, Marc, DOBELLE, Jean-François et D'HAUSSY, Marie-Reine, *Leçons de droit international public,* Presses de Sciences PO et Dalloz, Paris, 2002.

PETIT, Yves. *Droit international du maintien de la paix,* Éditions LGDJ, coll. « Droit international », Paris, 2000.

PIROTTE, Claire, HUSSON, Bernard et GRÜNEVALD, François, *Entre urgence et développement,* Karthala, Paris, 2000.

Pour un volontariat d'avenir : regards croisés sur le volontariat de solidarité internationale, Compte rendu des travaux du groupe volontariat de la Commission coopération développement, La Documentation française, Paris, 2001.

ROBERTSON, Geoffrey, *Crimes against Humanity. The Struggle For Global Justice,* Penguin Books, Londres, 1999.

ROLLAND, Denis (sous la direction de), *Les ONG françaises et l'Amérique latine,* L'Harmattan, coll. « Horizons Amérique latine », Paris, 1997.

RUFIN, Jean-Christophe, *L'Aventure humanitaire,* Gallimard, coll. « Découvertes », Paris, 1994.

– *Les Causes perdues,* Gallimard, Paris, 1999.

– *Le Piège humanitaire,* Éditions Lattès, coll. « Poche pluriel », Paris, 1992.

RUBIO, François, *Les ONG acteurs de la mondialisation,* n° 877-878, La Documentation française, coll. « Problèmes politiques et sociaux », Paris, août 2002.

RYFMAN, Philippe, *L'Action humanitaire. Problèmes politiques et sociaux,* n° 864, La Documentation française, Paris, octobre 2001.

– *La Question humanitaire : histoire problématique, acteurs et enjeux de l'aide humanitaire internationale,* Ellipses, Paris, 1999.

SMILLIE, Ian et HELMICH HENNY, Stakeholders, *Government-NGO, Partnerships for International Development*, Earthscan Publications, Londres, 1999.

SALAMON, Lester, ANHEIER, Helmut, LIST, Régina, TOEPLER, Stephan, WOJCIECH, Sokolowski, *Global Civil Society Dimensions of the Nonprofit Sector*, Éditions John Hopkins University Baltimore, États-Unis, 2000.

SALMON, Jean (sous la direction de), *Dictionnaire de droit international public*, Éditions Bruylant/AUF, Bruxelles, 2001.

SANDS, Philippe, *Vers une transformation du droit international*, Éditions Pedone, coll. « Droit international », Paris, 2000.

SHAWCROSS, William, *Deliver Us from Evil. Warlords and Peacekeepers in a World of Endless Conflict*, Éditions Bloomsbury, Londres, 2000.

TOSCER, Sylvie, *Les Catholiques allemands à la conquête du développement*, L'Harmattan, Paris, 1997.

Une seule solution, l'association ? Socio-économique du fait associatif, ouvrage collectif, Éditions de La Découverte, Paris, 1998.

ZAFARULLAH, Habib et HABIBUR RAHMAN, Mohammad, *Human Rights, Civil Society and Nongovernemental Organizations : The Nexus in Bangladesh*, Vol. 24, Number 4, The John Hopkins University Press, coll. « Human Rights Quaterly », Cincinnati, États-Unis, novembre 2002.

ZARKA, Jean-Claude, *Les Institutions internationales*, 2ᵉ édition, Ellipses, coll. « Mise au point », 2000.

REVUES

« L'Action publique face à la mondialisation, les ONG et la société civile », douzième colloque international de la Revue *Politiques et Management Public*, 14 et 15 novembre 2002, Paris, ENA, Paris, 2002.

L'Association. Actes du colloque de Poitiers, 8 et 9 juin 2001, PUF, Paris, 2002.

Associations, brochure n° 1 068, coll. « Législation et réglementation », Journaux officiels, Paris, 2001.

Associations transnationales, *Revue de l'Union des associations internationales*. Revue bimestrielle.
Rue Washington 40. 1050 Bruxelles. (Belgique). Tél : (02 640 18 08), E-mail : uia@uia.be, site Internet : www.uia.org/uiapub-pubs/pubtrane.htm.

« La Crise des organisations internationales » (ouvrage collectif), *Cahiers français*, n° 302, mai-juin 2001, La Documentation française, Paris, 2001.

« Développement et mondialisation », *Cahiers français*, sous la direction de Tronquoy Philippe. n° 310. septembre-octobre 2002, La Documentation française. Paris.

Humanitaire. Revue trimestrielle éditée conjointement par Médecins du monde et l'Institut de l'humanitaire.
Rédaction 102, rue Didot, 75014 Paris,
E-mail : revuehumanitaire@wanadoo.fr.

« L'Ingérence humanitaire : vers un nouveau droit international » (ouvrage collectif), *La Revue de la Défense nationale*, Paris, 2000.

« Le pouvoir des ONG », *L'Économie politique,* n° 13, 1er trimestre 2002, Éditions Alternatives économiques, Paris, 2002.

Revue des questions humanitaires. Revue trimestrielle, éditée avec le concours d'ECHO, de Voice et du DFID.

Revue générale de droit international public. Revue trimestrielle, Éditions A. Pedone, 13, rue Soufflot, Paris.

« Le SIDA saisi par les ONG », *Humanitaire*, n° 6, automne-hiver, Paris, 2002.

« Les tissus associatifs roumain et tchèque », Édith Lhomel, Sandrine Devaux, *Le Courrier des Pays de l'Est,* n° 1 019, octobre 2001, La documentation Française, Paris.

« Sud/Nord. Folies et cultures », n° 17, *Humanitaire, Humanitaireries,* Paris, 2002.

The Challenges of Complementarity, Éditions du Comité international de la Croix-Rouge, Genève, 2000.

Principaux sigles, abréviations et acronymes

Les rubriques précédées d'un astérisque font l'objet d'un développement dans le dictionnaire.

ACDI	Agence canadienne pour le développement international
*ACF	Action contre la faim
*AFD	Agence française de développement
*AI	Amnesty International
*AMI	Aide médicale internationale
*ANE	Acteurs non étatiques
*ASBL	Association sans but lucratif
*ASI	Association de solidarité internationale
*AUSAID	Australian Agency for International Development (Agence australienne de coopération)
CAD	Comité d'aide au développement (OCDE)
*CCD	Commission coopération développement (COCODEV)
*CE	Conseil de l'Europe
*CICR	Comité international de la Croix-Rouge
*CIDSE	Coopération internationale pour le développement et la solidarité
*CLONG	Comité de liaison des organisations non gouvernementales
*CNCDH	Commission nationale consultative des droits de l'Homme
*CNVA	Conseil national de la vie associative
DANIDA	Danish International Development Agency (Coopération danoise)
DFID	Department for International Development (Coopération britannique)

DGLEX	Direction générale des relations extérieures (Union européenne)
*DHA	Department for Humanitarian Affairs (Nations unies)
DPI	Département de l'information (Nations unies)
*ECHO	European Commission Humanitarian Office (acronyme anglais de Bureau des affaires humanitaires de l'Union européenne)
*ECOSOC	Conseil économique et social des Nations unies
*FAO	Food and Agricultural Organization (acronyme anglais d'Organisation pour l'alimentation et l'agriculture)
*FIDH	Fédération internationale des droits de l'homme
*GONGOS	Governmental Non Governmental Organizations
*HCCI	Haut Comité pour la coopération internationale
*HCR	Haut Commissariat des Nations unies pour les réfugiés
*HI	Handicap International
*HWR	Human Right Watch
*IASC	Inter Agency Standing Committee (Comité permanent des inter-agences)
ICDS	International Cooperation for Development and Solidarity
*ICFO	International Committee on Fundraising Organizations
ICRC	International Committee of the Red Cross (acronyme anglais de Comité international de la Croix-Rouge)
*ICVA	International Coucil for Voluntary Agencies (Comité des organisations non gouvernementales de l'action humanitaire d'urgence)
LWF	Lutheran World Federation
MAE	Ministère français des Affaires étrangères
*MDM	Médecins du monde
*MILONG	Missions de liaison avec les organisations non gouvernementales du ministère français des Affaires étrangères
*MONGOS	Organisation non gouvernementale maffieuse
*MSF	Médecins sans frontières

NGO	Non Governemental Organization (acronyme anglais d'Organisation non gouvernementale)
NPO	Non Profit Organisation (terminologie anglaise pour désigner les associations sans but lucratif)
*OCDE	Organisation pour la coopération et le développement
*OCHA	Office for the Coordination of Humanitarian Affairs
ODI	Overseas Development Institute (agence anglaise de coopération)
OEA	Organisation des États américains
OIG	Organisation internationale gouvernementale
*OING	Organisation internationale non gouvernementale
*OMS	Organisation mondiale de la santé
*ONG	Organisation non gouvernementale
*ONU	Organisation des Nations unies
*OSBL	Organisation sans but lucratif
OSC	Organisation de la société civile
OSCE	Organisation pour la sécurité et la coopérationen Europe
*OSI	Organisation de solidarité internationale
OTAN	Organisation du traité de l'Atlantique-Nord
*OVG	Organisation véritablement gouvernementale
PAM	Programme alimentaire mondial
*PNUD	Programme des Nations unies pour le développement
SIDA	Swedish International Development (Agence suédoise pour le développement international)
UA	Union africaine
*UE	Union européenne
*UNICEF	United Nations Children's Fund (acronyme anglais de Fonds des Nations unies pour l'enfance)
UNITED NATIONS	Acronyme anglais de Organisation des Nations unies
*URD	Urgence, réhabilitation, développement

*USAID	United States Agency for International Development (agence de coopération des États-Unis)
*VOICE	Voluntary Organizations in Cooperation in Emergency (acronyme anglais de Organisations volontaires de coopération lors des catastrophes)
WFP	World Food Program (acronyme anglais de PAM)
WHO	World Health Organization (acronyme anglais de OMS)
*WWF	World Wide Fund For Nature

Achevé d'imprimer en avril 2004
sur les presses de Normandie Roto Impression s.a.s.
à Lonrai (Orne)
N° d'impression : 04-0944
Dépôt légal : avril 2004

Imprimé en France